Adriano Santos — Alisson Soares — André Sales dos Santos Cedro — Diogo Abineder Ferreira Nolasco Pereira — Eliéser de Freitas Ribeiro — Felipe Riccio Schiefler — Fernando Hideo I. Lacerda — Gleyton Trindade — Henrique de Linica dos Santos Macedo — Isaac Jerez — Jorge Alexandre Neves — Leonardo Turchi Pacheco — Luciana Lima — Ludmila Ribeiro — Marcelo Sampaio Carneiro — Marta Gouveia de Oliveira Rovai — Mônica Maria Teixeira Amorim — Rafael Baioni do Nascimento — Thiago Antônio de Oliveira Sá — Thiago Rodrigues Silame — Valéria Cristina de Oliveira

Organização
Thiago Antônio de Oliveira Sá

EXTREMO

O MANDATO BOLSONARO

KOTTER
EDITORIAL

Coordenação editorial: Sálvio Nienkötter
Editor-executivo: Daniel Osiecki
Editora-assistente: Franciele Cunico
Produção: Cristiane Nienkötter
Capa e Design editorial: Carlos Garcia Fernandes
Organização e revisão: Thiago Antônio de Oliveira Sá

Dados Internacionais de Catalogação na Publicação (CIP)
Angelica Ilacqua CRB-8/7057

Sá, Thiago Antônio de Oliveira
Extremo : o mandato Bolsonaro / organizado por Thiago Antônio de Oliveira Sá. -- Curitiba : Kotter Editorial, 2021.
328 p.

ISBN 978-65-5361-018-7

1. Ciência política 2. Brasil - Política e governo – 2018 I. Título

CDD 320

21-5345

KOTTER EDITORIAL

Kotter Editorial Ltda.
Rua das Cerejeiras, 194
CEP: 82700-510 - Curitiba - PR
Tel. + 55(41) 3585-5161
www.kotter.com.br | contato@kotter.com.br

Feito o depósito legal
1ª Edição
2021

Adriano Santos — Alisson Soares — André Sales dos Santos Cedro — Diogo Abineder Ferreira Nolasco Pereira — Eliéser de Freitas Ribeiro — Felipe Riccio Schiefler — Fernando Hideo I. Lacerda — Gleyton Trindade — Henrique de Linica dos Santos Macedo — Isaac Jerez — Jorge Alexandre Neves — Leonardo Turchi Pacheco — Luciana Lima — Ludmila Ribeiro — Marcelo Sampaio Carneiro — Marta Gouveia de Oliveira Rovai — Mônica Maria Teixeira Amorim — Rafael Baioni do Nascimento — Thiago Antônio de Oliveira Sá — Thiago Rodrigues Silame — Valéria Cristina de Oliveira

Organização
Thiago Antônio de Oliveira Sá

EXTREMO

O MANDATO BOLSONARO

SUMÁRIO

POPULISMO, TECNOLOGIAS POLITICO-ELEITORAIS, ENGAJAMENTO E DISCURSO

AUTORITARISMO, MINORIAS, SUBJETIVIDADES, RESISTÊNCIAS E DIREITOS HUMANOS

Apresentação: continuidades e rupturas na era Bolsonaro

Apesar de aparentemente errático, caótico e resumido a polêmicas diárias, reconhecem-se traços, inclinações, objetivos e tendências gerais no governo do presidente Jair Bolsonaro. Já se tem elementos para se interpretar o que significou este período, marcado por continuidades e por rupturas.

Por um lado, há continuidades na era Bolsonaro. Sua candidatura à presidência em 2018 se beneficiou do sentimento de aversão à política, alimentado pela construção midiática do antipetismo, pela politização do Ministério Público e da polícia federal e pelo espírito lavajatista da época. Prometendo combate implacável à corrupção por meio de uma violenta retórica antissistema, o então candidato reciclou e explorou o velho discurso da nova política. Eleito, ele prosseguiu a agenda neoliberal retomada no Brasil pós-impeachment de 2016, levada a cabo por Michel Temer. Como governo, evoca discursos, memórias e ameaças do período da ditadura militar, ainda vívidos no imaginário brasileiro, mobilizando assim os afetos tanto de saudosistas quanto de traumatizados do regime. Ele promete restauração conservadora dos costumes, revisão da história do Brasil, violência de Estado, autoritarismo e golpes. Também legitima a intolerância, o armamentismo e encoraja a insurreição contra segmentos rotulados por ele como inimigos da pátria. Enfim, um governo que resgata e reedita uma antiga estratégia: insuflar batalhas narrativas.

Por outro lado, a era Bolsonaro implicou rupturas. Este governo ascendeu ao poder por caminhos inovadores na política, subvertendo dinâmicas tradicionais das democracias liberais. Desmentindo prognósticos, a candidatura de Bolsonaro prescindiu de recursos outrora decisivos numa eleição (tempo de rádio e TV, amplas coalizões, verba partidária e palanques nos Estados). Em seu lugar, fez (e faz) uso amplo da internet, constituindo uma comunicação direta com o eleitorado por meio de transmissões *online*, da mobilização de robôs virtuais geradores de tendências ilusórias e de uma complexa rede de disseminação massiva de *fake news* e de discursos de ódio, financiada com recursos públicos e privados. O presidente também surpreendeu ao articular um conjunto eclético de bandeiras conservadoras e neoliberais: Deus, família tradicional, patriotismo ufanista, supremacia masculina, heteronormatividade, binarismo de gênero, punitivismo, militarismo, armamentismo, livre mercado, precarização do trabalho, Estado mínimo, privatizações, austeridade fiscal, desregulamentação ambiental e econômica, etc. Deste modo, conquistou um apoio igualmente variado: liberais, cristãos fundamentalistas, militares, ruralistas, setor financeiro, empresariado, obscurantistas anticientíficos, conspiracionistas, pobres desiludidos, classe média frustrada, machistas violentos, cidadãos alheios à política, etc. E inovou, enfim, na adoção de técnicas políticas curiosas, como a polêmica diária, a radicalização constante do discurso e a guerra cultural, visando a pautar o debate público, a monopolizar o noticiário e a manter apoiadores engajados.

Bolsonaro, com suas táticas, bandeiras e técnicas, não é fenômeno isolado, mas integrante de um movimento internacional de ascensão da nova extrema direita populista. O presidente figura ao lado de lideranças como Donald Trump, Viktor Orbán e Matteo Salvini. São elementos comuns entre estes a testagem constante do limite de tolerância das instituições, a espetacularização da controvérsia como estratégia política, as cruzadas contestatórias contra peritos em geral (técnicos, cientistas e jornalistas) e a negação ostensiva de fatos inconvenientes. Fatores característicos deste contexto denominado a nova "crise da democracia".

A primeira parte deste livro aborda as relações entre a politização das instituições, a democracia e o Estado de Direito. Jorge Alexandre Neves analisa a relação entre neopatrimonialismo estamental e bolsonarismo. Fernando Lacerda examina a manipulação das instituições republicanas para realização de objetivos políticos escusos, da lava jato ao bolsonarismo. O foco de Diogo Nolasco é a seletividade das normas que gravitam o cidadão de bem. E Henrique Macedo e André Cedro abordam a militarização e a bolsonarização na segurança pública.

A segunda parte abrange os desmanches ambiental, trabalhista e social. Marcelo Carneiro analisa a destruição da governança do desmatamento na Amazônia. A política neoliberal e o desmonte do trabalho é o tema de Adriano Santos. E a necropolítica é abordada por Eliéser Ribeiro.

As políticas públicas, seus contextos, orientações e alternativas são o tema central da terceira parte. A peculiar agenda de segurança pública de Bolsonaro é examinada por Valéria Cristina de Oliveira e Ludmila Ribeiro. Thiago Silame traz as consequências do anticientificismo no enfrentamento à pandemia da Covid-19. E os posicionamentos do presidente Jair Bolsonaro quanto ao distanciamento social durante a crise sanitária de Covid-19 são tratados por Luciana Lima.

Populismo, tecnologias político-eleitorais, engajamento e discurso compõem os assuntos da quarta parte. Alisson Soares aborda a construção de consensos via dissensos e desinformação nas redes sociais. Isaac Jerez mostra a aniquilação do "outro" como estratégia discursiva nestas redes. A cruzada antidemocrática e anti-iluminista da ideologia de Bolsonaro é tratada por Gleyton Trindade e Thiago Silame. E Thiago Sá interpreta o apoio autodestrutivo e incondicional da torcida bolsonarista.

A quinta parte é dedicada aos temas do autoritarismo, das minorias, das subjetividades, das resistências e dos direitos humanos. O anti-intelectualismo é o foco de Mônica Amorim e Rafael Nascimento. Leonardo Turchi Pacheco analisa o futebol na política em tempos de autoritarismo. Marta Rovai trata da cruzada bolsonarista pela moral. E Felipe Riccio Schiefler dedica-se ao ataque concatenado à população negra.

As análises aqui contidas convergem para uma conclusão comum: trata-se de um mandato extremo. Nos cinco âmbitos deste mandato considerados, percebe-se o traço comum da busca pela transposição de limites, sejam eles constitucionais, políticos, regimentais, administrativos, sanitários, legais, morais, comunicativos, humanitários ou simbólicos. Um mandato que testou fronteiras.

Uma equipe multidisciplinar examina as principais tendências e características que se evidenciam neste período tão particular da história do Brasil, caracterizado tanto por inovações e ineditismo quanto por "reedições" e "revisões" de nosso passado recente. Estas linhas nasceram da urgência interpretativa destes tempos extremos.

Esperamos que o presente volume, redigido em tempos de pandemia, motive os leitores a pensarem saídas deste labirinto em que o país deliberadamente se encontra. E que inspire reflexões sobre a importância do envolvimento cidadão com a política, ao invés de simplesmente negá-la e demonizá-la. A democracia exige cuidado porque ela é suicida: permite que autoritários sejam democraticamente eleitos.

Thiago Antônio de Oliveira Sá.
Brasil, outubro de 2021.

POLITIZAÇÃO DAS INSTITUIÇÕES, DEMOCRACIA E ESTADO DE DIREITO

NEOPATRIMONIALISMO ESTAMENTAL E BOLSONARISMO

Jorge Alexandre Neves

Neopatrimonialismo

Jessé de Souza (2015) faz uma crítica duríssima à aplicação do conceito de patrimonialismo – ou mesmo neopatrimonialismo – para analisar o Brasil. Para ele, os já clássicos trabalhos de Holanda (1936), Faoro (1958), Uricoechea (1978) e Schwartzman (1975 e 1982) aplicam de forma equivocada o conceito de patrimonialismo (bem como o de neopatrimonialismo) ao caso brasileiro. Adicionalmente, a visão de que a herança patrimonialista é um traço formador e distintivo do Brasil seria um grande equívoco.

De fato, penso que Jessé Souza tem razão em sua crítica à utilização dos conceitos de patrimonialismo ou neopatrimonialismo como distintivos do Brasil. É recorrente, mesmo em trabalhos mais recentes (Fukuyama, 2013), a visão equivocada de que o neopatrimonialismo seria algo distintivo de países da América Latina. Todavia, discordo de Jessé Souza quanto: a) a ser inapropriado o uso do conceito de patrimonialismo (ou neopatrimonialismo) para entender sociedades modernas (ver: Mata, 2018) e; b) a inutilidade do conceito para a análise do caso brasileiro.

Neste ensaio, me associo a uma visão contemporânea de que o neopatrimonialismo é um fenômeno universal, que se manifesta de diferentes formas e com diferentes intensidades no mudo inteiro. Em 2011 *The Annals of the American Academy of Political and Social Science* (AAAPSC) publicou um número temático denominado *Patrimonial Power in the Modern World*. Em 2015, saiu o volume 28 – organizado por Mounira Charrad e Julia Adams – da *Political Power and Social Theory* intitulado *Patrimonial Capitalism and Empire*. Esses dois volumes são a melhor representação para essa visão contemporânea do neopatrimonialismo como um fenômeno global.

O ensaio de Ermakoff (2011), incluso no referido volume do AAAPSC, resume bem a visão contemporânea geral, ao afirmar que o fato de "relações patrimonialistas poderem se desenvolver em sistemas burocráticos formais de administração reforça a noção de neopatrimonialismo – 'a incorporação da lógica patrimonialista em instituições burocráticas'". E ainda que "sistemas neopatrimoniais são por definição 'sistemas políticos híbridos nos quais os costumes e padrões do patrimonialismo coexistem com, e integram, instituições racionais legais'" (ambas as citações foram extraídas da página 191 e foram traduzidas por mim).

O neopatrimonialismo, portanto, não é um conceito distintivo da sociedade brasileira, ou mesmo latino-americana, mas é útil, sim, para a compreensão do Brasil. Por outro lado, para que essa compreensão seja aperfeiçoada, faz-se necessário complementar o conceito de neopatrimonialismo com alguns outros elementos, o que farei nas seções seguintes.

A modernização conservadora

Em uma entrevista para o programa Roda Viva da TV Cultura[1], o falecido escritor Ariano Suassuna fez uma afirmação muito interessante e importante. Para ele, seria impossível compreender bem o Brasil sem entender bem a guerra de Canudos. De fato, Canudos carrega em um único evento toda a alma brasileira, com seus mais terríveis pecados.

É interessante ver, na mesma entrevista citada acima, Ariano Suassuna falando sobre o momento em que percebeu a diferença entre a guerra de Canudos e a revolta de Princesa. Ele costumava ver o Brasil – e essa visão marcaria sua obra prima "A Pedra do Reino" – como tendo no conflito rural X urbano o cerne da questão nacional[2]. Só mais adiante, contudo, conseguiu perceber que este não seria o conflito fundamental para entender o Brasil, o que lhe fez interromper a trilogia que resultaria de sua obra prima. Não foi algo fácil para ele – que teve seu pai oligarca, líder das "forças rurais", assassinado em decorrência do conflito entre elites rurais e urbanas – reconhecer que, a Revolta de Princesa, na qual sua família teve grande participação, era um movimento de "privilegiados do campo" (em suas palavras), totalmente diferente de Canudos. Muito provavelmente, isso explica por que Princesa nunca foi vencida: ela se dissolveu a partir de acordos entre elites, ao passo que Canudos precisava ser e foi massacrada![3]

Canudos foi marca do processo de modernização conservadora que se iniciava no Brasil junto com a República. Mais do que em qualquer outro país do continente americano, em terras brasileiras o regime republicano resultou de mais um – entre muitos – pacto de elites, e decorreu (nada mais sintomático) de um ato autoritário, um golpe militar. A modernização conservadora, no Brasil, tem sido desde sempre marcada, pois, por duas características: a) uma desigualdade extrema (cuja marca original está na enorme concentração fundiária, que permanece até hoje), que tem a herança escravocrata uma de suas causas históricas, associada

[1] Entrevista de 2002. Ver: https://www.youtube.com/watch?v=WUjcJNtSaqU&t=938s.

[2] Embora a dicotomia rural X urbano não seja a mais relevante para explicar as desigualdades socioeconômicas no Brasil, ela é, sim, muito relevante, como demonstram Fernandes e Neves (2010).

[3] Sobre a revolta de Princesa, ver: Bezerra, 2008.

a uma exclusão socioeconômica só comparável àquela de países como a África do Sul do *apartheid* (embora sem um caráter racial tão claro; refere-se aqui ao "eles querem um país de 20 milhões e uma democracia sem povo", afirmação que o jornalista Mino Carta costuma atribuir a Raymundo Faoro) e; b) um veio autoritário e uma cultura despótica.

A enorme desigualdade mantida pela modernização conservadora no Brasil criou certa repulsa na base da pirâmide socioeconômica aos valores típicos da modernidade: racionalidade, secularismo, impessoalidade, etc. Como bem definiu Max Weber, a modernidade é, fundamentalmente, um "cárcere de ferro da racionalidade". Essa prisão é, em princípio, profundamente desagradável. Para deixar isso ainda mais claro, o mesmo Weber foi buscar outra expressão forte ao dizer que a modernidade era o "desencantamento do mundo" (claro que no sentido de esvaziamento dos valores mágicos, místicos, incluindo o misticismo de cunho religioso). Portanto, para que a modernidade seja desejável, ou mesmo suportável, ela precisaria dar algo em troca para as pessoas, a saber: afluência econômica e equidade social. Em sociedades nas quais o processo de modernização não fornece ambas, o "cárcere de ferro da racionalidade" e o "desencantamento do mundo" são insuportáveis, repugnantes, para os excluídos. Canudos foi exatamente isso, a rejeição de uma modernidade excludente e autoritária! O apelo ao sebastianismo, por exemplo, foi um sintoma.

Movimentos messiânicos e o cangaço – ambos fenômenos tipicamente nordestinos – são classificados por Roxborough (1979) como os mais representativos, no Brasil, das revoltas camponesas ou rurais que ocorreram em várias partes da América Latina. Esses seriam reações, que ocorreram durante o final do século XIX e boa parte do século XX, justamente a sistemas agropecuários baseados em concentrações fundiárias extremamente elevadas.

O Brasil tem vivido, desde o final do século XIX, um processo de modernização conservadora que tem conjugado o avanço tecnológico e o crescimento econômico com a manutenção de uma estrutura social marcada por profundas desigualdades de todo tipo, bem como de um sistema político marcado pelo autoritarismo, pelo despotismo e pela baixa participação social. Como dito acima, a concentração fundiária e o longo passado escravista são as marcas fundamentais historicamente.

Todavia, embora no Brasil essas características sejam bem fortes, tanto a alta concentração fundiária e a herança escravocrata quanto o processo de modernização conservadora que delas decorreu estão presentes na América Latina e em outras regiões do mundo. Assim como o Estado neopatrimonial, são elementos importantes para o entendimento do Brasil, mas não são marcas distintivas.

A centralidade do estado

Na literatura sobre a cultura política no Brasil, predomina uma visão de que a sociedade brasileira é fortemente arraigada a valores estatistas (Almeida, 2007; Souza e Lamounier, 2010). Embora essa visão tenha boas bases empíricas em *surveys* nacionais, desconheço que tenha sido testada de forma comparativa.

Para preencher essa lacuna analítica, decidi fazer uma análise comparativa entre dez dos principais países latino-americanos, os países não latinos do Caribe (membros do *Common Wealth*), os EUA e o Canadá. Para tanto, utilizei os dados do Barômetro das Américas de 2012 (do LAPOP da Universidade Vanderbilt, nos EUA). Utilizei a seguinte bateria de questões (idêntica para todos os países, seja em inglês, francês ou espanhol):

ROS1. O Estado brasileiro, no lugar do setor privado, deveria ser dono das empresas e indústrias mais importantes do país. Até que ponto concorda ou discorda desta frase?

ROS2. O Estado brasileiro, mais que os indivíduos, deve ser o responsável principal pela garantia do bem-estar das pessoas. Até que ponto concorda ou discorda desta frase?

ROS3. O Estado brasileiro, mais do que as empresas privadas, deve ser o responsável principal por criar empregos. Até que ponto concorda ou discorda desta frase?

ROS4. O Estado brasileiro deve implementar políticas firmes para reduzir a desigualdade de renda entre ricos e pobres. Até que ponto concorda ou discorda desta frase?

ROS6. O Estado brasileiro, mais do que o setor privado, deve ser o responsável pelo provimento de serviços de saúde (hospitais). Até que ponto concorda ou discorda desta frase?

Todas elas têm respostas dentro de uma escala de 7 pontos, que vai de Nada (1) a Muito (7). Juntando as amostras de todos os países analisados, fiz um modelo de mensuração a partir de Análise Fatorial Confirmatória, tendo chegado a um fator (ou índice) com: a) autovalor > 2,00; b) cargas fatoriais > 0,80 e; c) um coeficiente alfa de Chromba > 0,80. Em seguida, padronizei a escala para que tivesse média = 50 e desvio padrão = 10. Os resultados estão na Tabela 1.

Tabela 1: Índice de apego ao Estado de países latino-americanos, caribenhos e norte-americanos.

PAÍS	ÍNDICE DE APEGO AO ESTADO
Argentina	53,56
Bolívia	46,44
Brasil	50,93
Chile	57,73
Colômbia	52,16
Equador	52,63
México	49,85
Paraguai	59,43
Peru	48,30
Uruguai	56,34
Belize	55,57
Guiana	53,40
Jamaica	55,57
Suriname	54,33
Trinidad & Tobago	49,69
Canadá	37,63
EUA	16,46

Fonte: análise do autor a partir de dados do Barômetro das Américas de 2012.

Os resultados reportados na Tabela 1 mostram de forma muito clar,a que: a) não há qualquer diferença entre o Brasil (que tem um escore muito próximo à média), os demais países latino-americanos e os países não latinos do Caribe; b) os dois países desenvolvidos da América do Norte têm escores visivelmente mais baixos e; c) os EUA têm um escore bem mais baixo do que o Canadá.

Para complementar a análise, estimei uma Análise Múltipla de Variância (MANOVA). Os resultados estão reportados na Tabela 2.

Tabela 2: Análise Multivariada de Variância (MANOVA).

VARIÁVEL	COEFICIENTE PADRONIZADO	p
Ser país desenvolvido	-26,67	<0,01
Ser país latino	-0,97	0,75

Fonte: análise do autor a partir de dados do Barômetro das Américas de 2012.

Os resultados da Tabela 2 reforçam a conclusão de que não há diferença entre os países latino-americanos e os países não latinos do Caribe. Por outro lado, há uma diferença muito clara entre os dois países desenvolvidos e os demais. Obviamente, a diferença entre o Canadá e os EUA também é muito grande, mas não dá para ser testada pelo modelo estimado (muito provavelmente, os EUA, sim, têm algo de cultural muito específico, que não depende apenas do seu nível de desenvolvimento, que explica o baixo apego de sua população ao Estado). Todavia, o que mais me interessa aqui é perceber que entre os países não desenvolvidos incluídos na análise não há diferença entre ser latino ou não. Não há nada de especial em ser latino (ou ibérico) que possa explicar um maior apego ao Estado. Esse apego se deve mais ao baixo nível de desenvolvimento socioeconômico, que faz com que as pessoas esperem mais do Estado. Portanto, esse é mais um fator importante para entender o Brasil, mas não é algo distintivo.

O estamento burocrático e profissional

Elenquei, acima, algumas características da formação histórica, em termos culturais e políticos, da sociedade brasileira. Essas características se combinam a algo, aí sim, bastante distintivo do caso brasileiro, qual seja, a existência, aqui, de um estamento burocrático com um grau de isomorfismo institucional e uma distinção de status únicos. Esse estamento burocrático resultou de um processo histórico singular. E o que é um estamento? É um dos "tipos ideais" weberianos de estratos sociais. Nas palavras de Campane (2003, p. 154):

> Ao contrário da classe social, definida pela agregação de interesses econômicos, determinados, em última instância, pelo mercado, o estamento é uma camada não econômica. Para pertencer a ele, os requisitos são basicamente sociais e políticos, embora, admitam Faoro e Weber, aconteça frequentemente uma coincidência ou superposição destatuseconômico e social.

O estamento forma, no Brasil, um estrato social de elite com um nível de status e distinção social provavelmente único nas sociedades modernas. Esse estamento, como ficará claro mais adiante, tem uma relação atávica com o Estado. Essa relação tão forte de um estrato de elite com o Estado leva o Brasil a ser um *outlier* (um caso fora ou longe da curva) na comparação com outros países. O Gráfico 1 mostra isso de forma bastante objetiva. Nele, pode-se observar a relação entre a carga tributária e o Coeficiente de Gini da distribuição de renda (medido em uma escala de 0 a 100) dos países da OCDE e da América Latina (com a interseção de dois casos: Chile e México, que pertencem aos dois grupos). Há uma relação negativa muito clara. Ou seja, mantido tudo o mais constante, quanto maior a carga tributária, menor a desigualdade de renda dos países. Observa-se, contudo, que há um caso – que está destacado, na parte superior do gráfico – bastante fora do padrão. Este caso bem fora da curva é o Brasil! O que se vê aí é que o Brasil é o único país com uma carga tributária acima de 30% que tem um Coeficiente de Gini acima de 50 pontos, ou ainda, que é o único país com uma carga tributária acima de 25% que tem um Coeficiente de Gini acima de 45 pontos. Ou seja, o Brasil é um país extremamente injusto socialmente, pois nele o Estado extrai um percentual relativamente alto da renda nacional, mas esses recursos financeiros não são utilizados para produzir menor desigualdade, como ocorre de modo geral, como mostra a curva estimada e apresentada no Gráfico 1. Portanto, no Brasil, o Estado funciona como um Robin Hood às avessas: redistribui renda para estratos superiores da sociedade de uma forma única no mundo. E para qual estrato se dá essa distribuição? É fato que em qualquer sociedade capitalista o Estado privilegia investimentos que beneficiam a burguesia. O que é diferente, no Brasil, é a existência de um estamento burocrático que é beneficiário de enormes privilégios pecuniários por parte do Estado, algo único no mundo.

Gráfico 1: Relação entre Carga Tributária e o Coeficiente de Gini da Renda de Países da OCDE e da América Latina.

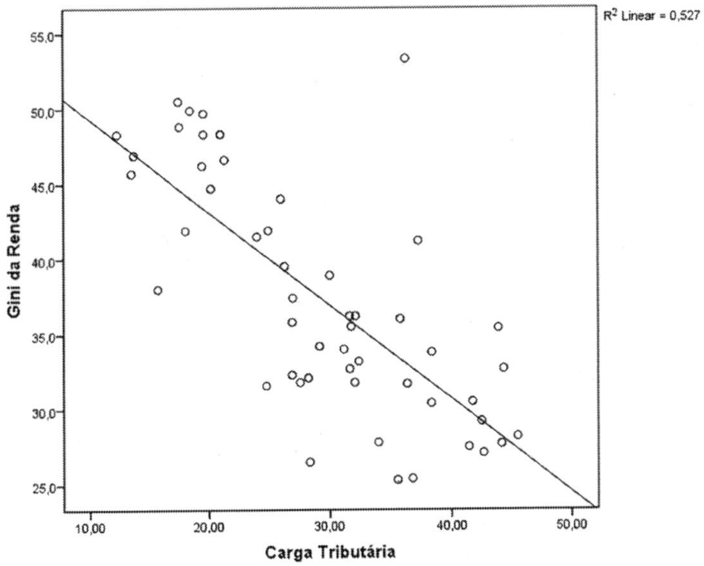

Fonte: OCDE (dados sobre carga tributária de 2012) e Banco Mundial (dados sobre o Gini da Renda de 2010 a 2017, variando entre os países).

Faz-se necessário compreender o processo histórico de formação desse estamento burocrático, no Brasil. Curiosamente, embora José Murilo de Carvalho recuse o conceito de estamento burocrático, foi sua análise historiográfica que melhor destrinchou o processo histórico de formação do estamento burocrático brasileiro. Para ele (Carvalho, 1980, pp. 34-35):

> A homogeneidade ideológica e o treinamento seriam características marcantes da elite política portuguesa, criatura e criadora do Estado absolutista. Uma das políticas dessa elite seria reproduzir na colônia uma outra elite feita à sua imagem e semelhança. A elite brasileira, particularmente da primeira metade do século XIX, teria treinamento em Coimbra, concentrado na formação jurídica, e seria, em sua grande maioria, parte do funcionalismo público, especialmente da magistratura e do Exército. Essa transposição de um grupo dirigente teria talvez maior importância que a transposição da própria Corte portuguesa e foi fenômeno único na América (grifos meus).

Ou seja, para José Murilo de Carvalho, o estamento burocrático brasileiro mimetizou o português, a partir de um processo único, ocorrido a partir de 1808, e tem como principais representações os estamentos jurídico e militar. Em outra passagem, ele deixa bem claras as características desse estamento português que foi reproduzido no Brasil (Carvalho, 1980, p. 28):

> Pode-se dizer que após a batalha de Aljubarrota em 1385 esse país já se constituía em Estado moderno sob o governo de D. João I, o filho bastardo de Pedro I. Oliveira Martins considera a vitória de D. João I como o fim da idade média em Portugal, o golpe decisivo nos barões feudais já enfraquecidos na luta contra os mouros. O enfraquecimento da nobreza rural acentuou-se com o despovoamento dos campos produzidos pelas aventuras marítimas em que embarcou a nova dinastia. Restou aos nobres empobrecidos o serviço do rei ou a empresa colonial, frequentemente fundidos.

Continua ele (Carvalho, 1980, pp. 28-29):

> Mas a situação dos nobres portugueses a serviço do rei era distinta da que se verificou na Inglaterra. A aristocracia inglesa, como vimos, não dependia do emprego público para sustento material. O que ela prestava era quase um serviço litúrgico, para usar a expressão weberiana, de vez que podia viver das gordas rendas de suas terras. A de Portugal dependia cada vez mais do emprego para a sobrevivência, donde sua dependência do Estado e seu crescente caráter parasitário.

Para ele, portanto, o estamento burocrático português tem uma origem social bastante específica: a aristocracia. Esse viés aristocrático do estamento burocrático se fez presente no seu processo de reprodução, no Brasil, e é característica extremamente forte entre nós ainda hoje. Uma importante consequência disso é que "...quanto mais homogênea uma elite, maiores suas condições de agir politicamente com eficácia" (Carvalho, 1980, p. 31).

Essa última afirmação de José Murilo de Carvalho sobre o estamento burocrático brasileiro nos leva à definição de Raymundo Faoro, que talvez explique a própria rejeição de Carvalho ao conceito (Faoro, 1995, p. 738):

> (No Brasil)... Não impera a burocracia, a camada profissional que assegura o funcionamento do governo e da administração, mas o estamento político. A burocracia, como burocracia, é um aparelhamento neutro, em qualquer tipo de Estado, ou sob qualquer forma de poder.

Esta visão do estamento burocrático brasileiro, por parte de Faoro, é de uma ingenuidade atroz, além de me parecer bastante equivocada em relação à abordagem teórica na qual ele bebia, os ensaios de Max Weber. Em Parlamentarismo e Governo numa Alemanha Reconstruída, Weber (1980) apresenta uma visão bastante diversa dessa defendida por Faoro, pois enxergava a burocracia como um estrato social bastante distinto, com interesses próprios e grande poder político. Isso em um país onde essa burocracia tem um perfil totalmente estamental, nem se fala. Afinal, o estamento é uma camada organizada e definida politicamente por suas relações com o Estado, e, socialmente, por seu modus vivendi estilizado e exclusivista" (Campane, 2003, p. 154).

O elemento exclusivista do estamento, no Brasil, foi reforçado por Edmundo Campos Coelho, ao estudar a formação do profissionalismo, e concluir que "é difícil não se deixar impressionar pela permanente disposição de nossos profissionais para o despotismo... São histórias de elites saturadas de valores excludentes, antidemocráticos, antipovo" (Coelho, 1999, p. 289). Ele ainda observou que, no Brasil, as elites profissionais nasceram e permaneceram umbilicalmente conectadas ao Estado (a maior evidência disso é que os Conselhos Profissionais são Autarquias Federais)[4]. O poeta João Cabral de Melo Neto não deixou escapar essa dimensão curiosa da sociedade brasileira quando em seu poema "Morte e Vida Severina" que, ao se referir aos profissionais, designou-os como "os de profissões liberais que não se libertaram jamais".

Acredito que os dados e a discussão da literatura apresentados, acima, tenham conseguido mostrar ao leitor os fundamentos da tese central deste ensaio, qual seja, que o caráter aristocrático específico, o exclusivismo e o nível de poder do estamento burocrático e profissional (pois, afinal, embora os "profissionais liberais" não estejam vinculados de forma direta à burocracia, estão de forma indireta, como mostra o livro de

[4] Neste ponto específico, Coelho (1991) faz um contraponto entre o caso brasileiro e o estadunidense.

Edmundo Campos Coelho, citado acima) são o grande traço distintivo da sociedade brasileira. Na próxima seção, discutirei como esse elemento tem sido sempre central nos golpes de Estado, no Brasil, e que, portanto, não foi diferente do golpe de 2016.

O golpe estamental e a vitória do bolsonarismo

Nas décadas de 1960 e 1970, houve no meio acadêmico um rico debate sobre o Estado capitalista ou o Estado nas sociedades capitalistas. Vários pensadores das diferentes disciplinas das ciências sociais e das humanidades participaram desse debate. Entre eles, destacaria três nomes: Nicos Poulantzas (grego radicado na França), Ralph Miliband (belga naturalizado inglês) e o estadunidense Erik Wright. Esses pensadores terminaram desenvolvendo o que ficou conhecido como uma abordagem neomarxista do Estado capitalista. De forma muito sintética, sua principal contribuição teórica foi a de perceber o Estado capitalista como uma estrutura de relações sociais, como arena privilegiada do conflito de classes.

Esse debate teórico é muito útil para entendermos a dinâmica política brasileira. Todavia, ao buscar relacionar o Estado à estrutura de estratificação das sociedades, esses pensadores não deram conta da complexidade desse conjunto de relações sociais. No mundo moderno, as estruturas de estratificação social são mais complexas do que qualquer grande abordagem teórica conseguiu vislumbrar. Talvez Max Weber tenha sido aquele que, ao propor uma abordagem multidimensional da estratificação social, tenha conseguido uma melhor compreensão dessa realidade complexa. Da mesma forma, conseguiu identificar alguns importantes efeitos das relações entre os estratos sociais e o Estado. Parte dessa contribuição de Weber foi incorporada pelos autores do debate citado acima. Em particular, Erik Wright.

Em qualquer sociedade moderna convivem relações de dominação e de exploração que configuram estruturas de estratificação social não apenas de classe, mas também estamentais[5]. Importantes pesquisadores contemporâneos, como Yossi Shavit, têm encontrado evidências empíricas, em nível internacional, que demonstram que a desigualdade estamental é hoje tão ou mais importante do que a desigualdade de classes. Se observarmos a literatura internacional, vemos que o mundo vive numa dinâmica bimodal de desigualdade social. Para os percentis superiores da renda, o que interessa é, de fato, a riqueza e é ela que é transmitida intergeracionalmente para garantir a reprodução social da

[5] Wright (2015) rejeita fortemente essa proposição.

classe economicamente dominante. Para os demais, o principal ativo é a educação formal e o que Pierre Bourdieu chamou de "capital cultural". Para a grande maioria das famílias, em qualquer sociedade moderna, o fator fundamental da reprodução intergeracional da desigualdade é a educação formal e o capital cultural.

Portanto, no Brasil, esse estamento excepcionalmente poderoso se configura em uma elite que em certos momentos colabora e em certos momentos se contrapõe à elite econômica ou a frações dela. Esse elemento estamental também nos ajuda a entender por que aqui nunca houve uma "classe média" que se mobilizasse na busca de direitos universais, como o saudoso Milton Santos tão bem denunciou em uma palestra disponível na internet, ao ressaltar que, no nosso país, a "classe média" sempre quis privilégios e não direitos universais.

A reprodução intergeracional de um estamento burocrático e profissional depende, fundamentalmente, do monopólio das melhores oportunidades educacionais. Foi nesse ponto que os governos petistas começaram a incomodar profundamente o estamento burocrático e profissional. Entre todas as dimensões da desigualdade que foram, de alguma forma, reduzidas durante a era petista, a educação foi a mais fortemente atingida. Como também ocorreu nas socialdemocracias europeias (Esping-Andersen, 2015), os governos petistas conseguiram atingir a desigualdade educacional (e de rendimentos do trabalho) de forma muito mais efetiva do que a desigualdade de riqueza ou de renda total (Souza, 2018). Está aí a principal energia de ativação do golpe de 2016! Um típico caso de conflito de status, como definido por Randall Collins (1976). Fukuyama (2013), por sua vez, traz um ponto muito relevante, ao afirmar que (p. 477): "(...) só é possível ter status elevado se todos os outros têm status mais baixo (...) a luta por status tem soma zero, onde se um jogador ganha, o outro necessariamente perde". Ou seja, o conflito de status tende a ser ainda mais violento do que o conflito distributivo em torno da renda.

O golpe de 2016 foi iniciado pelo estrato social que se sentia mais incomodado com a nova realidade que se passava a construir no Brasil. A elite econômica veio a reboque. Assim como os próprios políticos. O marco fundamental do golpe foi o dia 16 de março de 2016, quando o "herói" estamental, Sérgio Moro, gravou ilegalmente conversas do ex-presidente Lula com a então presidenta Dilma e liberou a gravação para a mídia. Não por acaso, um ato perpetrado por um ilustre representante do estamento.

Em 1964, o Brasil também viveu um golpe estamental. Todavia, ali a locomotiva do golpe foi o estamento militar, ao passo que em 2016 foi o estamento jurídico. Em 1964, o golpe foi iniciado por uma figura menor, que se tornaria pouco relevante no regime que se estabeleceu depois, o Gal. Olímpio Mourão Filho. Algo semelhante ocorreu a partir de 2016, com o então juiz Sérgio Moro, o grande protagonista do golpe de Estado, mas que terminou tendo uma participação curta no governo Bolsonaro.

O golpe de 1964 foi iniciado pelo estamento militar, mas seguido pelos estamentos jurídicos e políticos, depois. No caso do golpe de 2016, o estamento jurídico contou com a adesão dos estamentos militar e político, também. No caso dos estamentos jurídico e militar, em particular, se observa um enorme isomorfismo institucional normativo[6]. É de especial relevância o que eles chamam de "pressões normativas", que se encaixam como uma luva no que estamos vendo ocorrer, no Brasil, a saber (DiMaggio e Powell 2005, p. 80):

> Dois aspectos da profissionalização são fontes importantes de isomorfismo. Um deles é o apoio da educação formal e da legitimação em uma base cognitiva produzida por especialistas universitários. O segundo aspecto é o crescimento e a constituição de redes profissionais que perpassam as organizações e por meio das quais novos modelos são rapidamente difundidos.

O jurista Lênio Streck tem ressaltado, em vários de seus artigos, o papel que o treinamento jurídico nas instituições de ensino superior, no Brasil, tem desempenhado para a formação deste caos institucional no qual mergulhamos (a homogeneidade ideológica e o treinamento ressaltados por José Murilo de Carvalho, em citação colocada anteriormente). Em paralelo, as redes profissionais – sejam aquelas evidenciadas em organizações formais, como as associações nacionais de magistrados,

[6] Sobre o conceito de isomorfismo institucional normativo, ver DiMaggio e Powell (1983), com tradução para o português publicada em 2005.

procuradores e promotores, sejam aquelas totalmente informais, como grupos de *WhatsApp* e *Telegram* – completam o serviço.

Este caos institucional foi bem percebido por grandes pensadores que se debruçaram sobre a República de Weimar. Weber (1980) percebeu em Weimar o que costumo chamar de "paradoxo da burocracia". O poder burocrático é fundamental para a administração pública, mas o Estado Democrático de Direito só é possível se este poder estiver submetido ao poder democrático. Ou seja, a democracia requer que os políticos tenham mais autoridade do que os burocratas.

Por sua vez, Neumann (2009) descreve em Weimar um caos institucional em muitos aspectos parecido com o nosso. Se para Weber (1980) a base da fragilização institucional do regime democrático de Weimar estava em um balanço indesejável entre o poder burocrático (excessivamente forte) e o poder democrático (muito fraco), para Neumann (2009), o problema estava na destruição da racionalidade do direito. Esta depende, fundamentalmente, do "império da lei". Quando as leis deixam de ser a base do direito, este perde seu fundamento racional e, assim, se inicia uma desorganização total do Estado. O Beemote toma o lugar do Leviatã (Ramos, 2012). O Império da Lei (2) se desmancha como um castelo de cartas. E com ele, vai junto a democracia. Neumann (2009) mostra que os profissionais do sistema de justiça prepararam o terreno para o totalitarismo, na Alemanha, ao destruir a racionalidade do direito. Logo na Introdução, quando fala sobre o colapso de Weimar, ele afirma que[7]:

> Uma lei natural não expressa veio a ser aplicada sem restrição ou inibição. O período de 1918 a 1932 foi caracterizado pela aceitação quase universal da doutrina da livre discricionariedade (...). Se deu aos juízes poderes discricionários inacreditavelmente amplos.

Ramos (2012), por sua vez, traz um apanhado de descrições que o livro de Neumann faz da destruição de Weimar e da ascensão do regime nazista. Nele, teria havido "uma verdadeira autonomização dos vários aparelhos burocráticos" (p. 321), uma situação na qual "a lei agora nada mais é do que um meio técnico de realização de objetivos políticos". Nada

[7] Infelizmente, a versão Kindle do livro não tem paginação.

poderia ser mais parecido com o Brasil que emergiu com o golpe iniciado pelo estamento jurídico, em 2016.

A destruição da racionalidade jurídica funcionou como uma capina do terreno onde o nazismo montou sua tenda, na Alemanha, e onde o neofascismo bolsonarista se instalou, no Brasil. O estamento jurídico preparou o terreno para a vitória bolsonarista nas eleições de 2018, que trouxe também o estamento militar de volta ao centro do teatro político e à mesa do banquete que é servido com os recursos públicos que geram a tragédia brasileira bem sintetizada no Gráfico 1.

E agora?

Escrevo este ensaio logo após o primeiro turno das eleições municipais de 2020. Os resultados mostram que, felizmente, o sistema político-partidário brasileiro tem uma resiliência maior do que muitos de nós imaginávamos. O fato é que – ao contrário do que ocorreu com a Itália após a operação mãos limpas e o que está acontecendo no Peru, atualmente – no Brasil os partidos e o sistema político têm conseguido sobreviver ao ataque do poder burocrático, preservando, assim, minimamente, o Estado Democrático de Direito.

É provável, também, que o elevado grau de incompetência política e administrativa do governo Bolsonaro esteja contribuindo para essa relativa resiliência de nosso sistema político e dos partidos tradicionais. Por outro lado, neste momento, o Brasil está entrando em uma tempestade que produzirá uma enorme crise socioeconômica. O futuro é muito incerto, mas até aqui, conseguimos evitar que nossa Nova República tenha o mesmo fim de Weimar.

Referências

ALMEIDA, Alberto Carlos. A Cabeça do Brasileiro. Rio de Janeiro: Record, 2007.

BEZERRA, Dinarte Varela. 1930, A Paraíba e o Inconsciente Político da Revolução: a narrativa como ato socialmente simbólico. Tese de Doutorado em Ciências Sociais, UFRN, 2008.

CAMPANTE, Rubens Goyatá. O patrimonialismo em Faoro e Weber e a sociologia brasileira. Dados, Vol. 46, No. 1, 2003, p.153-193.

COLLINS, Randall. The Credential Society: An Historical Sociology of Education and Stratification. Nova York: The Academic Press, 1979.

COELHO, Edmundo Campos. As Profissões Imperiais: Medicina, Engenharia e Advocacia no Rio de Janeiro, 1822-1930. Record: Rio de Janeiro/São Paulo, 1999.

CARVALHO, José Murilo de. A Construção da Ordem: A Elite Política Imperial. Rio de Janeiro: Campus, 1980.

DIMAGGIO, Paul e POWELL, Walter. "The Iron Cage Revisited: Institutional Isomorphism and Collective Rationality in Organizational Fields". American Sociological Review, Vol. 48, No. 2, 1983, pp. 147-160.

DIMAGGIO, Paul e POWELL, Walter. "A Gaiola de Ferro Revisitada: isomorfismo institucional e racionalidade coletiva nos campos organizacionais". Revista de Administração de Empresas, Vol. 45, No. 2, 2005, pp. 74-89.

ESPING-ANDERSEN, Gøsta. "Welfare Regimes and Social Stratification". Journal of European Social Policy, Vol. 25, No. 1, 2015, pp. 124-134.

ERMAKOFF, Ivan. "Patrimony and Collective Capacity: an analytical outline". The Annals of the American Political and Social Sciences, Vol. 636, No. 1, 2011, pp. 182-203.

FAORO, Raymundo. Os Donos do Poder – Formação do Patronato Político Brasileiro. Rio de Janeiro: Editora Globo, 1958 e 1995.

FERNANDES, Danielle e NEVES, Jorge Alexandre. "Urban Bias in Development and Educational Attainment in Brazil". Journal of Developing Areas, Vol. 43, 2010, pp. 271-288.

FUKUYAMA, Francis. As Origens da Ordem Política: dos tempos pré--humanos até a Revolução Francesa. Rio de Janeiro: Rocco, 2013.

HOLANDA, Sérgio Buarque de. Raízes do Brasil. Rio de Janeiro: Editora José Olímpio, 1936.

MATA, Sérgio da. "A Viagem Redonda de Jessé Souza". Sociologias, Vol. 20, No. 47, 2018, pp. 424-437.

NEUMANN, Franz. Behemoth: The Structure and Practice of National Socialism 1933–1944. Oxford: Oxford University Press, 2009.

RAMOS, Diogo. "Franz Neumann e o Nazismo como a Destruição do Estado". Ethic@, Vol. 11, No. 3, 2012, pp. 299-327.

ROXBOROUGH, Ian. Teorias do Subdesenvolvimento. Rio de Janeiro: Zahar, 1981.

SCWARTZMAN, Simon. São Paulo e o Estado Nacional. São Paulo: Difel, 1975.

SCWARTZMAN, Simon. Bases do Autoritarismo Brasileiro. Rio de Janeiro: Campus, 1982.

SOUZA, Amaury e LAMOUNIER, Bolívar. A classe média brasileira: ambições, valores e projetos de sociedade. Rio de Janeiro: Elsevier, Brasília: CNI, 2010.

SOUZA, Jessé. A tolice da inteligência brasileira - ou como o país se deixa manipular pela elite. São Paulo: Leya, 2015.

SOUZA, Pedro. Uma história da desigualdade: a concentração de renda entre os ricos no Brasil 1926 – 2013. São Paulo: Hucitec Editora, 2018.

URICOCHEA, Fernando. O Minotauro Imperial. São Paulo: Difel, 1978.

WEBER, Max. "Parlamentarismo e Governo numa Alemanha Reconstruída: uma contribuição à crítica política do funcionalismo e da política partidária". In: Os Pensadores. Tradução de Maurício Tragtenberg. São Paulo: Abril, 1980. p. 01-85.

WRIGHT, Erik Olin. "Análise de Classes". Revista Brasileira de Ciência Política, No.17, 2015, pp.121-163.

DA LAVA JATO AO BOLSONARISMO: A MANIPULAÇÃO DAS INSTITUIÇÕES REPUBLICANAS PARA REALIZAÇÃO DE OBJETIVOS POLÍTICOS ESCUSOS

El mayor peligro del delito en las sociedades modernas no es el delito en si mismo, sino que la lucha contra este conduzca las sociedades hacia el totalitarismo (CHRISTIE, 1993).

FERNANDO HIDEO I. LACERDA[8]

Inauguramos a década de 2020 subjugados por um projeto autoritário que governa o país. Da cadeira que comanda o poder executivo, o discurso que ecoa é uma reedição mal-acabada das práticas tirânicas de Luis XIV. "A Constituição sou eu", declarou o Presidente da República ao comentar manifestações fascistas que propunham nova intervenção militar no país[9]. Mas Jair Bolsonaro não enganou seus eleitores. É a mesma figura que se elegeu Deputado Federal na década de 1990 afirmando que "através do voto você não vai mudar nada neste país"[10], que propôs na

[8] Fernando Hideo I. Lacerda é doutor e mestre em Direito pela Pontifícia Universidade Católica de São Paulo. Advogado criminalista e sócio fundador do escritório Serrano, Hideo e Medeiros Advogados. Professor nos cursos de graduação e pós-graduação da Escola Paulista de Direito.

[9] *Eu sou a Constituição, diz Bolsonaro ao defender democracia e liberdade um dia após ato pró-golpe militar*. Folha de S.Paulo, 2020. Disponível em: <https://www1.folha.uol.com.br/poder/2020/04/democracia-e-liberdade-acima-de-tudo-diz-bolsonaro-apos-participar-de-ato-pro-golpe.shtml>. Acesso em: 22 ago. 2020.

[10] *Em entrevista em 1992 FHC temia Bolsonaro e risco de golpe*. Folha de S.Paulo, 2018. Disponível em: <https://www1.folha.uol.com.br/poder/2018/09/em-entrevista-em-1992-fhc-temia-bolsonaro-e-risco-de-golpe.shtml>. Acesso em: 22 ago. 2020.

década de 2000 que "FHC tinha que ser fuzilado"[11], que contribuiu para o golpe de 2016 evocando a memória do torturador Brilhante Ustra[12] e que se elegeu em 2018 anunciando que iria "fuzilar a petralhada"[13].

Nesse roteiro, estranho seria um Jair Bolsonaro convertido aos ideais democráticos. Não é surpresa, portanto, que o seu primeiro Ministro da Justiça tenha sido aquele que contribuiu decisivamente para a eleição presidencial ao liderar a farsa que levou à prisão seu principal adversário político. Luiz Inácio Lula da Silva ocupava o primeiro lugar em todas as pesquisas eleitorais[14], mas foi impedido de concorrer, preso injustamente e silenciado durante toda campanha. Despindo-se da toga, Sergio Moro revelou sua essência de militante político deslumbrado pelo poder, que manipulou processos penais em nome de um projeto político, econômico e ideológico. Não bastassem todas as arbitrariedades praticadas à luz do dia, as mensagens divulgadas pelo *The Intercept Brasil* descortinaram, acima de qualquer suspeita, a aliança espúria entre o então juiz Sérgio Moro e procuradores da República, que se uniram com o propósito de combater inimigos políticos por meio de processos penais de exceção.

Também não surpreendem as práticas tirânicas assumidas pelo segundo Ministro da Justiça do governo Jair Bolsonaro. Em poucos meses à frente da pasta, André Luiz de Almeida Mendonça já evocou a Lei de Segurança Nacional para perseguir um jornalista crítico a Jair Bolsonaro[15] e teve de explicar ao Supremo Tribunal Federal a existência de um assombroso "dossiê antifascista", produzido no âmbito do seu Ministério com o propósito de catalogar informações pessoais de servidores e professores declarados antifascistas.

---

[11] *Bolsonaro já defendeu a tortura e o fuzilamento de FHC.* Revista Fórum, 2017. Disponível em: <https://revistaforum.com.br/politica/bolsonaro-ja-defendeu-tortura-e-o-fuzilamento-de-fhc-veja-o-video/>. Acesso em: 22 ago. 2020.

[12] *Discurso de Bolsonaro deixa ativistas 'estarrecidos' e leva OAB a pedir sua cassação.* BBC Brasil, 2016. Disponível em: <https://www.bbc.com/portuguese/noticias/2016/04/160415_bolsonaro_ ongs _oab_mdb>. Acesso em: 22 ago. 2020.

[13] *"Vamos fuzilar a petralhada", diz Bolsonaro em campanha no Acre.* Exame, 2018. Disponível em: <https://exame.com/brasil/vamos-fuzilar-a-petralhada-diz-bolsonaro-em-campanha-no-acre/>. Acesso em: 22 ago. 2020.

[14] *Lula chega a 39%, aponta Datafolha; sem ele, Bolsonaro lidera.* Folha de S.Paulo, 2018. Disponível em: <https://www1.folha.uol.com.br/poder/2018/08/lula-chega-a-39-aponta-datafolha-sem-ele-bolsonaro-lidera.shtml>. Acesso em: 22 ago. 2020.

[15] Ministro pede inquérito contra jornalista com base na LSN. Terra, 2020. Disponível em: <https://www.terra.com.br/noticias/brasil/politica/ministro-pede-inquerito-contra-jornalista-com-base-na-lsn,368a5d4562915dc3e41c5f08d00300a1vvwfcra5.html>. Acesso em: 22 ago. 2020.

Fica cada dia mais evidente a manipulação do sistema de justiça, das forças policiais e dos serviços de inteligência como instrumentos para realização de objetivos políticos escusos. Se a tragédia já era há muito anunciada, precisamos entender o percurso que nos trouxe até essa quadra histórica. Assim, a tarefa que se impõe é desvendar como foi que reprogramamos o nosso Leviatã, essa máquina histórica de moer gente pobre e preta, para recrudescer o arbítrio destinado aos alvos tradicionais do sistema penal e deflagrar uma caçada aos inimigos políticos e ideológicos de um regime dominado pelos interesses do mercado.

Como premissa inicial, temos que o direito penal é inevitavelmente um instrumento de controle social, que entre nós assumiu requintes históricos de crueldade e racismo ao ser manipulado por uma Polícia Militar que atua como força de ocupação territorial, por Polícias Judiciárias e Ministérios Públicos que investigam e processam seletivamente seus inimigos e por um Poder Judiciário que ignora as leis e a Constituição Federal para julgar de acordo com suas próprias crenças e convicções amparadas na opinião publicada pelos grandes meios de comunicação.

Basta olhar no retrovisor para perceber que o rótulo de "bandido" é a reedição contemporânea da condição de escravo. O chicote apenas mudou de mão. "Coisas" não cometem crimes, então foi preciso transcender a condição de "coisa possuída por um senhor" para possibilitar a aplicação de sanções criminais. Assim é que "o primeiro ato humano do escravo é o crime, desde o atentado contra o seu senhor à fuga do cativeiro"[16]. Pura e simples dominação, desde o início.

A segunda premissa é que o sistema de justiça criminal se constrói a partir dos interesses das elites. Nunca superamos a cultura da escravidão. Se antes identificávamos casa grande, senzala e capitães do mato como elementos sociais bem delineados, hoje devemos compreender a estrutura camuflada na qual convivem veladamente Estado de direito, Estado de exceção e Polícia Militar.

A casa grande enquanto reduto do senhorio deu origem à forma jurídica de um Estado Democrático de Direito destinado à população incluída, onde direitos e garantias fundamentais são assegurados de acordo com a conveniência de um pensamento dominado pela elite econômica.

[16] GORENDER, Jacob. O escravismo colonial. 3. ed. São Paulo: Ática, 1980, p. 62-63.

Em situação diametralmente oposta, a senzala evoluiu para um Estado de exceção permanente destinado aos excluídos, onde vige a lógica do combate seletivo à população pobre e marginalizada por meio da imposição do medo e do terror a partir da aplicação severa das normas incriminadoras e negação ao direito de defesa.

Não é difícil perceber que a missão outrora atribuída aos capitães do mato, agentes da repressão e castigo aos escravos, foi confiada ao sistema de justiça criminal, que desempenha práticas tirânicas chanceladas por todas as instâncias jurídicas, mas cuja face mais aparente é a Polícia Militar – instituição incompatível com um regime democrático – que atua, por um lado, como força de proteção dos interesses da classe dominante e, de outra parte, como força de ocupação territorial e repressão à população pobre. Não é à toa que o comandante do Batalhão de Choque da Polícia Militar paulista sente-se à vontade para declarar, sem nenhum constrangimento, que a abordagem policial das pessoas que transitam na região nobre deve ser diferente daquelas que habitam as zonas periféricas[17].

Essa é a lógica do Estado de exceção contemporâneo: combater o inimigo com aparência de legalidade institucional. Assim, o sistema de justiça, notadamente no exercício do poder penal, tem desempenhado a função de agente da exceção, com o intuito de atribuir legitimidade à prática de medidas essencialmente autoritárias. Oculta-se a tirania com um verniz fraudulento de legalidade.

A premissa final para compreendermos esse fenômeno é perceber que essa caçada não atinge apenas políticos, jornalistas, professores e lideranças de movimentos sociais enquanto indivíduos, mas sim a representação simbólica de um projeto de sociedade mais justa e menos desigual. Naturalmente, uma elite forjada na lógica da escravidão não assimilaria uma redução dos privilégios sem enfrentamento. Para isso, o mecanismo utilizado é o que tenho chamado de processo penal de exceção.

---

[17] "É outra realidade. São pessoas diferentes que transitam por lá. A forma de ele abordar tem de ser diferente. Se ele for abordar uma pessoa da mesma forma que ele for abordar uma pessoa aqui nos Jardins, ele vai ter dificuldade. Ele não vai ser respeitado. [...] Da mesma forma, se eu coloco um da periferia para lidar, falar com a mesma forma, com a mesma linguagem que uma pessoa da periferia fala aqui no Jardins, ele pode estar sendo grosseiro com uma pessoa do Jardins que está ali, andando. [...] O policial tem de se adaptar àquele meio que ele está naquele momento" (*Abordagem nos Jardins tem de ser diferente da periferia, diz novo comandante da Rota*. UOL, 2017. Disponível em <https://noticias.uol.com.br/cotidiano/ultimas-noticias/2017/08/24/abordagem-no-jardins-e-na-periferia-tem-de-ser-diferente-diz-novo-comandante-da-rota.htm>. Acesso em: 22 ago. 2020

Em nosso país, ao contrário do Direito Penal do Inimigo à moda de Günther Jakobs, não temos dois direitos penais legislados e regulamentados abstratamente de forma distinta para cidadãos e inimigos (tal qual o combate ao inimigo terrorista estadunidense e seu *Patriotic Act*). No nosso ordenamento jurídico, vige oficialmente o mesmo direito penal, as mesmas normas do sistema criminal, porém aplicadas e interpretadas oficiosamente de modo diferente por meio do que temos denunciado como processo penal de exceção.

Se o inimigo de séculos atrás era dominado no contexto de uma relação explicitamente escravocrata, nos dias de hoje é o sistema de justiça criminal quem desempenha veladamente a mesma função. Segundo levantamento realizado pelo IDDD[18], mais de 90% dos presos entrevistados respondem por crimes contra o patrimônio (furto, roubo e receptação) ou tráfico de drogas: eis a pura e simples criminalização da pobreza que marcou toda a nossa República. O inimigo interno veio da senzala, é o pobre e quase sempre negro, ou quase negro de tão pobre, como bem retratado por Caetano Veloso, afinal os "presos são quase todos pretos ou quase pretos, quase brancos quase pretos de tão pobres, e pobres são como podres e todos sabem como se tratam os pretos".

Ocorre que, paralelamente ao tradicional conceito de inimigo (o pobre: rotulado de ladrão, traficante, bandido), a década de 2010 assistiu ao surgimento de uma nova curva autoritária mediante a ampliação do arbítrio do sistema de justiça criminal para a parcela da classe política que ocupou o governo nacional até ser derrubada pelo golpe de 2016.

Durante sua sabatina no Senado Federal, o atual Ministro do Supremo Tribunal Federal Luís Roberto Barroso identificou o julgamento da AP 470 como um ponto fora da curva: "Eu acho que o mensalão foi, por muitas razões, um ponto fora da curva, mas não correspondeu a um endurecimento geral do Supremo no caso específico"[19]. A história nos mostrou que não era apenas um ponto, mas o início de uma nova curva. Um novo arco histórico autoritário: o julgamento do Mensalão foi o primeiro passo deste atual modelo do processo penal de exceção, segundo o qual o sistema de justiça criminal passa a ser manipulado de

---

[18] Instituto de Defesa do Direito de Defesa, 2014. *Liberdade em foco*. São Paulo: IDDD.

[19] *"Mensalão foi ponto fora da curva", diz indicado a STF*. Veja, 2013. Disponível em <https://veja.abril.com.br/politica/mensalao-foi-ponto-fora-da-curva-diz-indicado-a-stf/> Acesso em 27ago.2020.

acordo com conveniências políticas, seletivamente direcionadas pelo poder econômico e pelo sistema midiático.

A semente plantada pelo STF germinou na chamada operação Lava Jato, em que o processo penal deixa de ser a apuração de um fato concreto para materializar-se em perseguição direcionada a alvos politicamente selecionados, que se iniciam por meio de delações premiadas ilegais; se desenvolvem mediante condições coercitivas e ameaças de prisão arbitrárias com o intuito de inviabilizar a defesa; são julgados conforme a pressão dos sistemas econômico e midiático; e impõem punições antecipadas que transcendem o âmbito jurídico mediante prisões cautelares ilegais e vazamentos seletivos que contribuem para o espetáculo de execração pública antes de um julgamento oficial.

Elegeu-se um novo inimigo oficial chamado de "corrupto", a ser incessantemente perseguido policial, judicial e midiaticamente. Tratando-se de rótulo abstrato capaz de dissimular a perseguição concreta e seletiva dos adversários políticos, o "combate à corrupção" atende aos interesses do poder econômico em nosso país, tal qual o "combate ao terrorismo" no direito estadunidense.

Nesse ponto é irretocável a lição de Eugenio Raul Zaffaroni, para quem

> tanto o crime organizado como a corrupção são funcionais para habilitar o poder punitivo e a intromissão do Estado em qualquer atividade econômica incômoda ao governo de plantão ou que seja útil para eliminar ou difamar os competidores, sem os limites nem as garantias constitucionais para tais intervenções. Ademais, a campanha contra a corrupção parece estar mais preocupada em evitar maiores custos aos investidores estrangeiros em países periféricos do que nos princípios éticos que são enunciados ou nos danos estruturais que causam às economias locais (ZAFFARONI, 2007)

O primeiro fenômeno observado nas práticas penais contemporâneas é a intensificação da *criminalização da pobreza*. Um sistema de controle característico da normalidade penal histórica brasileira, enquanto relação oligárquica e escravocrata de dominação das classes populares por uma elite interessada em preservar a ordem estabelecida. Os inimigos são os *pobres inúteis* que, diante da extrema desigualdade e do desenvolvimento do mais valor relativo, não são consumidores nem exército de mão de obra de reserva. O foco deixa de ser a docilização de corpos úteis, mas a *eliminação de corpos inúteis* mediante a execução brutal mascarada por autos de resistência forjados e o encarceramento cruel massificado da juventude pobre e negra nas zonas periféricas. Dessa forma, a consolidação do bolsonarismo é o ápice de uma nova curva autoritária que visa combater o inimigo político (governo popular e resistência democrática: rotulados de "corrupto"), que são os legítimos representantes daqueles historicamente perseguidos na condição de inimigo das elites (pobre e marginalizado: chamado de "ladrão, traficante, bandido").

O segundo fenômeno que caracteriza o processo o penal de exceção é a deflagração da *criminalização da resistência democrática*. Uma nova curva autoritária de repressão ao pensamento crítico na década de 2010, direcionada especialmente aos adversários políticos, intelectuais críticos, comunicadores inconvenientes, advocacia combativa, servidores que permanecem leais à Constituição e setores estratégicos da economia nacional inconvenientes à lógica do mercado dito globalizado. Junto à intensificação do autoritarismo penal tradicionalmente direcionado à criminalização da pobreza, deflagrou-se um sistema de *exclusão dos sujeitos inconvenientes* à imposição da racionalidade neoliberal. O foco é a eliminação física e/ou simbólica de todos os obstáculos à tirania do mercado, estimulada pelo discurso ilusório da eficiência penal em nome da moralidade administrativa e da segurança social, contra a corrupção e a impunidade.

Como resultado da intensificação da criminalização da pobreza e da deflagração da criminalização da resistência democrática, o processo penal de exceção estende horizontalmente o universo dos alvos do poder penal e potencializa verticalmente o arbítrio contra os inimigos. Se o sistema de justiça criminal é inevitavelmente seletivo, as práticas reais revelam que os alvos foram ampliados, mas o inimigo permanece o mesmo: são as classes populares (*criminalização da pobreza*) e os seus representantes intelectuais e políticos (*criminalização da resistência democrática*).

Para cada Lula que se pretende eliminar da vida pública, são milhões de Rafaéis Bragas(1), Joões(2), Marielle(3), Janaínas(4), Amarildo(5), Ricardos(6) e tantos outros exterminados silenciosamente ao longo da nossa história dita democrática. Presos, executados, torturados, calados: cotidianamente injustiçados pelo assim chamado sistema de justiça criminal.

O processo penal de exceção é um antiprocesso. É a forma jurídica da perseguição política e econômica na era da pós-verdade. É a violação dos direitos e garantias fundamentais de uma parcela da população (e de seus representantes simbólicos) com verniz hipócrita de licitude. É fruto da manipulação do sistema de justiça criminal (Polícia, Ministério Público, Poder Judiciário e mídia) para atender aos interesses do mercado contra seus verdadeiros inimigos: o pobre, marginalizado e oprimido.

Na visão do mercado, cujos esforços se concentram na preservação da riqueza material da elite e da riqueza simbólica da classe média, o inimigo não pode sequer ter perspectivas mínimas de ascensão: aeroportos não devem parecer rodoviárias, universidades devem ser privilégio das classes superiores, *shopping center* não é lugar de rolezinho, automóvel não é para qualquer um, empregados domésticos não podem ter direitos trabalhistas.

Foi nesse caldo autoritário que o bolsonarismo se fortaleceu a partir da manipulação do sistema de justiça, das forças militares e dos serviços de inteligência para realização de objetivos políticos escusos. Ao naturalizar práticas essencialmente tirânicas na rotina formalmente democrática e disseminar discursos de ódio, os processos penais de exceção promoveram um esvaziamento de sentido dos direitos fundamentais e viabilizaram a cooptação das instituições republicanas por interesses contrários à soberania popular.

O bolsonarismo é filho legítimo do lavajatismo. Nem o mais convicto entusiasta dos métodos lavajatistas poderia negar a relação indissociável entre os métodos lavajatistas e a eleição presidencial de Jair Bolsonaro, bem resumida pelo Ministro Gilmar Mendes: "A Lava Jato é pai e mãe do bolsonarismo"[20]. O próprio Jair Bolsonaro assumiu que a atuação de Sergio Moro foi decisiva para sua eleição[21]. E, para além de qualquer aparência, a esposa do ex-juiz e ex-ministro, Rosângela Moro,

[20] Disponível em <https://www.conjur.com.br/2020-mai-02/ gilmar-mendes-lava-jato-pai-mae-bolsonarismo>. Acesso em 28ago.2020.

[21] Disponível em <https://noticias.uol.com.br/politica/ultimas-noticias/ 2019/11/08/bolsonaro-diz-que-trabalho-de-moro-como-juiz-o-levou-a-presidencia.htm>. Acesso em 28ago.2020.

sentenciou: "Eu não vejo o Bolsonaro, o Sérgio Moro. Eu vejo o Sérgio Moro no governo do presidente Jair Bolsonaro, eu vejo uma coisa só"[22].

Hoje, está claro que a anunciada "luta contra a corrupção" não passou de cavalo de Troia onde se ocultava um projeto político, econômico e ideológico, contrário à soberania popular e derrotado nas urnas, que ascendeu fraudulentamente ao poder. A curva autoritária da década de 2010 nos deixou a lição de que não existe verdadeiro combate à corrupção sem instituições republicanas independentes, imparciais e leais à Constituição Federal. Nenhuma corrupção é maior do que a própria degeneração da soberania popular e dos direitos fundamentais pelas práticas do soberano de plantão. Revelar esse jogo de aparências e descortinar os mecanismos tirânicos fraudulentos é a nossa oportunidade de iluminar os caminhos da resistência democrática em prol dos valores constitucionais e da soberania popular.

[22] Disponível em <https://politica.estadao.com.br/noticias/geral, moro-e-bolsonaro-vejo-uma-coisa-so-diz-mulher-do-ministro,70003199209>. Acesso em 28ago.2020.

Anexos

1. "Rafael Braga, único brasileiro condenado pelos protestos de junho de 2013 – por portar um frasco de desinfetante Pinho Sol –, recebeu agora uma condenação por tráfico de drogas e associação para o tráfico. Em sentença publicada no dia 20, o juiz Ricardo Coronha Pinheiro, do Tribunal de Justiça do Rio de Janeiro, condenou o ex-catador de latas a 11 anos e três meses de prisão e ao pagamento de multa de 1.687 reais. A Braga foi atribuído o porte de 0,6 grama de maconha, 9,3 gramas de cocaína e um rojão. Desde seu primeiro depoimento em uma delegacia no Rio de Janeiro, o ex-catador afirma que tal material não lhe pertencia. Ele conta que, naquele 12 de janeiro de 2016, caminhava em direção à padaria para comprar pão quando foi abordado por policiais da UPP (Unidade de Polícia Pacificadora) da comunidade Vila Cruzeiro, na Penha. Braga cumpria sua pena pelo episódio de 2013 em regime aberto, com tornozeleira eletrônica. Ele afirma que, após ser revistado, os PMs ameaçaram jogar drogas em sua "conta". A defesa sustenta, ainda, que ele foi torturado e ameaçado de estupro. Segundo informações da Ponte Jornalismo, o juiz se recusou a ouvir uma testemunha arrolada pela defesa. Os únicos depoimentos considerados foram dados por policiais. Para a socióloga Nathalia Oliveira, coordenadora da Iniciativa Negra por Uma Nova Política sobre Drogas (INNPD), a Lei de Drogas brasileira é um instrumento de controle social das periferias. "As pessoas são condenadas pelo CEP de onde moram, pela cor da pele e pelo testemunho do policial", diz. "Basta a cena: sujeito periférico, de cor preta. Se a polícia disser que ele é traficante com base em um objeto forjado, essa tese será facilmente aceita pela Justiça. É uma lei que dá muita liberdade para o policial e para o juiz."[23]

2. "Em junho de 2012, João foi a uma panificadora no bairro da Freguesia do Ó, na zona norte de São Paulo, comprar uma pizza. Na ocasião, foi acusado por funcionários da loja de tentar furtar uma garrafa de

---

[23] *Caso Rafael Braga: "A Justiça reforça a segregação racial no Brasil".* Carta Capital,2017. Disponível em <https://www.cartacapital.com.br/sociedade/caso-rafael-braga-justica-reforca -a-segregacao-racial-no-brasil>. Acesso em 28ago.2020.

vinho. Os responsáveis pela loja chamaram a Polícia Militar, mas antes resolveram fazer "justiça" por eles mesmos. Deram uma surra em João dentro do próprio estabelecimento comercial. Com a chegada dos policiais, em vez de proteção, João recebeu dos soldados mais porradas, além de agressões verbais e ameaças. "Ameaçaram me levar para uma pedreira e me matar." Após passar pela Delegacia, João foi levado ao Centro de Detenção Provisória (CDP-I) de Pinheiros, onde foi conduzido ao Regime de Observação, o chamado RO, uma cela destinada aos presos recém-chegados à unidade. Ali, João passou seus primeiros quinze dias. Sem direito a banho de sol. Onde cabiam vinte pessoas, havia setenta. Depois de sair do RO, a situação continuou difícil. Para dormir era preciso encontrar um lugar entre os presos que superlotavam a cela. A comida, péssima, era até difícil de engolir. Enquanto esperava pelo julgamento, João só tinha notícias do andamento de seu processo por meio de sua ex-companheira e de agentes da Pastoral Carcerária. Em setembro de 2012, quatro meses depois de sua prisão, João foi finalmente julgado e absolvido"[24].

3. "No dia 14 de março, Marielle Franco foi assassinada a tiros junto com Anderson Gomes, seu motorista, quando voltava de um evento com jovens negras. A dor da sua morte e de tudo o que ela simbolizava desencadeou homenagens emocionadas em redes sociais e grandes manifestações nas ruas pelo Brasil e no mundo. Mas também gerou uma série de acusações falsas sobre a sua história e sua atuação"[25].

4. "O caso da mulher submetida a um procedimento compulsório de esterilização (laqueadura) em Mococa, interior paulista, não é um caso isolado, segundo entidades de representação profissional, e esse tipo de violação de direitos de certas parcelas da população é recorrente"[26].

[24] *"Provisoriamente condenados...até que se prove o contrário"*. Le Monde Diplomatique Brasil, 2013. Disponível em <https://diplomatique.org.br/provisoriamente-condenadosate -que-se-prove-o-contrario/> Acesso em 28ago.2020.

[25] *Quem é Marielle Franco?* Disponível em <https://www.mariellefranco.com.br/quem-e-marielle-franco-vereadora>. Acesso em 28ago.2020.

[26] *Esterilização compulsória de Janaina não é caso isolado, apontam entidades.* Huffpost Brasil, 2018. Disponível em <https://www.huffpostbrasil.com/2018/06/27/esterilizacao-compulsoria-de-janaina-nao-e-caso-isolado-apontam-entidades_a_23469280/>. Acesso em 28ago.2020.

5. "Amarildo morreu. Não resistiu à tortura que lhe empregaram. Foi assassinado. Vítima de uma cadeia de enganos. Uma operação policial sem resultados expressivos. Uma informação falsa. Um grupo sedento por apreensões. Um nacional vulnerável à ação policial. Negro. Pobre. Dentro de uma comunidade à margem da sociedade. Cuja esperança de cidadania cedeu espaço para as arbitrariedades. Quem se insurgiria contra policiais fortemente armados? Quem defenderia Amarildo? Quem impediria que o desfecho trágico ocorresse? Naquelas condições, a pergunta não encontra resposta e nos deparamos com a covardia, a ilegalidade, o desvio de finalidade e abuso de poder exercidos pelos réus"[27].

6. *Assassinado à queima roupa pela PM em pleno horário de pico em Pinheiros*. El país, 2017[28].

[27] *Caso Amarildo: entenda o que cada PM condenado fez, segundo a Justiça*. G1, 2016.Disponível em <http://g1.globo.com/rio-de-janeiro/noticia/2016/02/caso-amarildo-entenda-o-que-cada-pm-condenado-fez-segundo-justica.html>. Acesso em 28ago.2020.

[28] Disponível em <https://brasil.elpais.com/brasil/ 2017/07/13/politica/1499967590_599102.html> Acesso em 28ago.2020.

Referências

CHRISTIE, Nils. *La indústria del control del delito — "La nueva forma del holocausto"?* Buenos Aires, Editores dei Puerto, 1993.

GORENDER, Jacob. *O escravismo colonial.* 3. ed. São Paulo: Ática, 1980

Instituto de Defesa do Direito de Defesa. *Liberdade em foco.* São Paulo: IDDD, 2014.

ZAFFARONI, Eugenio Raul. *O inimigo no Direito Penal.* 2. ed. Trad. Sérgio Lamarão. Rio de. Janeiro: Renavan, 2007.

A SOLIDARIEDADE E A FORÇA DAS LEIS: A SELETIVIDADE DAS NORMAS QUE GRAVITAM O CIDADÃO DE BEM

Diogo Abineder Ferreira Nolasco Pereira

Para que e para quem invocamos o fiel cumprimento das Leis? Como imortalizado pela propaganda, e não raras vezes atribuído ao pensamento de Albert Einstein, o que move o mundo não são as respostas, mas sim as perguntas.

Como não poderia ser diferente, o ponto de partida do presente ensaio[29] se forma por um questionamento que sempre me incomodou. Afinal, quando uma pessoa brada pela efetividade das Leis, mas o faz de modo seletivo, demonstra uma característica deveras contraditória das premissas e valores que invoca. Não que a coerência deva ser um comportamento natural do ser humano, dadas as complexidade e individualidade que possuímos.

Essa peculiaridade parece ter maior ênfase neste período da história do Brasil. Talvez porque, com as redes sociais, estejamos em maior contato com as diferentes formas de pensar do outro. Algumas bastante nocivas, até. Como bem colocado por Umberto Eco (2015), "as mídias sociais deram o direito à fala a legiões de imbecis".

Costumo dizer entre amigos que as conquistas de civilidade que tivemos após Constituição de 1988, especialmente quanto ao direito das minorias, acabou criando uma máscara de constrangimento em

[29] Por tratar-se de ensaio não haverá apego ao rigor metodológico de um artigo científico nem mesmo à definição do conceito de norma jurídica dada pela ciência do direito. Aqui é permitido compreender Lei e norma com o mesmo sentido da linguagem vulgar.

determinados indivíduos. Alguns perceberam que não era legal manifestar publicamente uma opinião naturalmente ofensiva. Fazer piada com negro e gay, por exemplo. Essas pessoas ficaram, por um tempo, constrangidas. O que era positivo. Mas como máscara, esse constrangimento caiu.

Mera coincidência ou não, essa queda acontece quase ao mesmo tempo em que ascende o movimento político que levou a eleição do presidente Jair Bolsonaro, que hoje é representante da extrema direita.

Com uma narrativa reacionária, de intolerância, defendendo o autoritarismo, o armamentismo e valendo-se da disseminação de notícias falsas e discursos de ódio, esse movimento foi tomando corpo. Impulsionado pela pauta do combate à corrupção que tomou conta da mídia nacional e pelo baixo desempenho da economia brasileira, que agravou os desarranjos sociais.

Tais fatores causaram uma onda de insatisfação na sociedade que, em certa medida, foram subestimados pela esquerda, hoje oposição e apontada como a responsável pelos "males" maiores do Brasil, tais como a destruição da família e o maior esquema de corrupção já descoberto.

Ao mesmo passo fez ressurgir o conceito de "cidadão de bem", que agora encontra-se diretamente relacionado com o discurso anticorrupção.

> O "cidadão de bem" passou a designar aquele que, além de ter uma conduta individual "correta" e saber se comportar nas manifestações, se distingue dos "bandidos" (corruptos) ou de quem apoia bandidos. Assim, o "cidadão de bem" refere-se a um conjunto de condutas dos indivíduos na vida privada, a um conjunto de formas específicas de reinvindicação política na vida pública e a um conjunto particular de temas e agendas que passaram a ser consideradas como legítimos. É dessa forma que o "cidadão de bem" extrapola as formas de condutas individuais e passa a designar aqueles que não são "comunistas", "petistas" ou "de esquerda" - vistos como apoiadores da corrupção e "não trabalhadores". Trata-se de uma noção específica de pessoa e um sentimento de pertencimento à uma forma correta de estar no mundo. (KALIL, 2018, p. 9).

Espetaculariza-se o combate à corrupção, e isso "foi um chamado à liberação da nossa justificada revolta, do nosso desejo de vingança, de retribuição". (WARDE, 2018, p. 135).

Tanto que se criou um paradoxo quanto à designação da esquerda radical e da extrema direita. Por muito tempo, a esquerda radical era identificada como revolucionária. Hoje, há de um lado uma esquerda radical que reivindica as regras e valores de uma democracia e de outro, há uma extrema direita, que diz respeitar as regras democráticas, mas faz apologia à tortura, à ditadura. Esse é o resultado do descrédito da democracia construído a partir de uma luta equivocada contra a corrupção, seja pela sua seletividade ou por não ter a parcimônia de ter algum limite. (SANTOS, 2018).

A experiência do combate à corrupção tornou-se uma barreira seletiva de entrada dos corruptos no "mercado da corrupção", gerando uma relação ainda mais patológica com o Estado. (WARDE, 2018, p. 39).

Veja-se então que não há uma união de desígnios no discurso anticorrupção. Ele, além de potencializador das patologias, é instrumento de segregação de pessoas em razão das suas afinidades políticas, mas que se fortalece como bandeira do "cidadão de bem", sobretudo para estabelecerem uma linha divisória do bem e do mal.

Mas o leitor pode estar se perguntando qual o papel da solidariedade, anunciado no título deste ensaio, dentro dessa reflexão. Explico.

Partimos da premissa de que a solidariedade compreende uma relação de interdependência intersubjetiva, de reciprocidade, compromisso, interesse e cooperação mútuos que ligam os seres humanos.

Entretanto, não quero que o leitor seja conduzido a pensar a solidariedade sob a forma de uma ideologia, em especial, no contexto de práticas solidárias, filantrópicas, no ato de se fazer caridade etc., que se colocariam em termos individuais e privados.

A pretensão é pensar a solidariedade com relação ao funcionamento da sociedade, como um princípio de integração, equilíbrio e coesão social, tal qual como analisado por Émile Durkheim quando trata dos aspectos da solidariedade social que, de outro lado, se coloca em termos públicos.

Há, nesse contexto, um conjunto de comportamentos que se colocam acima do individual e, em certa medida, determinam o modo de se proceder individualmente. Para Durkheim as variantes da solidariedade social podem ser encontradas no direito. (DURKHEIM, 1999).

O que caracteriza o sistema jurídico liberal-democrático é a tensão entre autonomia privada e coletiva já que o sistema jurídico é recebido e produzido por seus portadores. (HONNETH, 2015, p. 144). Promover o interesse público, no sentido de satisfazer todos os cidadãos, é uma das finalidades do Estado.

> [...] a solidariedade social é também objetivo do Estado, sendo que este tem como principal instrumento à sua promoção o arcabouço jurídico, que lhe serve de impulso e limite na intervenção direta no seio social e no fomento da atividade privada. (AMORIM, 2013, p. 351).

Por isso, dentro de uma concepção ética de direitos subjetivos, a liberdade jurídica não significa tão somente uma ação individual e isolada do sujeito frente aos demais integrantes da sociedade. A liberdade jurídica decorre de um "sistema de ações institucionalizado" de modo que aquele que se serve e pratica a liberdade jurídica "toma parte numa esfera de ação socialmente institucionalizada" (HONNETH, 2015, p. 147).

> O direito não regula contextos interacionais em geral, como é o caso da moral; mas serve com o medium para a auto-organização de comunidades jurídicas que se afirmam, num ambiente social, sob determinadas condições históricas. E, com isso, imigram para o direito conteúdos concretos e pontos de vista teleológicos. (HABERMAS, 1997, p. 191).

O Brasil se enquadra na categoria de Estado Democrático de Direito na medida em que todo o poder emana do povo. Logo, o arcabouço jurídico tem o povo como destinatário e, ao mesmo tempo, é por ele produzido (direta ou indiretamente). Ou seja, as Leis e a sua força (o dever de cumprimento) existem porque o povo exprimiu sua vontade na Constituição. O Estado Democrático de Direito é sinônimo de Estado Constitucional, "[...] em que os indivíduos e, em especial, os agentes estatais, estão sujeitos à lei, não como no velho paradigma positivista (sujeição à letra da lei), mas sujeitos à lei coerente com a Constituição da República". (CASARA, 2017, p. 19).

A Constituição da República Federativa do Brasil de 1988, como expressão máxima da vontade do povo, em seu artigo 3º, inciso I, constitui como objetivo fundamental do Estado a construção de uma sociedade livre, justa e solidária.

Veja-se então que a solidariedade é um objetivo fundamental do Estado brasileiro, determinado pelo seu povo e para o seu povo.

Tanto é assim, que a solidariedade restou consignada em diversas outras leis do Brasil. No direito tributário, em que a arrecadação visa promover o interesse público, como ação estatal. No direito ambiental, em que a preservação é um dever de todos para o benefício comum. No direito previdenciário, em que a solidariedade é a base da seguridade social. (AMORIM, 2013, p. 352-353). E mesmo no direito penal quando incrimina condutas e exige um agir estatal, por meio dos seus agentes, na sua averiguação e eventual punição.

O que se quer concluir com tais digressões é que, assim como há Leis que definem condutas criminosas, há Leis que colocam a solidariedade social de modo menos repressivo e violento.

Ocorre que o que se vê como tendência e característica do "cidadão de bem" é uma invocação do cumprimento fiel das leis de cunho repressivo e violento. Tanto que, como dito, a pauta monolítica anticorrupção é o que o define a partir de uma ressignificação. (KALIL, 2018).

Há uma polissemia do termo corrupção para buscar abarcar qualquer forma que identifique a expressão "políticos que roubam o povo" (KALIL, 2018). O que se vê, então, é um sentimento de revolta contra determinados políticos e dos indivíduos que são apontados como seus apoiadores. Além da revolta contra aqueles que ousam questionar a violência e incoerência desse discurso.

Quando surge esse sentimento antipolítica, aparece uma figura com narrativa forte que promete colocar as coisas em ordem. (SANTOS, 2018). Essa tendência e característica já se evidenciava na narrativa produzida pelo presidente Jair Bolsonaro e foi significante para levá-lo a vencer as eleições de 2018.

O "cidadão de bem", então, acredita em um salvador da pátria, em heróis. E nada mais caricato como aqueles bonecos infláveis que reverenciavam a figura de Bolsonaro e Sérgio Moro como heróis. Inflados com o grito virulento, mas vazios quanto ao conteúdo.

A verdade é que esse sentimento míope, baseado na revolta, na vingança e no ódio, se revela como um delírio persecutório, e quando deposita sua confiança em figuras míticas, é sinal de fraqueza e submissão.

> Quanto mais medíocre, fraco, submisso e covarde é um homem, tanto mais coisas ele postulará como 'males': nele o império do mal é o mais avultado; o homem mais baixo verá o império do mal (isto é, o império do que lhe é proibido, do que é seu inimigo) por toda parte. (NIETZSCHE, 2008, n. 1025).

Assim, nas leis que gravitam o "cidadão de bem" há uma identidade apenas daquilo que ele postula e contra quem diz ele lutar. Há para ele, portanto, Leis que importam mais do que outras. A seletividade é notória e visa esconder os seus próprios predicados. No "cidadão de bem" não há espaço para a autocrítica. Ele não enxerga o mal em si. Mas isso, talvez seja uma das características do próprio jeitinho brasileiro.

> Lancei a tese de que o dilema brasileiro residia numa trágica oscilação entre um esqueleto nacional feito de leis universais cujo sujeito era o indivíduo e situações onde cada qual se salvava e se despachava como podia, utilizando para isso o seu sistema de relações pessoais. Haveria assim, nessa colocação, um verdadeiro combate entre leis que devem valer para todos e relações que evidentemente só podem funcionar par quem as tem. O resultado é um sistema social dividido e até mesmo equilibrado entre duas unidades sociais básicas: o indivíduo (o sujeito das leis universais que modernizam a sociedade) e a pessoa (o sujeito das relações sociais, que conduz ao polo tradicional do sistema). Entre os dois, o coração dos brasileiros balança. E no meio dos dois, a malandragem, o "jeitinho" e o famoso e antipático "sabe com quem está falando?" seriam modos de enfrentar essas contradições e paradoxos de modo tipicamente brasileiro. (DA MATTA, 1986, p. 95-97).

Na tentativa de finalizar este ensaio, e antes de ter sido exitoso em responder o problema apresentado, o que gostaria é que daqui surgissem ainda mais perguntas.

A interpretação destes tempos é a de que poderiam existir quatro principais razões assumidas pelos "cidadãos de bem" para terem votado em Bolsonaro: 1) liberalismo econômico (identificado na figura do Paulo

Guedes); 2) honestidade (identificado na figura do Sérgio Moro); 3) conservadorismo (o resgate dos valores religiosos sobre a família e também sobre as instituições que estariam infiltradas de ideologias de esquerda); 4) violência (armas, machismo, misoginia, racismo, homofobia).

Ainda que possam parecer argumentos legítimos, aqueles que davam crédito às três primeiras retóricas o faziam por falta de informação. Seja porque são inocentes ou mesmo porque querem se manter mal informados. Porém, quem acredita na quarta opção a esconde em uma, ou todas, as três primeiras opções. Não há quem assuma a quarta razão.

Ocorre que, o que se tem vivenciado neste governo é que todos aqueles sinais de liberalismo, honestidade e conservadorismo já ruíram. O teto de gastos está à beira de ser ultrapassado, o que demonstra uma massiva intervenção paternalista do Estado. O caso Queiroz colocou o Presidente em silêncio, mas, nos bastidores, alimentando seus adeptos na polarização. A Polícia Federal, o Ministério Público Federal e a Agência Brasileira de Inteligência estão sendo descaradamente aparelhados.

Por isso, para quem votou em razão da violência, não há mais como se esconder.

E não poderia ser diferente. Afinal, a seletividade daquilo que gravita o "cidadão de bem" é a razão da sua escolha.

Referências

AMORIM, Pierre Souto Maior Coutinho. A solidariedade como fundamento antropológico para a busca da igualdade material. *Revista Jurídica da Seção Judiciária de Pernambuco*, Pernambuco, n. 6, 2013. p. 321-344. Disponível em: https://revista.jfpe.jus.br/index.php/RJSJPE/article/view/99 Acesso em: 28 ago 2020.

CASARA, Rubens R. R. *Estado Pós-Democrático*: neo-obscurantismo e gestão dos indesejáveis. 1. ed. Rio de Janeiro: Civilização Brasileira, 2017.DAMATTA, Roberto. *O que faz o brasil, Brasil?* Rio de Janeiro: Rocco, 1986.

DURKHEIM, Êmile. *Da divisão do trabalho social.* Trad. de Carlos Brandão. 2. ed. São Paulo: Martins Fontes, 1999.

HABERMAS, Jürgen. *Direito e democracia*: entre facticidade e validade. Rio de Janeiro: Tempo Brasileiro, 1997.

HONNETH, Axel. *O Direito da Liberdade.* São Paulo: Martins Fontes, 2015.

KALIL, Isabela Oliveira. *Quem são e no que acreditam os eleitores de Jair Bolsonaro.* Fundação Escola de Sociologia e Política de São Paulo. Outubro, 2018.

NIETZSCHE, Friedrich. *Vontade de Poder.* RJ: Editora Contraponto, 2008.

SANTOS, Boaventura de Souza. Há um estado de exceção inicial, o judiciário é um fator de insegurança jurídica no País, diz Boaventura de Sousa Santos. Entrevista concedida a André Zanardo e Caroline Oliveira. *Justificando.* 2018. Disponível em: https://www.justificando.com/2018/08/30/ha-um-estado-de-excecao-inicial-o-judiciario-e-um-fator-de-inseguranca-juridica-no-pais-diz-boaventura-de-sousa-santos/ Acesso em: 28 ago 2020.

WARDE, Walfrido. *O espetáculo da corrupção*: como um sistema corrupto e o modo de combatê-lo estão destruindo o país. Rio de Janeiro: LeYa, 2018.

Militarização e bolsonarização na segurança pública: heranças do autoritarismo no Brasil?

Cuando las serpientes evolucionaron Mas rápido que muchos venenos Noten la diferencia entre una serpiente venenosa y otra que no lo es
Por las marcas que Dejan!
(Ana Tijoux, 2010).

Henrique de Linica Macedo
André Sales dos Santos Cedro

Introdução

Esse ensaio trata de como antecedentes históricos permitiram a cooptação de forças de segurança pelo discurso bolsonarista. O argumento central é que o próprio bolsonarismo é um dos efeitos, não a causa, de um processo sócio-histórico longo que remete a conflitos sociais mais antigos. Isso significa dizer que todo o processo não pode ser considerado uma responsabilidade de Jair Messias Bolsonaro, dado que não há qualquer indicativo de que sua saída da cena pública, por si só, represente mudanças significativas no cenário político.

O bolsonarismo, que encontrou nas forças de segurança maior adesão, é um movimento socialmente articulado que emerge como consequência de um processo de militarização da política com reflexos na segurança pública, uma continuidade de saberes e práticas herdadas do entulho autoritário (PINHEIRO, 1991).

O fim da Ditadura Militar e a reinstituição da democracia no Brasil geraram, em alguns grupos, expectativas de que os novos governantes – civis e escolhidos por eleições diretas – expandiriam o estado de bem-estar social, promoveriam a igualdade e equidade, e reduziriam a violência do Estado contra os cidadãos. Entretanto, não foi de fato o que aconteceu, apesar das expectativas, grupos pró-ditadura, tanto civis como militares, conseguiram benesses, concessões, que influíram na Constituição da República de 1988 (CF/88).

A permanência de práticas autoritárias é reflexo da pobreza do desenho constitucional da segurança pública que, ao contrário das demais políticas sociais, se manteve centralizada, sob o controle de poucas instituições e de forma desigual no qual o protagonismo é exercido pelas polícias ostensivas e com pouca participação da comunidade civil. Como nos recorda Maria Pia Guerra (2016), muitos estudos apontaram como o longo processo de transição política, 1974 a 1988, demonstrou a força dos sujeitos autoritários para controlar o ritmo da reabertura e como exigiram um preço alto para se retirarem do poder.

Guerra (2016) e Napolitano (2013), cada um a seu modo, demonstraram como a retórica da ameaça de novo fechamento do regime ditatorial serviu como moeda de troca para que os ditadores impusessem suas demandas e regulassem o que deveria ou não ser feito em termos de desenho do novo modelo institucional na constituinte que deu forma a constituição. Mesma estratégia que parece ser usada no contexto do governo Bolsonaro e as notas dos militares que o compõem, só que agora de forma velada, como uma ameaça subentendida. Contudo, longe de se atribuir somente às ameaças o longo processo de reabertura, consideram que parte da adesão aos pontos exigidos também se deveu à conivência dos grupos políticos civis que, em muitos assuntos, concordavam com os militares. Apesar de resistências e tensões, mesmo os militares não conquistando tudo, conseguiram em alguns setores impor suas vontades, sobretudo na área de segurança pública como veremos a seguir.

Liberalização controlada

Ao longo dos anos, a memória hegemônica tomou o período de transição política como uma tensão efetiva na qual a sociedade civil buscou esvaziar o poder dos ditadores militares e reestabelecer as bases para a construção de uma democracia. Porém, seguindo as teorias de Napolitano (2013), Starling (2019), Reis (2019) e Guerra (2016) o regime ditatorial e os políticos tradicionais que o apoiaram, mesmo com oposição ocasional, controlaram a mudança do desenho institucional do Estado brasileiro de forma a não perderem o poder político e não entregar as rédeas da nação aos partidos de esquerda. Neste sentido, o período de transição é aqui tratado como liberalização controlada.

Os militares conseguiram mobilizar uma agenda junto aos partidos de centro-direita e direita para evitar que houvesse mudanças substanciais no modelo político e social vigente. Militares e políticos tradicionais que ocuparam o poder no período de exceção, construíram um certo consenso para evitar que agendas progressistas fossem implementadas e alterassem a economia, a política e promovessem mudanças sociais mais abrangentes, incluso nas instituições policiais.

O acordo também buscou evitar que qualquer política "revanchista" fosse construída e que os ditadores militares e os civis pró-regime sofressem punições legais pelos seus crimes contra humanidade. A ideia dos militares era que o excesso de politização era um risco para as forças armadas e a própria sociedade. Acreditando que haveria um caos, coube a eles controlar as aspirações de mudança, estabelecendo a ordem por outras vias (GUERRA, 2016). Por isso atuaram para manter a estrutura institucional das forças armadas como autônoma, fazendo com que generais continuassem a definir as finalidades institucionais, sua forma de educar o efetivo e até uma estrutura a parte de saúde (NAPOLITANO, 2013).

Houve concordância entre os militares e os políticos conservadores para garantir que houvesse uma hegemonia política conservadora ao mesmo tempo em que enfraqueceriam partidos de esquerda. Na época da redemocratização, o Partido dos Trabalhadores (PT) e seu mais conhecido membro Luís Inácio Lula da Silva, despontava com força no cenário nacional, e fez os articuladores da nova constituição temerem sua vitória no primeiro pleito para presidência da república, por receio de uma possível implementação do comunismo por vias democráticas (NAPOLITANO, 2013). Fato relevante, se considerarmos que a mesma narrativa emerge como ponto nevrálgico para o novo pacto civil-militar que dá causa ao golpe contra a Presidenta Dilma Vana Rousseff, em 2016 e, ao mesmo tempo, Jair Bolsonaro passa a ser a principal aposta dos militares para disputa presidencial de 2018.

No tópico de segurança pública não foi diferente, como demonstra Maria Pia Guerra (2016). A transição foi marcada pela exigência das forças armadas que exerceu o poder de veto nos casos de reforma na área pelo menos até aos anos 1990. Nesse sentido, a segurança pública não passou por um processo de democratização, apenas se adequou a um maior controle para não haver mudança substancial na forma como fora feita pelos governos civis-militares do período de exceção. O que explica a permanência de sujeitos e práticas nessas instituições, ainda muito vinculados ao regime ditatorial.

O governo militar no começo da transição se limitou a descentralizar suas competências, passando as reponsabilidades das políticas de segurança pública para os governos estaduais, mais como forma de concessão para que em troca as elites civis dos estados da federação aderissem ao projeto de abertura proposto pelos militares. Assim, as PMs obtiveram mais responsabilidade para realização de defesa territorial e interna, ganhando a prerrogativa de serem comandados por seus próprios membros e conquistaram mais autonomia. Para além disso, os militares e civis costuraram um acordo para que a Assembleia Nacional Constituinte mantivesse na constituição a duplicidade das polícias e que a área de segurança pública permanecesse com suas atribuições de defesa do Estado (GUERRA, 2016).

Ao pactuarem pela continuidade do modelo policial desenhada pela ditadura e sua identificação com a proteção da ordem estatal, a CF/88 acabou não incorporando estas instituições aos novos paradigmas e, como nos lembra Muniz e Almeida (2018), acabou não quebrando os monopólios corporativos, o que seria importante em uma democracia. Não criando, enfim, mecanismos de governança das polícias (LIMA; SINHORETTO; BUENO, 2015; PROENÇA JÚNIOR; MUNIZ; PONCIONI, 2009).

Esse processo problemático na constituinte que deu forma à Carta Magna de 1988 demonstra que, apesar de ser uma das mais avançadas do mundo por incluir direitos civis e direitos humanos, não foram realizadas as reformas institucionais necessárias na área da segurança pública. Isso impactou diretamente o modelo de policiamento adotado, o que produziu efeitos perversos nas últimas décadas, como continuidade dos abusos de poder, brutalidade policial para grupos considerados marginalizados por sua raça e classe. O que se constitui como obstáculo à consecução das garantias fundamentais expressas pela mesma CF/88 até o presente, três décadas depois (LIMA; SINHORETTO, 2011).

Disputa pela memória: democracia e ditadura

Outro ponto é a disputa da memória e suas implicações para a segurança pública e para as continuidades nas instituições policiais. Mesmo não nos aprofundando, é importante marcar algumas dimensões da lei Anistia[30], processo que nos impõe graves consequências atualmente, por ter deixado para trás não os ovos da serpente, mas a própria. A primeira é que a Anistia foi mais um capítulo da negociação pelo medo, como argumentado acima. Na prática, a lei da Anistia ou do esquecimento, acabou tendo impacto na formação histórica não só dos militares, policiais, mas também uma parcela da sociedade civil que acredita que o período foi glorioso para o Brasil, um verdadeiro oásis de ordem, paz e segurança. Desta feita, não só se anistiou as pessoas, mas também se deixaram intocados os seus princípios, valores e moralidades, os quais foram (e são) os bastiões do regime, ou seja, o chauvinismo pela "pátria", pelo modo de produção capitalista e os seus valores de família, sexualidade, educação, etc.

É importante retomar o tema, uma vez que os projetos políticos do bolsonarismo buscam vincular-se a esse passado ditatorial. Logo, é importante compreendermos como uma memória coletiva foi produzida e como hoje ela é utilizada como base para justificação das ameaças à democracia, o que inclui legitimar as ações arbitrárias das polícias e incentivá-las. A memória do regime ditatorial também serve para cooptar as forças de segurança, uma vez que advoga que suas práticas não são abusivas, são heróicas e importantes para manutenção da ordem social moralmente aceita, e que é o regime democrático um inimigo, visto que quer responsabilizar as ações policiais e taxá-las como ilegais para defender "bandidos".

A segunda dimensão é justamente que a Lei da Anistia promoveu uma última censura. O instituto da anistia, assim, ressignificou-se em uma forma de controle, seleção e organização do discurso sobre o ciclo

[30] A lei da Anistia, como ficou conhecida popularmente se refere à lei nº 6.683, sancionada pelo Ditador João Batista Figueiredo no ano de 1979 que concedia "esquecimento" às pessoas que entre setembro de 1961 e 15 de agosto de 1979, teriam cometido crimes diversos implicados nos atos institucionais. Na prática, liberavam-se apenas os opositores do regime que não foram enquadrados em crimes comuns, mas também se buscou apagar a responsabilização dos servidores do regime e seus crimes contra a humanidade.

de exceção, através do qual o debate sobre a memória dos seus horrores: assassinatos, perseguições políticas, corrupções da ditadura. Ou seja, impediu o período de se tornar uma memória envergonhada[31] para uma parcela significativa da população em todos os seus aspectos.

Além da responsabilidade dos envolvidos na ditadura, Napolitano (2014), afirma que uma cacofonia de todos os espectros políticos impediu que se construísse uma memória mais crítica ao período. Isso porque ao invés de aprofundar às críticas ao regime, optaram por encontrar culpados pela instauração da exceção ou pensarem que pragmaticamente seria melhor atuar politicamente para construir o futuro e não remexer no passado tão recente, deixando a questão para depois. Neste sentido, houve uma construção de uma memória hegemônica que condenou extremos, planificou sobre a dualidade "linha dura" versus "guerrilheiros" o problema, comparando simetricamente forças assimétricas, possibilitando perdurar a ideia das "coisas boas" do regime.

Apesar de emular conceitos e narrativas muito parecidas com o período pré-64 e até mesmo da ditadura, cabe verificar que esses elementos surgem como algo ressignificado pelas condições do presente. Como recorda Starling (2019), a história não se repete, mas toma do passado características que são tidas como importantes para determinados grupos debaterem seus projetos de futuro. Assim, a autora nos explica que se faz um jogo com o tempo, no qual se embaralha, altera-se a ordem para estabelecer outra; não é só sobre a disputa pela história, é uma disputa sobre o futuro. Os ruídos do passado retornam como um projeto de reestruturação do mundo.

Mesmo com a impossibilidade de retornar ao passado, é inconteste que os cacos históricos se fazem presentes a tal ponto que se coloca a questão: por que eles se fazem presentes hoje? Reis (2019) recoloca o problema de não termos lidado, como sociedade, com a memória dos tempos sombrios, seja pela ideia de que era melhor focar no futuro, seja porque se acreditou que tais temas não deveriam ser revividos tão brevemente após os fatos. Contudo, esse processo produziu uma memória do silêncio e do silenciamento. E teve consequências para o debate público e teórico, como uma disputa narrativa sobre o passado, impondo

[31] O conceito de memória envergonhada aparece nas discussões de Michael Pollak em seu texto Memória, esquecimento e silêncio (1989).

consequências ao próprio desenho da CF/88 e aos cacos que nela vieram subjacentes, como os códigos legais infraconstitucionais e os desenhos das corporações policiais.

O silenciamento possibilitou a coexistência de leis, códigos e estatutos infraconstitucionais que datavam até de antes do regime militar de 1964 com a nova ordem jurídica fundante de maneira paradoxal. Reis aponta continuidades como o modelo econômico vigente, predatório do meio ambiente e fabricante de monopólios; modelo das forças armadas isoladas, autônomas e "garantidoras da lei e da ordem"; o desenho das polícias militares e muitas leis penais. O silenciamento também permitiu que se criasse um idílio, um mito, uma forma de ver o mundo que deseja apagar outras visões de mundo, por tanto, a própria democracia.

Esses cacos podem ser observados em críticas há muito realizadas por estudos sobre sistema de justiça e instituições de controle que foram realizados no processo de abertura, sempre chamando a atenção sobre as práticas institucionais que ainda reverberavam no cotidiano e como isso afetou a consolidação democrática. Kant de Lima (1995), para citar um exemplo, demonstrava como as polícias não alteraram ou foram impactadas suficientemente pela democracia, fazendo com que uma tradição autoritária passasse de "mão em mão" através da troca de experiência entre os mais antigos e os mais novos. Tal processo acabou se consolidando em forma de uma ética institucional, cristalizando valores, moralidades e visões de mundo.

Essa constatação, reafirmada por muitos outros estudos recentes, foi um sinal de alerta sobre o preço que um dia pagaríamos pela leniência com os resíduos autoritários. Seja porque governos civis compactuam com a visão de mundo dos militares no campo da segurança pública, seja porque setores importantes do concerto estatal e social optaram por não ter ingerência na área (PINC, 2011; LIMA e SINHORETTO, 2014; BUENO, 2014).

Policiamento militarizado e recrudescimento da racionalidade penal

A democracia nacional se estabeleceu de uma maneira disjuntiva, ou seja, apesar de formalizar legalmente os direitos alinhados a valores democráticos, não foi capaz de garantir que essa gramática legal se traduzisse efetivamente na construção da cidadania, posto que na prática as pessoas continuam tendo seus direitos violados (CALDEIRA e HOLSTON, 1999). Isso é mais sentido na área de segurança pública, onde permanece como uma barreira aos avanços democráticos. As instituições dessa área são resilientes às mudanças sociais (LIMA e SINHORETTO, 2011; ADORNO e DIAS, 2014).

Esta arena de conflito – que de modo simplista pode ser dividida entre ações políticas de conservadores e progressistas – por quase duas décadas (entre os anos 2002 e 2016) apresentou um maior potencial de preponderância dos progressistas, principalmente, a partir de políticas públicas nacionais de redistribuição de renda, de promoção da igualdade e da equidade social durante os governos dos Presidentes Lula da Silva e Dilma Rousseff, mesmo sendo possível e importante elencar diversas ressalvas. Entre elas, a evidente ausência de criação de mecanismos de governança das instituições policiais, ausência de implementação legislativa para estabelecimento de mandados destas mesmas instituições e um reforço legislativo de endurecimento penal, que fez permanecer a área de segurança pública como uma das menos impactadas pela expansão de direitos civis (LIMA, 2019; LIMA e SINHORETTO, 2011; ADORNO E DIAS, 2014). Fato agravado, nos últimos anos, após o golpe contra a Presidenta Dilma Rousseff, que teve como consequência a ascensão de um governo conservador com fortes tendências antidemocráticas.

Jair Bolsonaro torna-se um político conhecido, suas falas críticas à democracia, ao arranjo de governo, às leis, encontram eco em muitos policiais. Isso, como é notório, só se fortalece quando ele vira candidato à presidente, asseverando, como principal política, pautar o tema segurança ecoando as principais insatisfações e reclamações dos policiais sobre os aspectos demonstrados acima. Além do mais, esse discurso amplamente trabalhado e entranhado desde a redemocratização pelos "viúvos da ditadura", encontrou eco na população que partilha da mesma crença do que seria o "problema da sociedade".

Este processo, sem dúvida, está associado à ascensão do conservadorismo que encontrou, a seguir, em Jair Messias Bolsonaro, uma figura apta a centralizar e sistematizar suas formas de pensar o mundo e redefinir como as coisas deveriam ser. Nasceu, assim, o bolsonarismo, que inflamou os sentimentos de inconformismo, ódio e rejeição em uma desiludida e insatisfeita classe média, como também aflorou os preconceitos, antes velados, de alas religiosas e extremistas de direita. Por essa razão, pode-se considerar que boa parte da população brasileira estava insatisfeita com os governos anteriores, sobretudo, resultado das constantes denúncias de corrupção e do mau desempenho na economia (SOLANO et al, 2018). Entretanto, é no campo da segurança pública que diversas figuras públicas conservadoras engajaram boa parte de seu marketing eleitoral, na esperança de se elegerem.

A principal pauta levantada está relacionada às políticas de controle do crime e administração de conflitos – sob a promessa de um combate violento ao crime e de tolerância zero – que ignora constrangimentos éticos e jurídicos do uso inadvertido da violência letal por parte da polícia, tema que é amplamente debatido por estudos anteriores à ascensão do bolsonarismo (SINHORETTO e LIMA, 2015; MACEDO e SINHORETTO, 2018).

A consequência do recrudescimento da lógica militarizada já pode ser percebida no aumento da letalidade policial nos últimos quatro anos, no hiperencarceramento, na racialização das abordagens policiais e na falta de transparência de dados públicos sobre o desempenho das forças estatais de segurança. O discurso do "bandido bom é bandido morto", ou do "tá com pena do bandido, leva para casa", ou do "vamos fuzilar a petralhada" pelo agora atual presidente Jair Bolsonaro durante sua campanha são alguns exemplos deste modelo de pensamento político.

Não se pode negar que um dos principais fatores para a eleição do presidente em 2018, há dois anos, foi a promessa de um combate violento ao crime, com total apoio às práticas virulentas e beligerantes das polícias. Atentando-se às questões em torno do crime, Bolsonaro e alguns governadores, como João Dória Jr. e Wilson Witzel, aproveitaram-se da importância dessas demandas de segurança, lançando mão da promessa de responderem diretamente aos anseios das populações que sofrem cotidianamente com a injunção dos crimes patrimoniais. Esta prática reforça a tese de que no Brasil as políticas e as atividades de policiamento punitivo servem de trampolim para a eleição de políticos conservadores e policiais militares a cargos do governo, mesmo que essa lógica não tenha apresentado resultados durante quase quatro décadas.

No ideal conservador das atuais lideranças políticas nacionais, o processo de militarização da segurança pública no Brasil se tornou um projeto. As intervenções militares, agora inseridas no ordenamento legal como "Garantias de Lei e de Ordem" (GLO), cada vez mais recorrentes, são tratadas como política de segurança pública que além de não afetarem os problemas estruturais de desigualdades sociais, ainda promovem violações de direitos civis e humanos. Observa-se que a ascensão dos militares e de políticos conservadores ao governo federal tem como consequência a perda do status normativo das regras constitucionais e do direito jurídico. Isso pode ser verificado na insistência dos governantes em escolher o uso da força para controle do crime e meio de administrar os conflitos, bem como pelo desprezo pela regulamentação das ações das instituições de segurança pública assim como pelos direitos humanos.

A lógica do controle do crime no Brasil baseia-se em saberes institucionalizados, nos quais, as práticas tendem a introduzir a racionalidade penal (PIRES; 2004), ou seja, há um discurso de justificação, o qual considera que a única forma de resposta ao crime é a punição – matar, prender e manter preso por muito tempo seriam os modos mais efetivos de coibir as ações criminosas. Neste sentido, a racionalidade produz uma relação inevitável entre crime e pena, naturalizando a punição, sem considerar o Estado Democrático de Direito, as garantias processuais, os princípios da legalidade e o da dignidade da pessoa humana, a partir dos quais ficaram proibidas as sanções vexatórias, degradantes e inumanas, posto que inconstitucionais, ilegais e violadoras do devido processo.

Hoje, os militares e policiais militares ocupam postos estratégicos nos três poderes executivos e legislativos, buscam expandir e legitimar a racionalidade penal recrudescida em um ideal conservador, remontadas do Regime Militar. Neste sentido, os discursos mobilizados são justificações das práticas de combate ao crime, pautados na ideia de punição, sobretudo calcados na pena de morte e na erradicação dos considerados "os outros", "os inimigos". Esses saberes institucionalizados rivalizam com saberes progressistas. Entretanto, percebe-se, no atual contexto, uma inversão da tendência, que agora pende para uma maior (pre)disposição pela manutenção e recrudescimento de modelos de policiamento punitivo. Neste sentido, os saberes produzidos dentro de uma racionalidade penal e militar provocam não somente um rearranjo no modelo de disciplina, mas, principalmente, uma gestão biopolítica (FOUCAULT, 2015) dos corpos ainda mais acentuada e escancaradamente inconstitucional.

Biopolítica à brasileira: a gestão da vida e da morte nas mãos das instituições policiais

Observa-se, no Brasil, que há uma gestão da vida e da morte pelos aparelhos militares do Estado. O poder de causar a morte e a destruição é um elemento central e estratégico da biopolítica e das assimetrias de distribuição de poder. A morte ou a possibilidade de causar a morte é parte central da engrenagem do biopoder político militarizado. Porém, com o desmantelamento do estado de bem-estar social e o reforço do aparato repressivo, impulsionado pela militarização da política pública de segurança, há uma produção de efeitos sob a gestão soberana da vida e da morte. Observa-se que não há uma contradição entre a politização da morte e as estratégias de poder na biopolítica. A racionalidade militar decide quem vive e quem morre, sendo que, a ação de matar se torna parte integrante do controle da vida daqueles que merecem viver ao custo de quem deve morrer (MBEMBE, 2018).

Um exemplo empírico dessa política de vida e morte é a presença das forças armadas e da PM paulista e carioca nos espaços urbanos, produzindo o inimigo a ser combatido e exterminado, sobretudo marcado pela sujeição criminal (MISSE, 2014) delimitada sobre um recorte racial e social. A lógica da guerra impera soberana dentro das instituições de segurança pública e são legitimadas por parte da população, que acredita que a única forma de responder aos crimes é através do sistema punitivista. Os discursos proferidos por áreas conservadoras que elegeram o atual Poder Executivo Federal, bem como dos chefes administrativos dos estados do Rio de Janeiro e de São Paulo, estabeleceram-se como molde da percepção popular, que aponta a falência das instituições policiais e requerem, como necessidade, a intervenção militar para a pretendida manutenção da ordem e da segurança pública.

Na República Nacional, o modelo penal moderno ocidental (PIRES, 2004) não chegou a se estabelecer como em outras democracias tidas como mais avançadas. Observa-se que os questionamentos da boa parte da sociedade civil e das lideranças políticas do atual governo em relação à penalidade não se configuram como uma crítica que se contrapõem ao uso do punitivismo. Pelo contrário, reforçam a necessidade de impor aflição aos supostos desviantes das regras institucionais mesmo que a constituição não permita a pena de morte e cobre a ressocialização dos indivíduos após a sentença penal condenatória. Assim, a realidade brasileira demonstra que o conservadorismo militar está sendo favorecido e ressignificado, constituindo um campo de disputa legislativa que busca institucionalizar os saberes disciplinares baseados em um sistema punitivista.

Assiste-se no Brasil contemporâneo a uma militarização das instituições, inclusive de segurança pública –que vai na contramão de instituições policiais em países democráticos – que altera as formas de exercer o controle do crime, sobretudo quando se refere às instituições policiais. As ações policiais se tornam mais violentas, o que se reflete diretamente na letalidade policial. As incursões militares e as operações táticas com helicópteros nas favelas do Rio de Janeiro, que provocam diversas mortes diariamente, são exemplos do excesso que o modelo de segurança pública, estabelecido sobre um ideal conservador e baseado em uma racionalidade penal, pode fazer. Assistimos ao surgimento e à expansão de territórios de exclusão de direitos.

Em São Paulo, a seu turno, o reforço da militarização da polícia ostensiva também contribuiu para o aumento da letalidade e da autoridade do governo estadual em exercer uma gestão da vida das populações. Matar passa ser uma política do Estado para o enfrentamento ao crime, e as mortes dos inocentes, decorrentes das ações policiais, são escamoteadas pelo processo de incorporação na justiça militar dos crimes em que seus agentes são os autores. Por outro lado, essas gestões das forças, dos riscos, da vida e da morte são consideradas como efeitos colaterais justificáveis.

Conclusão

O retorno dos militares ao protagonismo político no Estado brasileiro vem como contraposição a um discurso histórico-político progressista em referência ao período no qual os militares detinham o poder político nacional, ou seja, a Ditadura Militar, configurando-se como uma "contra-história da contra-história". A lei de Anistia teve como consequência a persistência de narrativas que contestam a críticas ao regime militar, o que se arrastou durante os governos civis por não ser considerado um problema, até a instauração das Comissões da Verdade. Não matamos os ovos da serpente. Eles eclodiram após 40 anos de existência, ameaçando o período mais longevo da democracia. A manutenção de ideias militarizadas dentro das forças de segurança pública se estabeleceu como uma ameaça ao sistema democrático, o que é contraditório por sua essência.

A realidade empírica demonstra que essa nova gestão da lei, pelo Estado, procura coibir as ações dos indivíduos através do punitivismo e da violência letal, ao invés de garantir as liberdades, os direitos civis, os direitos fundamentais, com a produção de políticas de prevenção ao crime. O governo bolsonarista e seus seguidores, nessa linha, reforçam o ideal do desejo por um poder soberano que dissocie os direitos do "cidadão de bem" dos indesejados, em que seu exercício seja por relações pessoais. Assim, as atuais políticas na área de segurança pública contribuem para o alargamento de zonas de indiferenciação, gerando grave prejuízo para o Estado Social e Democrático de Direito.

Referências

ADORNO, Sérgio; DIAS, Camila. *Monopólio Estatal da Violência*. In: Crime, polícia e justiça no Brasil. Lima, R. S. Ratton, J. L. Azevedo, R. G. (orgs). Editora Contexto, São Paulo, 2014 p.187-197.

BUENO, Samira. Bandido bom é bandido morto: a opção ideológico-institucional da política de segurança pública na manutenção de padrões de atuação violentos da polícia militar paulista. Dissertação (Mestrado em Administração Pública – FGV). São Paulo, 2014.

CALDEIRA, Teresa Pires do Rio. *Cidade de Muros*: Crime segregação e cidadania em São Paulo. Editora 34, Edusp, São Paulo, 2001.

CALDEIRA, Teresa PR; HOLSTON, James. Democracy and violence in Brazil. *Comparative studies in society and history*, v. 41, n. 4, p. 691-729, 1999.

FOUCAULT, Michel. *Vigiar e punir*. Nascimento da prisão. 5ª. ed. Tradução Ligia M. Ponde Vassallo. Petrópolis: Vozes, 1987.

________________. *Microfísica do Poder*. Paz e Terra, Rio de Janeiro/ São Paulo, 2015.

________________. *Em Defesa da Sociedade*. Martins Fontes, São Paulo, 2005.

GUERRA, Maria Pia. Polícia e Ditadura: A arquitetura institucional da segurança pública de 1964 a 1988. *Brasília: Ministério da Justiça e Cidadania*, 2016.

LIMA, Renato Sérgio; SINHORETTO, Jacqueline. *Qualidade da democracia e polícias no Brasil.* In: Polícia, Segurança e Ordem Pública. Perspectivas Portuguesas e Brasileiras. DURÃO, Susana, DURCK, Marcio (orgs.).1ª edição. Lisboa: Imprensa de Ciências Sociais, ano 2011. cap. 1, p. 53-72.

LIMA, Renato Sérgio de. Segurança pública como simulacro de democracia no Brasil. *Estudos Avançados,* v. 33, n. 96, p. 53-68, 2019.

LIMA, Renato Sérgio de; SINHORETTO, Jacqueline; BUENO, Samira. A gestão da vida e da segurança pública no Brasil. Sociedade e Estado, v. 30, n. 1, p. 123-144, 2015.

KANT LIMA, Roberto. *A polícia da cidade do Rio de Janeiro: seus dilemas e paradoxos*. Forense, 1995.

MACEDO, Henrique de Linica dos Santos., SINHORETTO, Jacqueline. *Discursos políticos, mídias e violência: percursos teóricos e notas de pesquisa.* In: Comunicação, políticas públicas e discursos em conflito. MATOS, Heloiza, GIL, Patrícia. 1ª Edição. São Paulo: ECA-USP, 2019. Cap. 9, p. 323-361.

MARTINS FILHO, João Roberto. Forças Armadas e política, 1945-1964: a ante-sala do golpe. *IN: O Brasil Republicano – O Tempo da experiência democratica,* Vol. 3. Rio de Janeiro: Contexto, 1945, p. 98-126.

MBEMBE, Achille. *Necropolítica.* n. 1 São Paulo: edições. CC BY, v. 4, 2018.

MISSE, Michel. *Sujeição Criminal.* In: Lima, R. S.; Ratton, J.L.: Azevedo, R.G. Crime, Política e Justiça no Brasil. São Paulo: Contexto, 2014, p.204-212.

MUNIZ, Jacqueline de Oliveira; ALMEIDA, Rosiane Rodrigues de. Respondendo às balas: segurança pública sob intervenção das palavras entrevista com Jacqueline Muniz. *Trabalhos em Linguística Aplicada,* v. 57, n. 2, p. 993-1014, 2018.

NAPOLITANO, Marcos. *1964: história do regime militar brasileiro.* Editora Contexto, 2014.

PINC, Tânia. M. O uso da força não letal pela polícia nos encontros com o público. Tese (Doutorado em Sociologia – USP). São Paulo, 2010.

PINHEIRO, Paulo Sérgio. Autoritarismo e transição. *Revista Usp,* n. 9, p. 45-56, 1991.

PIRES, Álvaro. *A racionalidade penal moderna, o público e os direitos humanos.* Novos Estudos CEBRAP, N.º 68, março 2004, p. 39-60. Disponível em: https://edisciplinas.usp.br/pluginfile.php/121354/mod_resource/content/1/Pires_A%20racionalidade%20penal%20moderna.pdf. Acesso em: 22/05/2020.

POLLAK, Michael. Memória, esquecimento, silêncio. *Revista estudos históricos,* v. 2, n. 3, p. 3-15, 1989.

PROENÇA JÚNIOR, Domício et al. Da governança de polícia à governança policial: controlar para saber; saber para governar. *Revista Brasileira de Segurança Pública, v. 3, p. 14-37,* 2009.

REIS, Daniel Aarão. As armadilhas da memória e a reconstrução democrática. *ABRANCHES, Sergio et al. Democracia em Risco*, v. 22, p. 274-286, 2019.

SINHORETTO, Jacqueline; LIMA, Renato Sérgio. *Narrativa autoritária e pressões democráticas na segurança pública e no controle do crime.* Contemporânea - Revista de Sociologia da UFSCar, v. 5, n. 1, p. 119, 2015.

SINHORETTO, Jacqueline. *Controle social estatal e organização do crime em São Paulo.* Dilemas, v. 7, p. 167-196, 2014. Disponível em: <https://revistas.ufrj.br/index.php/dilemas/article/viewFile/7246/5828.>. Acesso em: 17/06/2018.

SOLANO, Esther et al. (Ed.). *O ódio como política: a reinvenção das direitas no Brasil.* Boitempo Editorial, 2018.

STARLING, Heloisa Murgel. O passado que não passou. *ABRANCHES, Sergio et al. Democracia em Risco*, v. 22, p. 337-354, 2019.

OS DESMANCHES AMBIENTAL, TRABALHISTA E SOCIAL

O governo Bolsonaro e a destruição da governança do desmatamento na Amazônia

Marcelo Sampaio Carneiro

Introdução

A gestão ambiental do governo Bolsonaro, junto com sua atuação no tratamento da pandemia do Covid-19, representa, provavelmente, a área de atuação governamental com maior nível de reprovação. A lista de ações sujeitas à crítica (nacional e internacional) é ampla e diversa, começando pela incapacidade em lidar com os grandes incêndios no Pantanal e na Amazônia, o estímulo à destruição promovida por garimpeiros em Terras Indígenas (TIs) e Unidades de Conservação (UCs), a flexibilização da liberação de agrotóxicos, bem como a não indentificação dos responsáveis pelo derramamento de óleo nas praias do Nordeste.

De uma maneira geral, a agenda do governo Bolsonaro para a Amazônia retoma os principais aspectos do modelo de desenvolvimento projetado para essa região durante os governos militares, com sua ênfase na abertura de rodovias, na expansão da bovinocultura e na exploração dos recursos minerais (COSTA, 2000). Por outro lado, ela aprofunda também elementos do programa "Uma ponte para o futuro" do governo Temer, cuja marca principal é a redução do Estado e o enxugamento da legislação (trabalhista, tributária e ambiental). Nesse sentido, as ações ambientais do novo governo vão sempre no sentido da fragilização da presença do Estado e no desmonte do arcabouço legal, que são vistos com um entrave ao desenvolvimento do "espírito animal" do empresariado.

O fato que melhor exemplifica essa orientação política é a famosa intervenção do ministro do meio ambiente, Ricardo Salles, na reunião ministerial de 22 de abril de 2020, de que o governo deveria aproveitar a situação criada pela pandemia do Covid-19 para "ir passando a boiada e mudando todo o regramento e simplificando as normas [ambientais] de baciada[32]". Contudo, essas medidas de fragilização ambiental na Amazônia vão além de mudanças no "regramento" ambiental, incluindo uma campanha sistemática contra os principais agentes (estatais e não estatais) do combate ao desmatamento e o apoio aos atores que impulsionam essa dinâmica.

Nesse capítulo, entretanto, me concentrarei na análise do que considero como o legado mais danoso do governo para a questão ambiental, que é a destruição dos mecanismos de governança do desmatamento na Amazônia. Como será mostrado a seguir, durante os últimos trinta anos houve um processo importante de aprimoramento do controle do desmatamento na Amazônia, cuja eficácia foi demonstrada pela redução contínua das taxas anuais de desmatamento (Gráfico 1) e por diversas análises (CEPAL/IPEA/GIZ, 2011; LIMA et al., 2008; BARRETO & SILVA, 2009; BRITO et al., 2011).

Contudo, desde seus primeiros dias, o governo Bolsonaro mostrou-se um oponente desse processo, com discursos de crítica aos mecanismos de controle ambiental, de estímulo à exploração econômica de recursos em TIs e UCs e de ataque a movimentos sociais e organizações não governamentais (ONGs) atuantes na região. Por outro lado, dentre as poucas ações concretas de investimento para a região, a opção escolhida - o asfaltamento da BR-319 (Manaus-Porto Velho) – possui claros efeitos na promoção do desmatamento (SANTOS Jr., 2018) e possui íntima relação com a estratégia dos governos da ditadura militar para a Amazônia, baseada no slogan do desenvolvimento "na pata do boi" (COSTA, 2000; SCHMINK, WOOD, 2012).

Feita essa introdução, apresento a organização do capítulo, que conta ainda com três seções e a conclusão. Na primeira seção, apresento

[32] Cf. https://brasil.elpais.com/brasil/2020-05-22/salles-ve-oportunidade-com-coronavirus-para-passar-de-boiada-desregulacao-da-protecao-ao-meio-ambiente.html

alguns elementos para a compreensão da dinâmica do desmatamento na Amazônia. Na segunda, exponho o processo de construção dos mecanismos de governança do desmatamento, destacando o papel desempenhado por alguns atores privados e estatais. Na última seção analiso as medidas governamentais adotadas e procuro mostrar seus efeitos para a destruição ambiental no curto, médio e longo prazo.

A dinâmica do desmatamento na Amazônia

Desde a segunda metade do século XX a atividade pecuária tem sido um dos principais vetores da ocupação do espaço amazônico. Esse foi o caso do processo desencadeado pelos governos militares, nos anos 1960/1970, através da chamada "operação Amazônia", cuja estratégia econômica principal consistiu em estimular o desenvolvimento da pecuária, através da implantação de empresas via concessão generosa de incentivos fiscais, por meio do Fundo de Investimentos da Amazônia (FINAM), operado pela Superintendência de Desenvolvimento da Amazônia (SUDAM) (COSTA, 2000).

Além da política de incentivos fiscais, outro fator que colaborou para esse incremento da atividade pecuária foi o processo de construção de grandes eixos viários na Amazônia, principalmente a construção da rodovia Transamazônica que, junto com a política de colonização dirigida, favoreceu o processo de ocupação de áreas de terra firme e a expansão da pecuária bovina em regiões antes coberta por florestas (COSTA, 2000; RIVERO et al., 2009).

A conjunção, nos anos 1980, da crise fiscal do Estado brasileiro e das críticas dirigidas contra esse modelo de ocupação conseguiu estancar um pouco o processo de expansão da pecuária na região (COSTA, 2000). Contudo, já no início dos anos 1990, a atividade pecuária retomou um ritmo de crescimento acelerado[33], de forma que no final dos anos 2020 o rebanho bovino da Amazônia já representava 40,56% do total nacional (Quadro 1).

33 Crescimento que foi impulsionado pela posição crescente do Brasil nas exportações mundiais de carne bovina e pelo papel desempenhado por grandes empresas do setor de frigoríficos como JBS-Friboi, Minerva e Marfrig nesse processo. Contudo, vale destacar que cerca de 80% do consumo da carne produzida no Brasil tem como destino o mercado nacional (GUENEAU et al., 2015).

Quadro 1 – Evolução da participação do rebanho bovino amazônico no total nacional (em mil cabeças).

	1980	1990	2000	2010	2020
Brasil (1)	118.971.418	147.102.314	169.875.524	209.541.109	213.523.056
Amazônia Legal (2)	11.772.933	26.258.366	47.535.707	77.837.977	86.607.224
(2)/(1) (em %)	9,89	17,85	27,98	37,14	40,56

Fonte: Pesquisa da Pecuária Municipal (IBGE)

Embora existam outras atividades produtivas que possam ser relacionadas com o desmatamento na Amazônia, caso da exploração madeireira ou, em período mais recente, a sojicultura, a maior parte dos estudos mostram que a pecuária é o vetor central na expansão do desmatamento na região (ARIMA et al., 2005; VEIGA et al., 2004; RIVERO et al., 2009). Essa correlação pode ser explicada pelo fato da pecuária na Amazônia ser praticada de forma extensiva, com a utilização generalizada do fogo no processo de abertura das pastagens, ou pelo fato da implantação de pastagens servir de base para processos de ocupação irregular, da grilagem, de terras públicas (terras devolutas, unidades de conservação ou terras indígenas) (BARRETO et al., 2008)

O processo de redução do desmatamento na Amazônia: a construção dos mecanismos de governança

Da mesma forma que existe um acordo sobre a associação entre a expansão da pecuária e o aumento do desmatamento, diferentes análises destacaram o sucesso de iniciativas governamentais e não governamentais para a redução dos níveis do desmatamento na Amazônia Legal. O principal indicador da eficácia dessas medidas é a redução da taxa anual de desmatamento, conforme pode ser observado no gráfico abaixo (Gráfico 1), que apresenta a evolução da taxa anual de desmatamento, de acordo com informações do Sistema de Monitoramento do Desmatamento de Formações Florestais na Amazônia (PRODES) do Instituto Nacional de Pesquisa Espaciais (INPE).

Gráfico 1: Evolução da taxa de desmatamento anual (em km^2) Amazônia Legal (2000 a 2019).

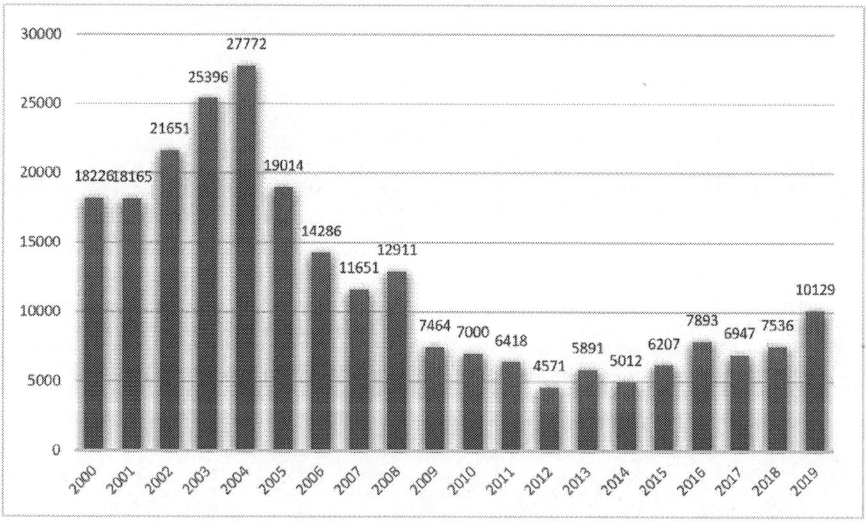

Fonte: PRODES/INPE

O ponto de inflexão no controle do desmatamento na Amazônia pode ser localizado no ano de 2004, quando a taxa atingiu seu nível mais elevado, com o desmatamento de uma área de 27.772 km^2. Nesse ano, para fazer frente às críticas promovidas por movimentos sociais, organizações não governamentais e entidades científicas, o governo Lula lançou o *Plano de Ação para a Prevenção e o Controle do Desmatamento na Amazônia Legal* (PPCDAm).

O PPCDAm é considerado como a primeira tentativa de ação de combate ao desmatamento na Amazônia que conseguiu articular de forma planejada e sistemática a intervenção governamental na região, em seus diferentes níveis, dialogando também com a sociedade civil. De acordo com estudos realizados, as ações mais importantes desse programa estão relacionadas com a intensificação das ações de regularização fundiária, o fortalecimento das operações de vigilância – com destaque para o incremento dos dispositivos de monitoramento do desmatamento na região, a partir da utilização de técnicas de sensoriamento remoto, com a implantação do PRODES/INPE, e a criação de unidades de conservação (LIMA et al., 2008; CEPAL/IPEA/GIZ, 2011; ASSUNÇÃO et al., 2012).

Outro momento importante da ação governamental foi a edição do Decreto 6.321/2007, que transferiu responsabilidades aos municípios no combate ao desmatamento e estabeleceu a chamada "Lista dos municípios amazônicos prioritários para ações de prevenção, monitoramento e controle do desmatamento ilegal[34]". Medida essa que, dentre outros efeitos, restringiu o acesso dos produtores rurais dos municípios arrolados nessa listagem ao crédito bancário oficial (BARRETO; ARAÚJO, 2012).

Além do efeito da restrição de recursos para o desenvolvimento de atividades produtivas nesses municípios, com efeito direto na redução do desmatamento, a criação dessa "lista suja dos municípios" provocou também a reação de segmentos da elite agrária na Amazônia, que passaram a desenvolver algumas iniciativas municipais de controle do desmatamento, cujo exemplo mais importante foi o da construção do "Pacto pelo

[34] Os critérios para a inclusão de um município na "Lista dos municípios amazônicos prioritários para ações de prevenção, monitoramento e controle do desmatamento ilegal" foram definidos pelo artigo 2º do decreto 6.321/2007, a partir dos seguintes indicadores: I – Aumento da área total de floresta desmatada; II – área total de floresta desmatada nos últimos três anos e, III – aumento da taxa de desmatamento em pelo menos três dos últimos cinco anos.

Município Verde" em Paragominas/PA (CARNEIRO; ASSIS, 2015; CARNEIRO et al., 2020).

Ou seja, a ação de restrição ao crédito, bem como o efeito simbólico estigmatizante da participação do município na lista suja, estimulou o desenvolvimento de ações locais de controle do desmatamento que, posteriomente, deram origem ao Programa Estadual dos Municípios Verdes (PEMV), criado pelo governo do estado do Pará em 2011 (COSTA; FLEURY, 2018).

Por fim, mas não menos importante, vale registrar as iniciativas de certificação privadas, criadas a partir da mobilização de ONGs ambientalistas (TNC, WWF, *Conservation International*, etc.) e com a participação de associações empresariais (ABIOVE, ABAG), que lograram o estabelecimento de acordos para que grandes atores econômicos da cadeia produtiva da soja e da pecuária (*tradings*, frigoríficos, associações empresariais, etc.) estabelecessem medidas de restrição a compras de produtos oriundos de áreas recém-desmatadas (GUÉNEAU, 2018).

Contudo, esse processo de aperfeiçoamento da legislação e das ações ambientais não ocorreu de forma pacífica, tendo sofrido a oposição constante das principais organizações do patronato rural brasileiro e da representação parlamentar desse segmento no congresso nacional, a famosa "bancada ruralista". Apresar de ter se constituído nos debates sobre a reforma agrária durante os debates sobre a constituição de 1988 (BRUNO, 2015), será em questões de natureza ambiental que a bancada ruralista ganhará protagonismo, como ocorreu nos debates sobre a aprovação do novo código florestal (Lei nº12.651/2012).

Com a destituição da presidente Dilma Rousseff e a ascensão de Michel Temer (agosto de 2016), a agenda de desconstrução da regulação ambiental ganhou força no Congresso Nacional, com o protagonismo cada vez maior da bancada ruralista. Dentre as iniciativas de destaque, vale destacar a propostas de relaxamento das exigências para a homologação de novos agrotóxicos, a redução de áreas de unidades de conservação e a ampliação do prazo e do tamanho de áreas ocupadas irregularmente passíveis de regularização fundiária[35]. Após a eleição do presidente Jair Bolsonaro, essas inciativas ganham o apoio decisivo do executivo federal. Não por outro motivo, durante a montagem ministerial, foi cogitada a extinção do Ministério do Meio Ambiente (MMA), que passaria a ser somente uma secretaria do Ministério da Agricultura[36]. Após muitas críticas, essa medida foi abandonada, mas, o processo de esvaziamento do MMA continuou, com a perda do Serviço Florestal Brasileiro (SFB) para o Ministério da Agricultura e a fragilização do Instituto Brasileiro do Meio Ambiente e Recursos Naturais Renováveis (IBAMA).

[35] Cf. https://catracalivre.com.br/cidadania/9-retrocessos-ambientais-do-governo-michel-temer/

[36] Cf. https://www.oeco.org.br/noticias/bolsonaro-confirma-promessa-ministerio-do-meio-ambiente-deixara-de-existir/

A Amazônia nas medidas do governo Bolsonaro

Como indiquei na introdução, o governo Bolsonaro possui uma estratégia para a Amazônia, cujos elementos centrais envolvem a fragilização da regulação ambiental, o enfraquecimento de movimentos sociais e de ONGs que atuam na região e o estímulo a atores que participam da dinâmica do desmatamento.

Dentre esses mecanismos de fragilização da atuação do Estado na região, destacarei dois que considero mais relevantes: os ataques desferidos contra o INPE e o sistema de monitoramento do desmatamento (DETER) e a crítica à suposta "indústria de multas" do IBAMA. No primeiro caso, além de críticas públicas pela imprensa[37], de que o INPE estaria a serviço de algumas ONGs, o governo interferiu na direção do órgão e reduziu o volume de recursos para sua atuação. Quanto ao IBAMA, já em agosto de 2019 o ministro Ricardo Salles substituiu a maior parte dos superintendentes do órgão por servidores militares sem experiência na gestão ambiental e criou um "núcleo de conciliação ambiental", com o objetivo de revisar as multas aplicadas[38]. Dando continuidade ao processo de esvaziamento da atuação do Instituto na Amazônia, em maio de 2020, o governo transferiu a coordenação das ações de combate ao desmatamento para o Exército[39], com resultados pífios, como mostram os dados sobre o nível dos focos de incêndio entre janeiro e setembro de 2020[40].

O ataque às ONGs ambientalistas e aos movimentos sociais na Amazônia é outra marca do governo Bolsonaro. Essa ofensiva ocorre tanto no plano discursivo, com foco na existência de uma aliança entre ambientalistas e grupos indígenas visando a inviabilização de atividades econômicas na região, quanto no plano material, com a paralisação do principal mecanismo de apoio a iniciativas de desenvolvimento

---

[37] Cf. https://www1.folha.uol.com.br/ambiente/2019/07/bolsonaro-critica-diretor-do-inpe-por-dados-sobre-desmatamento-que-prejudicam-nome-do-brasil.shtml

[38] Cf. https://www1.folha.uol.com.br/ambiente/2019/08/decisoes-da-gestao-bolsonaro-fragilizam-controle-ambiental.shtml

[39] Cf. https://amazonia.org.br/2020/05/combate-ao-desmatamento-passa-a-ser-coordenado-pelo-exercito/

[40] Cf. https://g1.globo.com/natureza/amazonia/noticia/2020/10/09/acumulado-de-focos-de-incendio-na-amazonia-ate-setembro-e-o-maior-desde-2010-mostram-dados-do-inpe.ghtml

sustentável na região, o Fundo Amazônia. Vale dizer, que esse fundo tem como fonte recursos da cooperação internacional (principalmente do governo da Noruega) é gerido de forma profissional, pelo Banco Nacional de Desenvolvimento Econômico e Social (BNDES), e vinha apoiando, além de experiências produtivas inovadoras, o aparelhamento de secretarias municipais e estaduais do meio ambiente e do IBAMA, para a realização do combate ao desmatamento na Amazônia[41].

No pólo oposto dessa equação, encontram-se os atores sociais que participam e são beneficiados pela dinâmica do desmatamento e da exploração desregulada de recursos naturais na região. Dentre esses atores, creio que o mais importante é representado pela elite agrária regional, principalmente aquela cuja atividade se baseia na pecuária extensiva e/ou possuem interesses na grilagem de terras públicas, como caso dos envolvidos no chamado "dia do fogo" (10/08/2019) na BR-163[42]. Outro segmento dessa elite agrária, que também vem sendo favorecido pelas ações governamentais, são os sojicultores que recentemente denunciaram o acordo da Moratória da Soja[43], vendo nesse dispositivo de regulação da expansão da soja sobre áreas não desmatadas uma interferência indevida de interesses internacionais sobre a Amazônia.

Por último, vale citar os atores envolvidos na exploração de garimpos (ouro, cassiterita), em UCs e/ou TIs e os empresários que participam das atividades de exploração madeireira ilegal. O impacto dessa atividade garimpeira sobre o desmatamento é mais localizado. Contudo, seus efeitos ambientais vão além da remoção da cobertura florestal, com a contaminação do solo e dos rios com mercúrio[44]. No que concerne à exploração madeireira ilegal, ela geralmente corresponde à etapa inicial do desmatamento, com a abertura do acesso de áreas até então inexploradas, além de promover o empobrecimento da biodiversidade.

---

41 Cf. https://g1.globo.com/natureza/noticia/2019/08/16/fim-do-fundo-amazonia-pode-afetar-fiscalizacao-do-ibama-contra-o-desmatamento.ghtml

42 Cf. https://www.bbc.com/portuguese/brasil-49453037

43 Cf. https://valor.globo.com/agronegocios/noticia/2019/11/07/governo-e-agricultores-unem-forcas-contra-moratoria-da-soja-na-amazonia.ghtml

44 Cf. https://amazonia.org.br/2020/01/mineracao-de-pequena-escala-impacto-ambiental-de-grande-escala/

À guisa de conclusão: qual perspectiva para a retomada do controle do desmatamento na Amazônia?

Os efeitos imediatos das ações do governo Bolsonaro para as populações tradicionais, povos indígenas e camponeses na Amazônia são dramáticos, como temos visto cotidianamente nos principais meios de comunicação do país e demandam ações imediatas para a minimização dos seus resultados. Nessa conclusão, contudo, apresento uma reflexão que aponta para o médio/longo prazo, acerca das possibilidades da retomada do controle do desmatamento na Amazônia, enfocando os mecanismos institucionais que permitiram o controle desse processo na primeira década do presente século.

Creio que essa retomada só será possível com a reconstrução do acordo social que possibilitou o desenvolvimento de iniciativas como o PPCDAm, que, como vimos anteriormente, envolveu diferentes atores públicos e privados, em diferentes níveis de governança (municipal, estadual e nacional) territorial.

A retomada desse acordo passa, necessariamente, por uma mudança no executivo federal, cujo projeto de desenvolvimento para a região retoma um modelo ultrapassado, tanto em termos sociais como ambientais, baseado na exploração extensiva dos recursos naturais da Amazônia. Todavia, somente isso não será suficiente, uma vez que esse "modelo de desenvolvimento" possui uma base social efetiva (pecuaristas, madeireireiros, sojicultores, garimpeiros, etc.) na região. Base social que possui forte poder nas estruturas políticas locais e cujo padrão de atuação com muita frequência ultrapassa o marco legal, como mostram as estatísticas sobre desmatamento e conflitos agrários (SANT'ANA; YOUNG, 2010).

Por outro lado, uma volta do controle do desmatamento passará também pela retomada de dispositivos estatais de comando e controle, mas exigirá também o desenvolvimento de políticas que sejam capazes de incitar a mudança nas trajetórias tecnológicas de atores que hoje optam pela exploração extensiva dos recursos naturais. Apesar de localizada e de possuir aspectos criticáveis, a experiência do processo que deu origem a mobilização pelo "Município Verde" em Paragominas/PA (CARNEIRO; ASSIS, 2015) constitui o melhor exemplo de como esse processo de reconversão produtiva, ao menos para o caso de regiões nas quais a atividade pecuária encontra-se consolidada e representa a principal forma de atividade econômica.

No caso de regiões de fronteira aberta, como no caso do sul do Amazonas, a possibilidade de reorientar determinadas atividades produtivas (agricultura e/ou pecuária) num sentido mais sustentável é mais complexa (FRIZO, 2018), dado o peso de agentes econômicos relacionados com atividades ilícitas (grilagem de terra, exploração ilegal de madeira) e a presença mais frágil da ação estatal.

Apesar de difícil, o desenvolvimento desse cenário não é de todo improvável. Se o momento atual não indica muito otimismo, talvez a lembrança das lutas sociais que foram desenvolvidas nos estertores da ditadura militar, articulando diferentes grupos sociais em defesa dos povos da floresta, com o apoio de organizações ambientalistas e de direitos humanos na Europa e nos Estados Unidos (SCHMINK; WOOD, 2012), sirva para alimentar alguma esperança de que um outro futuro para a Amazônia ainda seja possível.

Referências

ARIMA, Eugênio; BARRETO, Paulo; BRITO, Marky. *Pecuária na Amazônia: tendências e implicações para a conservação ambiental.* Belém: IMAZON, 2005.

ASSUNÇÃO, Juliano; GANDOUR, Clarissa, ROCHA, Romero. *Crédito afeta desmatamento? Evidência de uma política de crédito rural na Amazônia – Sumário Executivo.* Climate Policy Initiative/Núcleo de Avaliação de Políticas Climáticas/PUC: Rio de Janeiro, 2013.

BRUNO, Regina. *Elites agrárias, patronato rural e bancada ruralista.* Observatório de Políticas Públicas para a Agricultura: Rio de Janeiro, 2015. (Texto de Conjuntura nº 9).

BARRETO, Paulo; PEREIRA, Ritaumaria; ARIMA, Eugênio. *A pecuária e o desmatamento na Amazônia na era das mudanças climáticas.* Belém: IMAZON, 2008.

BARRETO, Paulo; ARAÚJO, Elis. *O Brasil atingirá sua meta de redução do desmatamento?* Belém: Imazon, 2012.

CARNEIRO, Marcelo S.; ASSIS, William S. O controle do desmatamento na Amazônia como um processo de modernização ecológica: a experiência do Projeto Município Verde. *Revista Pós Ciências Sociais,* v. 12, p. 53, 2015.

CARNEIRO, Marcelo S.; ASSIS, William S.; SOUZA, Ulisses D. V.; DOURADO, Lidielze. A governança do desmatamento na Amazônia na perspectiva dos Campos de Ação Estratégica. *Ambiente & Sociedade.* São Paulo, v. 23, p. 1-25, 2020.

CEPAL/IPEA/GIZ. *Avaliação do Plano de Ação para Prevenção e Controle do Desmatamento na Amazônia Legal, PPCDAm 2007-2010.* CEPAL/IPEA/GIZ: Brasília, 2011.

COSTA, Francisco de A. *A formação agropecuária da Amazônia: os desafios do desenvolvimento sustentável.* Belém: UFPA/NAEA, 2000.

COSTA, Jodival M.; FLEURY, Marie-François. O Programa “Municipios Verdes”: estratégias de revalorização do espaço em municípios par*aenses. Ambiente & Sociedade,* v. XVIII, n. 2, p. 61-76,

2015. Disponível em: <http://www.scielo.br/pdf/asoc/v18n2/pt_1414-753X-asoc-18-02-00059.pdf>. Acesso em: 10 ago.2018.

FEARNSIDE, Philip M; GRAÇA, Paulo M. L. A. BR-319: a rodovia Manaus-Porto Velho e o impacto potencial de conectar o arco do desmatamento à Amazônia Central. *Novos Cadernos NAEA*, v.12, n.1, p.19-50, 2009.

FRIZO, Pedro G. A. *Os fundamentos institucionais para o gerenciamento dos bens comuns na Amazônia Central. 2018. 311 f.* Dissertação (Mestrado em Sociologia) – Programa de Pós-Graduação em Sociologia, Universidade Federal do Rio grande do Sul, Porto Alegre, 2018.

GUÉNEAU, Stéphane. Durabilité des chaînes globales de valeur du soja et de la viande de boeuf en Amazonie: conséquences d'une gouvernementalité néolibérale. *Brésil(S) – Sciences Humaines et Sociales*, v. 13, 2018. Disponível em: https://journals.openedition.org/bresils/2468?lang=pt Acesso em: 10 ago.2018.

LIMA, André; CAPOBIANCO, João Paulo; MOUTINHO, Paulo. *Desmatamento na Amazônia*: medidas e efeitos do Decreto Federal 6.321/07. Belém: IPAM, 2008. Disponível em: <http://www.ipam.org.br/biblioteca/livro/Desmatamento-na-Amazonia-Medidas-e-efeitos-do-Decreto-Federal-6-321-07/62>. Acesso em: 10 nov. 2012.

RIVERO, Sergio; ALMEIDA, Oriana; AVILA, Saulo; OLIVEIRA, Wesley. Pecuária e desmatamento: uma análise das principais causas diretas do desmatamento na Amazônia. *Nova Economia* (UFMG), v. 19, p. 41-66, 2009. Disponível em: https://www.scielo.br/scielo.php?script=sci_arttext&pid=S0103-63512009000100003&lng=en&nrm=iso Acesso em: 10 ago. 2020

SANT'ANNA, André A.; YOUNG, Charles E. F. Direitos de propriedade, desmatamento e conflitos rurais na Amazônia. *Economia Aplicada*, v.14, n.3, pp. 381-393. Disponível em: https://www.scielo.br/scielo.php?script=sci_arttext&pid=S1413-80502010000300006 Acesso em: 9 set. 2020

SCHMINK, Marianne; WOOD, Charles H. *Conflitos sociais e a formação da Amazônia*. Belém: EDUFPA, 2012.

Política neoliberal e desmonte do trabalho no Brasil

Adriano Pereira Santos

Ao que parece, a ascensão política da direita no Brasil, com a eleição de Bolsonaro em 2018, não foi um acidente. Pode-se dizer que ela faz parte tanto de um conjunto de contradições históricas, típicas da formação social brasileira e de seu desenvolvimento capitalista tardio, como também que ela é resultado das relações de força na sociedade de classes, do esgotamento dos acordos políticos, no âmbito da democracia liberal, e dos pactos e consensos burgueses prometidos (mas nunca cumpridos) pela Nova República. Em outras palavras, o "pacto social à brasileira," (FERNANDES, 2007) levado às últimas consequências pelo "lulismo", esgotou-se, revelando mais uma vez a essência autocrática das classes dominantes no Brasil.

Em que pese a história desses pactos à brasileira, parece que eles já não são mais possíveis no horizonte de desenvolvimento do capitalismo contemporâneo, principalmente no Brasil, país de economia dependente e subordinada à dinâmica da divisão internacional do trabalho. Isso porque a sociedade burguesa já não é mais capaz de cumprir suas promessas civilizatórias. Se em tempos passados, de "compromisso fordista", acordos entre capital e trabalho foram possíveis graças às vantagens produtivas que garantiram determinados padrões de desenvolvimento econômico e social, hoje eles se tornaram insustentáveis, pois com a pressão das crises econômicas e a lógica incontrolável das empresas em acumular e expandir suas margens de lucro, o capital já não tem condições de oferecer qualquer ganho significativo ou vantagem pactuada ao trabalho. Agora, se vê obrigado a retomar as concessões passadas, atacando sem piedade as próprias instituições de proteção social do trabalho, de modo a garantir as bases ampliadas de seu "sistema sociorreprodutivo" (MÉSZÁROS, 2002).

É neste cenário de ofensiva capitalista, operada pelas mundialização, financeirização e desterritorialização das empresas, que o neoliberalismo emerge como estratégia, sistema de poder e reação política para subsidiar as condições de um "novo espírito do capitalismo" (BOLTANSKI; CHIAPELLO, 2009).

Sua emergência é uma reação veementemente teórica e política contra o Estado intervencionista e de bem-estar social (ANDERSON, 1995). Seu propósito, desde a gênese, é combater as políticas sociais e preparar as bases de outro tipo de capitalismo, duro (mas flexível) e livre de regras para o futuro. Nesse sentido, o mercado parece ser a única instituição capaz de coordenar racionalmente quaisquer problemas sociais, sejam eles de natureza puramente econômica ou política. Ou seja, ele se apresenta como um mecanismo insuperável para estruturar e coordenar as determinações de produção e investimentos sociais, levando o Estado-nação a perder sua autonomia em elaborar políticas econômicas e sociais de forma soberana. Nessa perspectiva política, o mercado converte-se também numa espécie de "ordem social espontânea" (HAYEK, 1981), permitindo aos indivíduos interiorizarem a ideia de que eles são portadores de direitos naturais, e que devem ser preservados quando da instituição da sociedade civil e do Estado (TEIXEIRA, 1996, p. 202).

A partir desse pressuposto hayekiano de que o mercado é uma "ordem social espontânea" por meio da qual os indivíduos devem ser socializados, convém destacar que o neoliberalismo não se constituiu apenas como uma ideologia ou tipo de política econômica, mas ele tem se tornado um sistema de poder, normativo (a favor do mercado), que ampliou sua existência no mundo, estendendo a lógica da "economicização" a todas as relações sociais e a todas as esferas da vida. Nesse sentido, "o capitalismo, com ele, não parece mais capaz de encontrar compensações, contrapartidas, compromissos" (DARDOT; LAVAL, 2016, p. 8). Por isso, não destrói apenas regras, instituições e direitos, mas produz certos tipos de relações sociais, certas maneiras de viver e subjetividades, refazendo o sujeito como partícula do capital.

Não obstante, para instituir sua governamentalidade, como sistema de poder normativo sobre a sociedade, o neoliberalismo precisa transformar o Estado, segundo os princípios da gestão empresarial, criando o *"governo empresarial"* (DARDOT E LAVAL, 2016*).* Trata-se, portanto, da transformação da esfera pública, exigindo que o Estado passe a ser avaliado segundo os critérios de gestão e eficiência das empresas. Para tanto, os apologistas do sistema realizam uma grande ofensiva contra o Estado, defendendo que em vez dele se reestruturar para atender aos interesses da sociedade, ele mesmo deveria se curvar às regras de eficácia gerencial das empresas privadas, isto é, para estabelecer a hegemonia da racionalidade neoliberal, o Estado não pode mais se destinar a assegurar a integração dos diferentes níveis da vida coletiva (DARDOT; LAVAL, 2016).

Nessa nova racionalidade, todo governo é para os mercados e orientado por princípios de mercado, ao mesmo tempo em que "os mercados devem ser construídos, viabilizados, amparados e ocasionalmente até mesmo resgatados por instituições políticas" (BROWN, 2019, p. 31). Vale destacar ainda, que, sob tal racionalidade, a gestão da população muda de método e de significado, porque é necessário estabelecer a soberania do mercado como processo subjetivo, socializador dos indivíduos. Assim, enquanto no período pós-guerra foi possível, via *Welfare State*, estabelecer a harmonia entre a eficácia econômica e o progresso social em benefício das pessoas, hoje essa mesma população é percebida apenas como um recurso econômico à disposição das empresas. Ou seja,

> A política que ainda hoje é chamada de social (...) visa a maximizar a utilidade da população, aumentando sua empregabilidade e sua produtividade, e diminuir seus custos, com um novo gênero de política social que consiste em enfraquecer o poder de negociação dos sindicatos, degradar o direito trabalhista, baixar o custo do trabalho, diminuir o valor das aposentadorias e a qualidade da proteção social em nome da adequação à globalização (DARDOT; LAVAL, 2016, p. 284).

Portanto, é neste contexto que emerge a "necropolítica"(MBEMBE, 2018) do neoliberalismo (GEFAELL, 2015). Afinal, em vez da economia do bem-estar, "a nova lógica vê as populações e os indivíduos sob o ângulo mais estreito de sua contribuição e seu custo na competição mundial" (DARDOT; LAVAL, 2016, p. 284).Nesse sentido, a lógica "necropolítica" do neoliberalismo pode expor os indivíduos e trabalhadores à morte, reduzindo-os não apenas a uma igualdade abstrata meramente mercantil, visto que cada um(a) vale o que carrega em seu bolso, – não importando sua cor, raça, sexo, origem social, ou qualquer outra diferença, – mas "transformando-os e instrumentalizando, de forma generalizada, a existência humana e a destruição material dos corpos humanos e populações" (MBEMBE, 2018, p.10) a fim de atender unicamente aos interesses do mercado. Em outras palavras, pode-se dizer que tais políticas visam a exterminar os excluídos do sistema, na medida em que eles se tornam um obstáculo, – porque um custo – uma vez que não são mais rentáveis (porque descartáveis) à reprodução ampliada do capital. O neoliberalismo é, portanto, incompatível com a própria exclusão que produz, afinal, os mais afetados pelas injustiças e a violência do sistema são os excluídos, aqueles e aquelas que sofrem as consequências da soberania do mercado. Suas políticas de morte não necessitam de armas para matar os excluídos, ao contrário, elas os deixam morrer, porque não são mais rentáveis à lógica de expansão e acumulação do capital (GEFAELL, 2015).

Assim, ao mesmo tempo em que o neoliberalismo gera sujeitos não rentáveis ao capital porque os expurga, seja pela lógica da exclusão, seja por sua "necropolítica", ele exige e constrói a figura de um novo sujeito neoliberal capaz de se adaptar às novas determinações do mercado. Para tanto, busca alterar, por meio do Estado e de seu sistema jurídico, as normas regulamentadoras das relações sociais do trabalho, gerando por um lado o desmonte dos direitos trabalhistas, mas exigindo, por outro, a figura do empreendedor, isto é, do "homem empresarial", "capitalista de si mesmo", capaz de atuar num cenário de forte competição social e de riscos econômicos e políticos, segundo as regras do mercado.

O desmonte do trabalho no Brasil

No Brasil, este cenário de forte competição social, instaurado pelo chamado ciclo neoliberal, já vinha sendo construído, de forma acelerada, desde o início dos anos 1990 com as políticas desregulamentadoras de Collor e de FHC, passando pelas contradições do "*lulismo*" e sua "hegemonia às avessas" (OLIVEIRA, 2018). Todavia, elas se aprofundaram, de fato, no contexto golpista que destituiu – por impeachment – Dilma Rousseff da presidência da República em agosto de 2016. Naquele momento, as forças antidemocráticas se mobilizaram em torno de Michel Temer, para movimentar as engrenagens do "moinho satânico" do capital, transformando o Estado em agente político do "desmantelamento social" e do ataque neoliberal (BROWN, 2019) contra as forças e instituições de proteção ao trabalho.

Aproveitando-se da hegemonia neoliberal da "ordem social competitiva" e suas políticas de austeridade econômica, naquele contexto golpista, as empresas passaram a buscar alternativas políticas para ampliar suas margens de lucro e ganhos de produtividade. Para tanto, elas combinaram não só reestruturações produtivas e novas formas de organização do trabalho, mas também articularam ações políticas e jurídicas como estratégias para o rebaixamento do valor da força de trabalho, ora diminuindo os postos de trabalho, enxugando o número de trabalhadores, ora terceirizando as atividades-meio e atividades-fim de seus processos produtivos. Tais ações, elaboradas estrategicamente, – seja pelas personificações políticas do capital no Congresso, seja pelas entidades empresariais, como CNI (Confederação Nacional das Indústrias) e CNA (Confederação Nacional da Agricultura) – se concretizaram nas contrarreformas trabalhistas, a Lei N. 13.429/2017, que regulamentou a terceirização total das atividades-meio e atividades-fim das empresas, e a Lei N. 13.467/2017, que desestruturou os direitos trabalhistas historicamente conquistados pela classe trabalhadora brasileira.

O discurso mobilizado pelos defensores dessas reformas (neoliberais) naquele contexto golpista era de que tais medidas permitiriam ao país sair da crise, regulamentar os trabalhadores terceirizados e gerar novos empregos. No entanto, o que se observou, desde 2017, com os dados do IBGE (gráfico 1), foi não só o aumento do desemprego/desocupação no Brasil, mas também um crescimento preocupante da taxa de informalidade dos trabalhadores brasileiros (41%). Ou seja, se no período de 2017 a 2020 houve oscilações na taxa de desocupados, principalmente em 2019, quando o número de desempregados recua. Recuo que se deve, por outro lado, ao aumento da informalidade[45]. Em outras palavras, significa dizer que os novos empregos gerados nesse período, em sua maioria, são empregos informais, temporários, com baixos salários, sem nenhuma garantia de proteção social.

Gráfico 1 - Taxa de desocupação mai/jun/jul - 2015 a mai/jun/jul - 2020

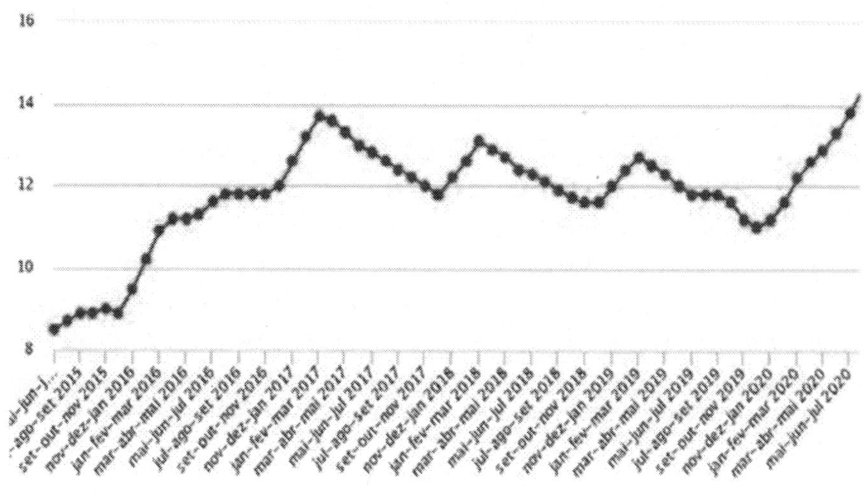

Fonte: IBGE

Com a terceirização total das atividades-meio e fim das empresas, evidenciou-se a metamorfose do capital não só para reduzir seus custos, visando aumentar a produtividade, mas também para sobreviver às crises. Em virtude de sua forte capacidade de flexibilização e do enfraquecimento das organizações dos trabalhadores, por meio da pulverização das atividades em diversas empresas menores, a terceirização também se constituiu

[45] Cf. https://www1.folha.uol.com.br/mercado/2020/02/informalidade-atinge-recorde-em-19-estados-e-no-df-diz-ibge.shtml

numa estratégia de burla de direitos trabalhistas e de desmobilização social e política das instituições sindicais. Considerada ainda uma forma de externalização das relações e responsabilidades trabalhistas, ela tem sido um elemento fundante da precarização estrutural do trabalho. Seus efeitos deletérios são conhecidos sobre as condições de vida dos trabalhadores, impactando também (e sobretudo) suas relações de trabalho, na medida em que os/as terceirizados/as recebem salários menores, menos benefícios sociais (auxílio alimentação, vale transporte, assistência médico-odontológica) e são constantemente submetidos aos maiores riscos ocupacionais, à intensificação do trabalho e à maior extensão da jornada de trabalho, o que os tornam mais vulneráveis e suscetíveis aos problemas de saúde decorrentes da intensificação e precariedade do trabalho (DRUCK; FRANCO, 2007; ANTUNES, 2018).

Se a aprovação da terceirização total regulamentou a precarização estrutural do trabalho por meio das políticas antidemocráticas do neoliberalismo, o que dizer, então, da contrarreforma trabalhista, aprovada em novembro de 2017?

A assim chamada reforma foi justificada por seus defensores, informando que a CLT (Consolidação das Leis do Trabalho) estaria obsoleta e inadequada às características de um país majoritariamente urbano, com economia estruturada no setor de serviços, e cada vez mais operada pelas tecnologias da informação e pelo denominado "capitalismo de plataforma" (SRNICEK, 2018). Argumentou-se ainda, naquele contexto, que a nova CLT deveria ser "modernizada" e assegurar o direito de escolha, promovendo a liberdade individual e ampliando os horizontes econômicos do trabalhador que agora se vê como PJ (Pessoa Jurídica), empreendedor e "capitalista de si mesmo". Com isso, o objetivo principal da Reforma Trabalhista foi criar o melhor ambiente de negócios ao capital, promovendo por meio do Estado "gerencialista", os modos de ser da racionalidade neoliberal a partir de estratégias de subordinação dos trabalhadores à lógica do sistema de poder e dominação social do capital.

Desse modo, a Reforma Trabalhista de 2017 buscou

> [...] legalizar práticas já existentes no mercado de trabalho e possibilitar um novo cardápio de opções aos empregadores para manejar a força de trabalho de acordo com as suas necessidades. (...) Ela busca ajustar

> o padrão de regulação do trabalho de acordo com as características do capitalismo contemporâneo, que fortalece a autorregulação do mercado ao submeter o trabalhador a uma maior insegurança e ao ampliar a liberdade do empregador em determinar as condições de contratação, o uso da mão de obra e a remuneração do trabalho (KREIN, 2018, p.78).

Apesar destes ajustes, é possível dizer, ainda, que se trata de uma desconstrução da regulação pública, ora prevista no conjunto da legislação trabalhista, para instaurar a regulação privada, transformando o/a trabalhador/a num agente do mercado (KREIN, 2018). Nesse sentido, a reforma desmontou direitos de proteção social, provocando mudanças drásticas no padrão de regulação social do trabalho. O objetivo fundamental desse processo de desmonte é, na verdade, deixar o trabalhador em uma condição de maior insegurança e vulnerabilidade social em relação tanto ao trabalho quanto à renda, de modo a sujeitá-lo às normas (neoliberais) de concorrência instituídas pelo mercado. O que fora chamado como reforma representou, na verdade, um desmonte de direitos sociais e trabalhistas, pois significou a alteração de 201 aspectos do arcabouço legal da CLT. Para Souto Maior e Rocha (2017) trata-se de uma lei ilegítima porque fere os princípios constitucionais da prevalência dos Direitos Humanos.

De todo modo, essa tem sido a estratégia do neoliberalismo ao operar transformações jurídicas a fim de estabelecer seu sistema normativo, uma vez que no contexto de desemprego estrutural as políticas prevalecentes tendem a penalizar os trabalhadores e a favorecer o capital (KREIN; OLIVEIRA; FILGUEIRAS, 2019). Em síntese, a reforma trabalhista possibilita que situações de degradação, de precarização do trabalho e de rebaixamento salarial possam se disseminar, facilitando negócios e maximizando os lucros das empresas. Contudo, ela deixa o trabalhador à mercê de sua própria sorte no mercado, sem alternativas, dado o quadro de crescente desestruturação do mercado de trabalho.

O fenômeno da "uberização", talvez, seja o melhor exemplo de uma tendência de precarização e subordinação do trabalho, que fora regulamentada pela contrarreforma trabalhista de 2017. Segundo Abílio (2020), com a "uberização", estamos vivendo uma nova forma de controle e gerenciamento da força de trabalho, livre de qualquer freio legal à exploração do trabalho a partir das plataformas digitais. Por um lado, envolve um amplo processo de informalização, precarização e flexibilização das relações de trabalho; por outro, trata-se da emergência de um novo tipo de trabalhador. É a era do trabalhador *just-in-time*, (ABÍLIO, 2020) ou do "trabalho sob demanda", remunerado por produção, que assume os custos do trabalho e suas condições, dependendo exclusivamente de seu autogerenciamento *(governo de si)* e gestão do tempo, ritmos e movimentos, para atender ininterruptamente a lógica algorítmica, imposta pelo chamado "capitalismo de plataforma" (SRNICEK, 2018).

Portanto, pela desestruturação das regulações públicas do trabalho, provocada pela contrarreforma trabalhista, é possível verificar que está em curso a consolidação do "trabalho atípico", ou seja, um trabalho que se caracteriza fundamentalmente pela precariedade, pela flexibilização, informalidade e desregulamentação, "gerando um mal-estar permanente do trabalho e dos assalariados que vivem sob o medo de perder o próprio posto, de não poder mais ter uma vida social e de viver apenas do trabalho e para o trabalho" (VASAPOLLO, 2005, p. 27).

Desmonte pandêmico

O "fato social total" da pandemia do novo coronavírus (Covid-19), em 2020, trouxe não apenas uma crise de saúde sem precedente na história, mas agravou e intensificou a tragédia das políticas neoliberais, praticadas por governos antidemocráticos, como o de Jair Bolsonaro. Suas respostas à crise social, gerada pelos índices crescentes de desemprego e trabalho informal, têm sido ainda mais corrosivas da proteção social. Vale lembrar que dias após vencer as eleições em 2018, o presidente eleito já anunciava o tom de sua governamentalidade, quando afirmou que *"ou todos os direitos e emprego ou menos direitos e desemprego"*[46]. Naquela ocasião já deixava claro que, para atender aos interesses dos empresários, optaria por reduzir os direitos trabalhistas e assim foi feito. Uma das primeiras medidas tomadas quando assumiu o governo foi a extinção do Ministério do Trabalho, o que representou, do ponto de vista simbólico, que o atual governo trataria o trabalho não como um direito, mas como uma mercadoria a ser gerida de acordo com os interesses empresariais, no âmbito do Ministério da Economia por seu bastião neoliberal, seu "Posto Ipiranga", como tem sido denominado o ministro Paulo Guedes.

Como não poderia deixar de ser, sob um governo reativo que opera pela lógica do desmonte e da destruição, as medidas tomadas para o enfrentamento da pandemia não só têm sido insuficientes – também pelo discurso negacionista da maior crise sanitária da humanidade – como aprofundam a situação de insegurança, incertezas e vulnerabilidade dos assalariados no Brasil.

A Medida Provisória 927, publicada em março, que dispõe sobre as medidas trabalhistas para o enfrentamento do Estado de calamidade pública, na verdade, intensificou a agenda neoliberal contra os trabalhadores e trabalhadoras em plena pandemia, na medida em que radicaliza a reforma trabalhista, ampliando as assimetrias entre capital e trabalho. Ao ampliar as possibilidades da negociação individual, sem contrapartidas; ao assegurar a prevalência dos contratos individuais sobre os acordos

[46] "Ou todos os direitos e desemprego ou menos direitos e emprego", diz Bolsonaro. Reportagem de Fernanda Nunes. Disponível em: https://economia.estadao.com.br/noticias/geral,recebi-projetos-sobre-previdencia-e-pouco-sera-aproveitado-diz-bolsonaro,70002599184 . Acesso em 28 de agosto de 2020.

coletivos de trabalho, afastando os sindicatos como interlocutores; ao autorizar a redução da jornada de trabalho com redução salarial; ao autorizar o banco de horas, negociado individual ou coletivamente; ao liberar os empregadores das exigências quanto as normas de saúde; ao suspender os contratos de trabalho por até 4 meses; ao suspender a fiscalização do trabalho, descaracterizando a Covid-19 como doença ocupacional, dentre outras medidas, a MP 927 concede plenos poderes aos empregadores através de um disfarce jurídico, como é o caso dos contratos e negociações individuais (SOUTO MAIOR, 2020).

Ao atender, sob o argumento da calamidade pública, apenas o setor empresarial, o "Estado empresarial" age a fim de subordinar estruturalmente os trabalhadores às necessidades do capital, em tempos de crise. Ele concede carta branca aos empresários para flexibilizar e reduzir ao mínimo os direitos trabalhistas, lançando a massa de trabalhadores à insegurança social e econômica. A violação é nítida e traz consigo a marca de um *"capitalismo virótico"* e de um desmonte pandêmico.

Considerações Finais

Muitos acreditam que a saída da crise social agravada pela pandemia exigirá um maior protagonismo do Estado, por meio de políticas públicas e sociais, da injeção de recursos para recompor os fluxos de renda da população, além do fim das políticas de austeridade, como a revogação da Emenda Constitucional 95, da Regra de Ouro e das amarras da Lei de Responsabilidade Fiscal. Isto pode desacelerar a tragédia, mas não irá resolvê-la, sobretudo porque a tendência da lógica destrutiva do capital é a extensão de novas modalidades de trabalhos precários, cada vez mais informais e intermitentes, terceirizados e "uberizados", constituindo-se em verdadeiras formas típicas de "trabalhos atípicos", sobre as quais o Estado tem sido parte do problema, na medida em que atua para estruturar o "metabolismo antissocial do capital", escancarado pela explosão do novo coronavírus (ANTUNES, 2020).

Portanto, como exposto anteriormente, se os pactos sociais já não são mais possíveis e se o Estado já não pode corrigir os defeitos estruturais do sistema, ampliados pela hegemonia neoliberal, porque é um agente de reprodução das mazelas sociais e humanas na atualidade, a única saída é reconhecer que o *modus operandis* do capital se esgotou, o que exige a emergência de um novo modo de vida e de ser anticapitalista, capaz de reinventar e instituir radicalmente uma nova sociedade. Eis o desafio de nosso tempo histórico presente.

Referências

ABILIO, Ludmila. Uberização: a era do trabalhador Just-in-time? In: *Estudos Avançados*, 34 (98), 2020, pp.111-126

ANDERSON, Perry. Balanço do neoliberalismo. In: SADER, E; GENTILI, P. *Pós-neoliberalismo – as políticas sociais e o Estado democrático.* Rio de Janeiro: Paz e Terra, 1995.

ANTUNES, Ricardo. *O privilégio da servidão: o novo proletariado de serviços na era digital.* São Paulo: Boitempo, 2018.

ANTUNES, Ricardo. *Coronavírus: o trabalho sob o fogo cruzado.* SP: Boitempo, 2020.

BROWN, Wendy. *Nas ruínas do neoliberalismo – a ascensão da política antidemocrática no ocidente.* SP: Editora Filosófica Politeia, 2019

BOLTANSKI, Luc; CHIAPELLO, Eve. *O Novo Espírito do Capitalismo.* SP: Martins Fontes, 2009.

DARDOT, Pierre; LAVAL, Christian. *A nova razão do mundo.* São Paulo: Boitempo, 2016.

DRUCK, Graça; FRANCO, Tânia (Orgs.). *A perda da razão social do trabalho: terceirização e precarização.* São Paulo: Boitempo, 2017.

FERNANDES, Florestan. *Que tipo de República?* SP: Globo, 2007

GEFAELL, Clara. V. *De La necropolítica neoliberal a La empatia radical: violência discreta, cuerpos excluídos e repolitización.* Barcelona: Icaria S Madera, 2015.

HAYEK, Friedrich .A. Os princípios de uma ordem social liberal. IN: CRESPIGNY, A; CRONIN, J. *Ideologias Políticas.* Brasilia: Editora Universidade de Brasília, 1981 (Coleção Pensamento Político, 37).

KREIN, José. D. O desmonte dos direitos, as novas configurações do trabalho e o esvaziamento da ação coletiva: consequências da reforma trabalhista. In: *Revista Tempo Social.* Revista de Sociologia USP, V 30. N.1, 2018.

KREIN, José. D; OLIVEIRA, Roberto, V; FILGUEIRAS, Vitor. A (Orgs.). *Reforma Trabalhista no Brasil – promessas e realidade.* Campinas-SP: Curt Nimuendajú, 2019.

MBEMBE. Achile. *Necropolítica.* São Paulo: n-1 edições, 2018.

MESZÁROS, István. *Para além do capital: rumo a uma teoria da transição*. São Paulo: Boitempo, 2002.

OLIVEIRA, Francisco. ***Brasil: uma biografia não autorizada***. São Paulo: Boitempo, 2018.

SOUTO MAIOR, Jorge. L; ROCHA, Bruno. G.S. A história da ilegitimidade da Lei N. 13.467/17. In: SOUTO MAIOR, Jorge. L; SEVERO, Valdete. S.M (Coords). *Resistência - aportes teóricos contra o retrocesso trabalhista*. São Paulo: Expressão Popular, 2017.

SOUTO MAIOR, Jorge. MP 927: *Da pandemia ao pandemônio*. Disponível em: https://blogdaboitempo.com.br/2020/03/25/mp-927-da-pandemia-ao-pandemonio/. Acesso em 29 de Junho de 2020.

SRNICEK, Nick. *Capitalismo de Plataformas*. Buenos Aires/Argentina. Caja Negra Editora, 2018.

TEIXEIRA, Francisco José. S. O neoliberalismo em debate. In: TEIXEIRA, F.J.S & OLIVEIRA, M.A. (Orgs) *Neoliberalismo e Reestruturação Produtiva. As novas determinações do mundo do trabalho*. São Paulo: Ed. Cortez, 1998.

VASAPOLO, Luciano. *O trabalho atípico e a precariedade*. SP: Expressão Popular, 2005.

E DAÍ? GOVERNO BOLSONARO E NECROPOLÍTICA.

"Em que circunstâncias é possível lamentar uma vida perdida?" Judith Butler

Eliéser de Freitas Ribeiro

As sociedades lamentavelmente quase sempre se dividem em dois grandes grupos: entre aqueles cujas vidas são dignas de serem vividas e protegidas a qualquer custo e aquelas cujas vidas têm pouca importância ou valor e podem ser descartadas. A filósofa norte-americana Judith Butler (2020) sustenta a ideia de que, dependendo do gênero, da raça, da idade e da posição econômica ocupada na sociedade, podemos saber se os indivíduos são mais ou menos choráveis aos olhos dos demais e assim se estão localizados no primeiro ou no segundo grupo. Durante a pandemia de covid-19 no Brasil, as ações do presidente Jair Messias Bolsonaro e seu governo, suas agendas e suas posturas tornaram essa análise ainda mais precisa, acentuada e dramática.

O filósofo político camaronês Achille Mbembe (2016) construiu um conceito muito importante para analisar o período em que o Brasil vive: o conceito de necropolítica. A conceituação serve para pensar o uso ampliado da ideia de soberania dos estados-nação contemporâneos, que iria muito além de somente o poder máximo de uma instituição estatal dentro de um território definido, mas sua expressão máxima "reside em grande medida, no poder e na capacidade de ditar quem pode viver e quem deve morrer", razão pela qual "matar ou deixar viver constituem os limites da soberania, seus atributos fundamentais." Durante os quase dois anos de governo Bolsonaro, e em especial neste período de pandemia, pudemos observar essa característica necrófila do Estado brasileiro no diversionismo de informações de saúde, na desorientação do isolamento social, no combate difuso do vírus da Covid-19, na falta de vontade política de tratar seriamente a questão e na flexibilização dos registros de novas armas e munições.

Tanto o processo de estratificação social descrito acima, como o uso mortífero do poder dentro da soberania podem ser operados através das tecnologias sociais de funcionamento do racismo, entendido de forma ampla em todos os seus grupos. Entendendo o racismo como uma tecnologia destinada a permitir o exercício do poder na classificação das pessoas. A partir da divisão entre a vida e a morte, esse poder é definido de acordo com o poder relacionado ao campo biológico - o poder de controle dele e o gravado nele. A premissa desse controle é a distribuição da espécie humana em grupos, subdividindo a população em subgrupos, e estabelecendo cortes biológicos entre si. A função do racismo seria valorar os indivíduos de acordo com as suas características biológicas, regular a distribuição da morte e da vida e tornar possível as funções assassinas do Estado. E somente sendo realizada pelo Estado, pois é a única forma de tornar aceitável para o restante da sociedade o fazer morrer de forma legitimada. Mbembe (2017) vai definir que o racismo é o motor do princípio necropolítico.

O escritor argentino Júlio Cortázar acreditava que, ao descrever o mundo, devemos estar atentos à linguagem que usamos, porque ela é cheia de subconscientes, histórias sociais, um legado de luta e submissão. Quando começamos a mergulhar na história de uso da linguagem, ela pode se tornar mais clara ou opaca de acordo com o mensageiro e sua posição social. Nesse sentido, vamos analisar as principais falas de Bolsonaro durante a pandemia, procurando revelar os conceitos maniqueístas de estratificação da sociedade e a orientação necropolítica de seu governo.

O Brasil levará muito tempo para compreender e processar o que aconteceu durante a pandemia da covid-19. Diante de todas as evidências científicas, com vasto noticiário, com tempo para antecipar as ações de governo, com experiências de países asiáticos e europeus disponíveis, o presidente Jair Bolsonaro e seu governo decidiram negar, desorientar, menosprezar e, por vezes, debochar dos perigos e dos efeitos da doença. No furor do tempo presente, não temos a interpretação correta dos eventos que se seguem no Brasil. Mas, no futuro, teremos a compreensão do abismo que se abriu diante da história brasileira com o governo macabro de Bolsonaro e com os impactos da pandemia.

Nesse artigo, procurarei registrar e analisar as principais declarações do presidente, interpretando seu contexto e defendendo a ideia de que as suas ações de Estado resultam de uma noção de sociedade em que existiria apenas uma estratificação social de dois níveis. Em que tem a "gente aqui", que vale alguma coisa, e tem essa "gentalha", que não vale nada e tudo bem se eles morrerem. Analisarei essas declarações à luz do conceito produtivo de necropolítica construído por Mbembe. Vou construir a argumentação utilizando quatro características de Bolsonaro e de seu governo em relação à pandemia, a saber: negação, desorientação, insensibilidade e desprezo pela vida, que irão confirmar a aplicação do conceito de necropolítica para caracterizar o cenário político contemporâneo no Brasil.

O início da pandemia

Em 20 de janeiro de 2020, o presidente chinês Xi Jinping falou em público pela primeira vez sobre o vírus e afirmou que o surto era muito grave e que era preciso combatê-lo o mais rápido possível. Isso aconteceu depois do governo chinês tentar abafar a descoberta dos primeiros casos, em que perseguiram médicos da cidade de Wuhan que tinham noticiado a nova doença. Mas, depois desse momento, o país procurou mitigar os impactos, prestando apoio internacional e fornecendo informações e ajuda humanitária aos países que solicitassem.

No dia 26 de fevereiro, tivemos confirmação do primeiro caso de covid no Brasil. A notícia do espalhamento da nova doença já corria todo o mundo e a divulgação na imprensa das informações era diária e ostensiva. Os mercados de todo mundo e as bolsas já apresentavam sinais de nervosismo e os indicadores econômicos entraram em grande volatilidade. As notícias davam conta dos países em que já havia chegado o vírus. O número de contaminados e de óbitos era contado ainda numa escala aritmética. Mas, logo, a previsão era de que o número de infectados iria explodir. As estratégias usadas por países como Coreia do Sul, China e Itália já estavam sendo disponibilizadas e discutidas. Mesmo diante do desconhecido, já se sabia o que estava dando certo ou errado no combate à doença. Até que a Organização Mundial de Saúde (OMS), no dia 11 de março, declarou que a doença causada pelo novo coronavírus (Sars-Cov-2) tinha o status de pandemia. Na prática, isso quer dizer que a doença já estava espalhada por diversos continentes com transmissão sustentada entre as pessoas. E um dos maiores problemas foi o rápido contágio e o baixo tempo de resposta de alguns líderes mundiais que não usaram os recursos disponíveis necessários para se anteciparem, preferindo chamar o caso de "fantasia" ou minimizando os perigos.

Negação

A primeira característica a ser destacada de Bolsonaro e seu governo é a negação. Por negação entende-se como um movimento amplo que procura negar a realidade como forma de escapar de verdades desconfortáveis. Na ciência, esse movimento negacionista é definido como a rejeição de conceitos primários, incontestáveis e apoiados por consensos científicos estabilizados há décadas em favor de ideias ao mesmo tempo radicais e controversas pela falta de fundamentação. Nega-se a ciência, nega-se os fatos, nega-se a história, nega-se a realidade e, fundamentadas nessa falta de embasamento, as decisões são tomadas à revelia da força daquilo que é mais seguro para pautar as ações.

Inicialmente, Bolsonaro e seu governo procuraram amenizar as consequências que a pandemia poderia trazer para a população. No dia 09 de março de 2020, em evento nos Estados Unidos, Bolsonaro nega a força do vírus ao dizer que todo o movimento mundial para combater a nova doença estava sendo exagerado. Nas palavras do presidente: "*tem a questão do coronavírus também que, no meu entender, está superdimensionado, o poder destruidor desse vírus. Então talvez esteja sendo potencializado até por questão econômica, mas acredito que o Brasil, não é que vai dar certo, já deu certo...*". Até aquele momento, a pandemia havia matado cerca de 3.000 pessoas no mundo e isso não parecia produzir ainda preocupação suficiente para o governo. Pois, mesmo sabendo dos riscos, uma comitiva presidencial viajou para os Estados Unidos, que já tinham sinais claros de espalhamento da doença e, ao retornar para o Brasil, mais de 20 membros de sua equipe testaram positivo para o patógeno, sendo um grupo de dispersão da doença por todo o Distrito Federal.

No dia 15 de março, num domingo de sol, em Brasília, Bolsonaro, mesmo monitorado pelos médicos, pois boa parte da sua comitiva tinha sido diagnosticada com o vírus, apoiou movimentos pró-governo na frente do Palácio da Alvorada e, ao ir ao encontro da população, tocou manifestantes, conversou de perto, tirou fotos, manuseou celulares e reforçou mais uma vez a cantiga negacionista do seu governo. Nas palavras do presidente: "*Não podemos entrar em uma neurose como se fosse o fim do mundo. Outros vírus mais perigosos aconteceram no passado e não tivemos essa crise toda. Com toda certeza há um interesse econômico nisso tudo para que se chegue a essa histeria...*".

Em seguida, no dia 16 de março, aconteceu o primeiro óbito confirmado de covid-19 no país. A partir dessa data, o país inteiro ficaria alarmado com a curva de crescimento dos óbitos. E é curioso notar que nas falas expostas acima, o presidente argumenta que a pandemia estaria sendo valorizada em prol de um suposto interesse econômico escuso, que afetaria o país. Mas a fala é reveladora da principal preocupação do presidente. Não era com a vida; a verdadeira preocupação era com os rendimentos dos seus principais financiadores, apoiadores e conselheiros que, a partir daquele momento, teriam muitos prejuízos econômicos em virtude dos impactos da pandemia e paralisia das atividades econômicas. Bolsonaro trabalha pouco, fato comprovado por uma análise simples na agenda presidencial no início da pandemia e, quando trabalha, vai na direção de investir grande parte do tempo com os interesses econômicos (AGÊNCIA BRASIL, 2020) e não com agentes do Ministério da Saúde, que precisariam tratar com ele durante o período de crise sanitária.

A negação da realidade ensejou inúmeros equívocos, desde a não testagem em massa da população, nem um controle mais rigoroso de entradas nos aeroportos – medida simples que traria grandes resultados –, nem a montagem de estrutura de saúde para o atendimento aos doentes. No início da pandemia, a antecipação das ações seria fundamental, pois já estavam disponíveis informações seguras de outros países e o tempo a favor para tomar as medidas necessárias. Somente o governo federal tinha a centralização de poder capaz de tomar as medidas mais importantes. No entanto, as decisões mais eficazes ficaram a cargo de estados e municípios, empresas, escolas e instituições, que agiam em estado de choque com as novas notícias. Essa negação antecipou o processo de espalhamento da doença por todo o Brasil, permitindo que a contaminação se disseminasse nas capitais e logo depois chegando as cidades do interior e, como consequência, apressou também o número de óbitos.

As falas e ações do presidente incentivavam o relaxamento do isolamento social. As cidades observadas com mais votos em Bolsonaro em 2018 tiveram um incremento no número de contaminados e mortos. Cada vez que o presidente deu alguma declaração polêmica que minimizasse a pandemia, as taxas de isolamento caiam (CANZIAN 2020).

Num estudo realizado por um grupo de pesquisa da UFRJ (Universidade Federal do Rio de Janeiro) em parceria com o IRD (Instituto Francês de Pesquisa e Desenvolvimento), identificou-se o que chamaram de "efeito Bolsonaro" no desenvolvimento da pandemia em todo Brasil. A pesquisa considerou uma série de dados de votação de todos os municípios do país no primeiro turno das eleições de 2018 realizadas em 5.570 municípios e os resultados foram cruzados com a disseminação da doença. Concluíram que existe uma correlação entre a preferência na votação do presidente Jair Bolsonaro e a expansão da Covid-19. De acordo com a pesquisa, para cada 10 pontos percentuais de aumento na participação eleitoral de Bolsonaro, o número de casos aumentou 11% e o número de mortos aumentou 12% (GARCIA, 2020).

Desorientação

A segunda característica a ser evidenciada é a completa desorientação política e informacional criada por Bolsonaro e seu governo em relação às orientações sanitárias da pandemia. Enquanto todas as experiências internacionais apontavam na direção de aumentar o isolamento social, prestar auxílio financeiro para que a população fizesse a quarentena em casa, disponibilizar testagem ampla para evitar o contágio, apresentar experiências exitosas e informações seguras para tomada de decisão, auxiliar empresas em seus negócios e elaborar ações coordenadas por um gabinete de crise que prestasse informações claras, o governo brasileiro fez exatamente o oposto de tudo isso.

No início da pandemia, já se observou a descoordenação política entre união, estados e municípios com a medida provisória (MP) 926/20/03/2020, proposta por Bolsonaro, que dispunha de regulamentações sobre as medidas de emergência de saúde pública de importância internacional decorrente do coronavírus. Entre outras coisas, a MP propunha definir o que era essencial ou não, o que poderia abrir ou fechar. E as orientações iam de encontro com as regras de isolamento adotadas por todo o mundo naquele momento. Procurando evitar esse equívoco, o Supremo Tribunal Federal (STF) decidiu, no dia 15 de abril, por unanimidade, que estados e municípios poderiam tomar as medidas que achassem necessárias para combater a doença, como isolamento social, fechamento do comércio e outras medidas restritivas (AGÊNCIA BRASIL, 2020).

No dia 24 de março, aconteceu o famigerado pronunciamento do presidente em rede nacional de rádio e televisão, para falar especialmente sobre a pandemia. O pronunciamento durou pouco mais de 5 minutos e pegou grande parte da população de surpresa, inclusive conselheiros mais próximos do presidente. Houve informações de que o discurso foi escrito por um restrito grupo de auxiliares e que as demais áreas do governo não tiveram acesso (SOARES, 2020). Durante o discurso, o presidente falou como se mascasse pedras, com raciocínio desconexo e fora da realidade. O presidente declarou que a rotina do país deveria retornar ao normal e que a imprensa brasileira espalhou o pânico em torno do coronavírus.

Também criticou governadores por determinarem quarentena com fechamento de comércio e de fronteiras e questionou o motivo pelo qual escolas foram fechadas. Durante o pronunciamento, as panelas voltaram a soar nas varandas e janelas de todas as capitais brasileiras. E depois a internet ficou em polvorosa com ondas de críticas e piadas. Vale a pena deixar registrado um trecho desse discurso:

> No meu caso particular, pelo meu histórico de atleta, caso fosse contaminado pelo vírus, não precisaria me preocupar, nada sentiria ou seria, quando muito, acometido de uma gripezinha ou resfriadinho, como bem disse aquele conhecido médico daquela conhecida televisão.

Transcorridos os impactos do primeiro mês de pandemia, o esforço de cada brasileiro era de se proteger, de compreender a dimensão do que estava por vir e de pensar o futuro. Contudo, não houve desserviço maior do que a criação das ilusões do planalto. Em 10 de abril, o Brasil ultrapassou a marca de 1.000 óbitos por coronavírus, enquanto o mundo já batia a marca de 100.000. A doença já tinha se firmado em solo nacional, se espalhado sem controle por todos os estados e crescia com velocidade excessiva para o interior do país e o líder máximo da nação vai a público em 12/04/2020 dizer que "o vírus está indo embora". Criando o devaneio de que o governo trabalhava para combater o patógeno e que ele estaria controlado. Meses depois, o Brasil se tornaria o epicentro global da pandemia, com dezenas de milhares de mortos.

Mas talvez a desorientação mais perigosa tenha sido a prescrição de medicamento feito diretamente pelo presidente, que constrangeu todo o governo a se ajustar à orientação. No dia 26 de março, o presidente afirmou "a hidroxicloroquina tá dando certo contra a Covid-19". Essa afirmação foi feita sem nenhum embasamento científico e nenhuma segurança para os pacientes. Em junho, a Organização Mundial da Saúde (OMS) interrompeu os testes com o fármaco, após evidências indicarem que a mortalidade não era reduzida em nenhuma etapa do tratamento. Os ajustes no governo foram desde a adaptação dos laboratórios do Exército para produção do medicamento, passando pela demissão de dois ministros da saúde, até chegar à alteração do protocolo do uso do medicamento para que pudesse ser prescrito por médicos para qualquer fase da doença, inclusive como prevenção. Todavia, o uso do remédio não é prescrito nos hospitais sem que os pacientes assinem um Termo de Ciência e Consentimento isentando o poder público, o hospital ou o médico de qualquer equívoco.

Desse modo, o país inteiro se viu diante de uma grande contradição: de um lado, uma doença que é, ao mesmo tempo, negada ou minimizada e, de outro lado, um remédio milagroso que a curaria. Essa manobra de santo milagreiro e indicador de remédios de Bolsonaro não era nova. No ano de 2015, quando ainda era deputado, ele fez uma grande mobilização em favor da aprovação de uma substância de suposto valor no tratamento do câncer conhecida como Fosfoetanolamina (FOS). De acordo com Silva & Gonçalves (2020), o processo político da autorização do uso e da distribuição da FOS ocorreu durante o turbulento processo político de impeachment de Dilma Rousseff. O então deputado federal, além de ter seu nome entre os que escreveram a lei aprovada na Câmara dos Deputados e depois sancionada por Dilma, atuou como o grande promotor da FOS, produzindo vídeos e promovendo informação em suas redes sociais. Neles, Bolsonaro referia-se ao caráter messiânico da molécula, colocando-se como alguém que estaria atuando para garantir que todo brasileiro pudesse ter acesso ao ineficaz remédio (BOLSONARO, 2016).

Outra desorientação profunda é a guerra pelos dados da doença. Só saberemos no futuro, quando forem realizadas as checagens e comparações, o real abismo em que mergulhamos. Desde o início da pandemia, houve um esforço gigantesco para desacreditar as informações que eram passadas pelos boletins das secretarias de saúde e divulgados pela imprensa. É consenso para grande parte das pessoas esclarecidas do país a enorme subnotificação que houve em relação à doença, seja pela comprovação dos registros cartoriais dos óbitos, seja pelas novas covas sendo abertas às pressas e improvisadas nos cemitérios, seja pelas UTIs lotadas, seja pelo aumento expressivo de mortes por Síndrome Respiratória Aguda Grave (SRAG) diagnóstico que se confunde com a Covid, seja por câmaras frigoríficas sendo improvisadas para conservar corpos em algumas cidades. Apesar dessa hiper-realidade tão eloquente, o líder da nação por várias vezes foi a público questionar a verdade sobre as informações. No dia 27 de março, ele afirma, sem apresentar provas, ou argumentação convincente alguma: *"não estou acreditando nesses números"*. Se nos gabinetes dos palácios de Brasília a produção da mentira ganha ares de senso comum, nos *Whatsapp* de cada cidadão brasileiro, trancafiado em casa, brotavam inúmeras histórias inventadas de caixões com pedras, desabastecimento dos centros de distribuição de alimentos, depoimentos bolados para confundir, enganar e produzir o caos... Assim, a mentira se tornou política de Estado para convencer os mais incautos.

Para tentar oficializar a agência da farsa, no dia 05 de junho, numa sexta-feira, depois dos noticiários de óbitos se tornarem habituais e a experiência da morte estar presente na família de cada brasileiro (ou num vizinho ou num conhecido próximo), o Ministério da Saúde ameaçou não mais divulgar os dados sobre a quantidade de óbitos, sem nenhuma explicação plausível. Já no dia 07 de junho, domingo, arrumou uma grande confusão com os dados, divulgando informações diferentes, forçando inclusive a criação de um consórcio dos veículos de informação para agruparem os dados do CONASS (Conselho Nacional dos Secretários de Saúde) e apresenta-los, organizados, para todo país (RODRIGUES, 2020).

Mas essa estratégia da desinformação não é nova. Na década de 1970, o regime militar também tentou esconder uma grave epidemia de meningite que assolou parte do Brasil e que levou a óbito quase 2 mil pessoas. Analisando arquivos históricos, se tem notícia de que o governo trabalhava para censurar informações, como também espionar pessoas que dessem dados sobre a doença. Segundo relatos, a desorientação tinha dois objetivos: não alarmar a população e não manchar a imagem do governo que experimentava o auge do "milagre econômico" (MADEIRO, 2020).

Insensibilidade

A terceira característica a ser demonstrada é a grande insensibilidade de Bolsonaro em relação às grandes questões humanas de vida e de morte. Bolsonaro por muitas vezes demonstrou uma grande incapacidade de se emocionar, de experimentar sentimentos de afeição, de demonstrar amor, sentir piedade ou pena. Não foram raras as vezes em que o presidente da República se encontrou, durante a pandemia, fora dos microfones, rindo pelos cantos, fazendo suas piadas e levando a vida normalmente como se nada estivesse acontecendo. Um presidente bufão. Não houve durante os meses de pandemia nenhum movimento político, nenhuma orientação dos mecanismos de comunicação política, nem de ofícios palacianos, muito menos do chefe da nação para expressar pesar, tristeza ou luto pelas incontáveis mortes em todo país. Pelo contrário, houve sempre um esforço para que a economia retomasse seu curso normal e as atividades de todas as pessoas seguissem o fluxo como se nada estivesse acontecendo.

Bolsonaro, contrariando recomendações do seu próprio Ministério da Saúde e da OMS, no dia 29 de março, saiu para um passeio em cidades nos arredores de Brasília para encontrar com apoiadores e visitar populares. Movimento político claramente de afronta às recomendações vigentes. No passeio, ele disse: "Essa é uma realidade, o vírus tá *aí. Vamos ter que enfrentá-lo, mas* enfrentar como homem, porra, não como um moleque. Vamos enfrentar o vírus com a realidade. É a vida. Todos nós iremos morrer um dia".

Bolsonaro constrói para si a própria noção de realidade. Embriagado pelo poder, ele imagina poder fazer o que quer. Sai às ruas como se tudo estivesse normal, porque é o que ele quer. Abraça, tira fotos, pega na mão porque isso o alimenta e o faz sentir forte. Constrói, na sua própria realidade, uma forma de lidar com a pandemia, como homem e não como moleque. Faz a dualidade do forte e do fraco, do potente e do impotente. Quem se expõe é forte, quem se protege é fraco; quem sai de casa para trabalhar é forte; quem fica em casa esperando é fraco. Sustenta a ideia de inevitabilidade da morte, como se fosse algo comum, corriqueiro e não como se fosse um evento extraordinário na vida de alguém. Ao considerar isso, ele banaliza a própria vida. Não a sua, mas dos outros. A vida de

Bolsonaro está guardada, é assegurada pelos refinamentos do poder. Mas as vidas dos outros podem ser colocadas em risco, é moeda barata, vale pouco, precisa ser colocada à baila para servir ao mercado, precisa girar a economia.

No dia 20 de abril, um jornalista em frente ao Palácio do Planalto formulava uma pergunta para que Bolsonaro respondesse sobre as mais de 2000 mortes e 40 mil casos de Covid-19 que o país já acumulava. Ele interrompeu a pergunta de maneira brusca, respondendo assim: "Ô, ô, ô, cara. Quem fala de... eu não sou coveiro, tá?" O presidente fala que não é coveiro num tom jocoso e ríspido, como se o assunto da morte fosse apenas área de trabalho desse, para tentar se esquivar do assunto e cortar a pergunta. No entanto, um coveiro teria a ritualística do luto, tem em sua prática diária o ofício de como se portar diante da morte. Um coveiro sabe que as palavras são poucas, o riso é proibido, o tom alto é desnecessário. Bolsonaro, por sua vez, não tem a postura para tratar disso, simplesmente porque ele acha que não é com ele, a morte do outro não lhe afeta, não lhe diz respeito. Ele, como líder, não sente a morte dos seus concidadãos, e não tem a ritualística para tratar com elas. Mas a escalada de absurdos ainda teria uma página ainda mais grotesca.

No dia 28 de abril, Bolsonaro dá sua declaração mais ultrajante sobre os óbitos no Brasil. Ao ser questionário sobre as 5.000 mortes de brasileiros, ultrapassando a China, ele fala: "E daí? Lamento. Quer que eu faça o quê? Eu sou Messias, mas não faço milagre..." A expressão entraria para os livros de História como confissão de insensibilidade de um líder diante da tragédia e como a síntese de um país que historicamente não processa seus mortos.

Um luto coletivo teria o poder de unir um povo, de igualar a todos na mesma condição de humanidade e finitude, mas, diante da tragédia, um presidente que profere um grande "E daí?" como se nada tivesse a ver com ele, separa o povo de si mesmo, distancia os sentimentos e mostra todo desdém e repulsa pelo ser humano.

O Brasil historicamente é uma grande cova rasa para parte significativa de seu povo. Inicialmente, eram os índios enterrados aos milhares. Em seguida, milhões de negros africanos em quase quatro séculos de escravidão. Depois, os milhares de mortos por guerras e sedições internas em busca de liberdade e justiça social. Chegando ao século XX com uma ditadura militar que torturou mais de 20.000 pessoas e matou outras tantas. E chegamos aos nossos dias contabilizando mais 50.000 homicídios por ano, sem nos importar muito como resolver isso, nem mesmo responsabilizar os culpados. Bolsonaro é uma síntese histórica dos algozes que sempre contribuíram na direção dessas mortes. Ele foi forjado no exército brasileiro pela ala que glorifica os feitos da ditadura. Por isso a empáfia do "E daí?" faz todo sentido para o presidente.

A demonstração de sensibilidade na hora do luto teria a capacidade de unir a nação em torno de um mesmo sentimento de união que agregaria a todos na mesma condição de finitude, seria a prevalência da solidariedade contra o egoísmo. Respeitar o luto dos que se foram seria colocar todos no mesmo patamar de igualdade, afinal, todos estão sujeitos aos mesmos infortúnios. Semelhante a uma noção ampliada de política, um pacto social em que todos são colocados em equivalência e que precisam de laços de coesão para tudo fazer sentido. Mas isso seria exatamente o oposto de Bolsonaro, que procura ser indiferente, frio e não se importar. No entendimento de um líder menor, reconhecer as mortes pelo coronavírus e chorá-las lançaria luz sobre incompetência e incapacidade de gestão do governo. Seria escancarar o enorme despreparo para o trato da política. Seria aceitar a clarividência da realidade e a inevitabilidade da pandemia.

Desprezo pela vida

Uma das maneiras mais profundas da necropolítica se manifestar é por meio do desprezo pela vida. Para que o poder seja exercido nesse contexto, é preciso que haja dominação, exploração, expropriação e, em alguns casos, a eliminação de algumas pessoas. Em outras palavras, na necropolítica o medo, a desconfiança e desprezo pela vida são uma forma de poder que, em última análise, depende de algumas pessoas ameaçarem constantemente a vida de outras. Esse é o cenário que temos em grande medida em alguns territórios brasileiros.

Numa pandemia, tentar levar a vida como se nada estivesse acontecendo é colocar em risco quem menos tem possibilidades de se resguardar. Tentar levar a vida de forma corriqueira é demonstrar completa negligência ou menosprezo por aqueles que estão mais ameaçados e vulneráveis. No dia 7 de maio, o Brasil já contava mais de 140 mil infectados e 9 mil mortes. Metrópoles como Rio e São Paulo já estavam em quarentena. Avenidas de grandes cidades estavam desertas. O presidente, então, anunciou que faria uma festinha para comemorar seu aniversário. "Estou cometendo um crime. Vou fazer um churrasco no sábado aqui em casa. Vamos bater um papo, quem sabe uma peladinha...". Alguns dias depois, voltou atrás, vendo que a repercussão havia sido muito negativa, dizendo que a notícia era "*fake*".

No dia 26 de maio, o país já somava mais de 24.000 mortes. O Ministério da Saúde divulgou pela primeira vez a contagem de mais de 1000 mortes num espaço de 24 horas pela Covid. O presidente deixa clara sua predileção pela economia em relação à vida. E demonstra sua capacidade de levar a política para o plano biológico, da divisão da sociedade em subgrupos, e considera os valores impessoais de mercado mais importantes que a sobrevivência. O presidente diz:

> Não dá pra continuar assim. Nós sabemos que devemos nos preocupar com o vírus, em especial os mais idosos, quem tem doenças, quem é fraco, mas (sem) essa de fechar a economia. 70 dias a economia fechada? Até quando isso vai durar? Nós vamos enfrentar isso daí, eu lamento. Eu estou com 65 anos de idade, eu estou no grupo de risco".

A classificação das pessoas e a distinção entre elas nas formas de tratamento são consideradas racismo, e esse é o motor da necropolítica. Pois as diversas formas de racismo, em geral, são uma tecnologia que viabiliza o uso do poder. E oportuniza quem está na posição de poder subdividir uma população em subespécies, para designá-las em termos de um substrato biológico, como Bolsonaro fez ao considerar os mais idosos, e para sustentar um conjunto de relações dinâmicas nas quais a exclusão, o desprezo ou a morte daqueles que são considerados "inferiores". Além dos idosos, o que se viu até o momento na pandemia é que outros subgrupos como de negros e pobres morrem em média 40% mais do que brancos e ricos (VIÑAS et al, 2020).

Outro ponto a se destacar no desprezo pela vida é a flexibilização do acesso a armas e munições no Brasil num curto período de tempo (ALESSI, 2020). Se existe um consenso nos estudos de segurança pública, seja de qualquer orientação política, é que quanto mais armas disponíveis para população, maiores serão os índices de criminalidade. Contudo, durante o período de governo decorrido até agora (novembro de 2020) houve um grande esforço para aumentar o número de armas e munições na população. Tanto que na fatídica reunião ministerial de 22 de abril, que veio à tona para todo Brasil, em uma das partes o presidente exige: "Eu quero todo mundo armado". Naquele momento, ele estava mais preocupado com o aumento da insatisfação popular e esperava uma reação de suas milícias políticas armadas espalhadas pelo Brasil que precisavam estar armadas.

A noção de necropolítica, de acordo com Mbembe (2016), pode explicar de várias maneiras pelas quais, atualmente, as armas de fogo são usadas para maximizar a destruição das pessoas e criar "mundos de morte", uma nova e única forma de existência social, nas quais parte da população está submetida ao medo e a ameaça constante de perda da vida, conferindo a esses indivíduos o status de "mortos-vivos". Como, por exemplo, é o caso de jovens, negros, moradores de favelas e envolvidos com o tráfico de drogas, que contam os dias para que suas vidas lhes sejam retiradas.

Um presidente como síntese histórica do Brasil

Termino esse texto no início de agosto de 2021 e o país conta em seus registros oficiais mais de 557.223 mortos pela Covid-19. No início da pandemia, ficávamos perplexos por receber informações e imagens de países europeus que contavam 400, 500, 600 óbitos por dia. Sentimos a dor deles, nos compenetramos. As mortes começaram por aqui e foram escalando lentamente até acelerar. Mantivemos por mais de 3 meses uma média móvel de 1000 (mil) óbitos por dia, numa curva persistente num longo platô. Com o tempo, nos anestesiamos com a quantidade de óbitos e passamos a importar cada vez menos com os óbitos brasileiros. Afinal de contas, temos o peso dos séculos de mortes não processadas, de lutos não vividos, de almas não convertidas em memória. Vivemos um grande trauma nacional, com uma experiência forte e cheia de dor. Ao mesmo tempo, carregamos os mortos e um presidente bufão em relação à situação. Tudo isso se sobrepõe à nossa capacidade de digerir o sofrimento.

"Em que circunstâncias é possível lamentar uma vida perdida?" Se considerarmos a condição humana, todas as mortes deveriam ser lamentadas. Mas, no tempo da necropolítica, no qual a morte ou o medo dela se torna espetáculo e produto de consumo, ela vira meme, como no caso dos dançarinos de velório de Gana, e não a processamos como deveríamos. O presidente Jair Bolsonaro, com sua constituição humana, com sua formação militar capenga e com seu crescimento político irrefletido é somente uma síntese histórica do Brasil, de suas relações de dominação e de desigualdades sustentadas desde sua fundação até os dias atuais.

Referências

ALESSI, Gil. Registro de novas armas no Brasil explode em 2020 em meio à alta de homicídios. *El País*, Brasil, 27 de julho de 2020. Disponível em: https://brasil.elpais.com/brasil/2020-07-27/numero-de-novas-armas-registradas-no-brasil- explode-em-2020-em-meio-a-alta-de-
homicidios.html Acessado em 15 de julho de 2020.

AZEVEDO, Reinaldo. No recorde de mortes, Bolsonaro libera fuzis do Exército para a subversão. *UOL*. São Paulo. 05 de junho de 2020. Disponível em: https://noticias.uol.com.br/colunas/reinaldo-azevedo/2020/06/05/no-recorde-de-mortes-bolsonaro-libera-fuzis-do-exercito-para-a-subversao.htm Acessado em 15 de outubro de 2020.

BOLSONARO, C. Bolsonaro – luta contra o câncer. Portal Youtube, 2016. Disponível em:https://www.youtube.com/watch?v=zeBL-2n9knCY Acesso em: 24 set. 2020.

BUTLER, Judith. "De quem são as vidas consideradas choráveis em nosso mundo público?". *El País*, Brasil, 20 de julho de 2020. Disponível em: https://brasil.elpais.com/babelia/2020-07-10/judith-butler-de-quem-sao-as-vidas-consideradas-choraveis-em-nosso-mundo-publico.html Acessado em 17 de outubro de 2020.

CANZIAN, Fernando. Falas de Bolsonaro contra isolamento podem ter matado mais seus eleitores, aponta estudo. *Folha de S.Paulo*, São Paulo, 30 de junho. de 2020. Disponível em: https://www1.folha.uol.com.br/equilibrioesaude/2020/06/ falas-de-bolsonaro-contra-isolamento-podem-ter-matado-mais-seus-eleitores-aponta-estudo.shtml Acessado em 15 de outubro de 2020.

FARFAN, Tainá. Governo muda protocolo e autoriza hidroxicloroquina para casos leves de Covid-19. *CNN*, Brasil. 20 de maio de 2020. Disponível em: https://www.cnnbrasil.com.br/saude/2020/05/20/governo-muda-protocolo-e-autoriza-hidroxicloroquina- para-casos-leves-de-covid-19 Acesso em 15 de outubro de 2020.

GARCIA, Diego. 'Efeito Bolsonaro' sobre alta nos casos de coronavírus surpreende pesquisadores: Estudo mostra que coronavírus causa mais estragos nos municípios mais favoráveis ao presidente. *Folha de S. Paulo*, São Paulo, 12 de outubro. de 2020. Disponível em: https://www1.folha.uol.com.br/mercado/2020/10/efeito-bolsonaro-sobre-alta-nos-casos-de- coronavirus-surpreende-pesquisadores.shtml Acessado em 15 de outubro de 2020.

GRAGNANI, Juliana. Coronavírus: Falta de empatia de Bolsonaro com mortes por covid-19 parece psicopatia, diz psicanalista Maria Rita Kehl. *BBC*. Londres. 08 de junho de 2020. Disponível em: https://www.bbc.com/portuguese/brasil-52943574 Acessado 15 de outubro de 2020.

LIMA, Fátima. Bio-necropolítica: diálogos entre Michel Foucault e Achille Mbembe. *Arq. bras. psicol.*, Rio de Janeiro; v. 70,n. spe,p. 20-33, 2018. Disponível em: http://pepsic.bvsalud.org/scielo.php?script=sci_arttext&pid=S1809-52672018000400003 Acessado em 21 oct. 2020.

MADEIRO, Carlos. Como a ditadura militar tentou esconder epidemia de meningite no Brasil. *UOL*. São Paulo. 14 de junho de 2020. Disponível em: https://noticias.uol.com.br/politica/ultimas-noticias/2020/06/14/como-a-ditadura-militar-tentou-esconder-epidemia-de-meningite-no-brasil.htm Acessado em 15 de outubro de 2020.

MATTEDI, Marcos Antonio; PEREIRA, Ana Paula. Vivendo com a morte: o processamento do morrer na sociedade moderna. *Cad. CRH*, Salvador, v. 20, n. 50, p. 319-330, Aug. 2007. Available from https://www.scielo.br/j/ccrh/a/6dwBVkwTPWVFdZK3W8ZH5vJ/ Accessado em 17 oct. 2020.

MBEMBE, Achille. Necropolítica. *Revista do PPGAV*. Escola de Belas Artes – Universidade Federal do Rio de Janeiro. Rio de Janeiro. | n. 32 | dezembro 2016.

MBEMBE, Achille. *Políticas da inimizade*. Lisboa: Antígona. 2017.

POGREBINSCHI, Thamy. Foucault, para além do poder disciplinar e do biopoder in "*Lua Nova*", n. 63, 2004.

RICHTER, André. STF: estados e municípios podem fazer ações contra covid-19 sem União. *Agência Brasil*, 15 de abril de 2020. Disponível em: https://agenciabrasil.ebc.com.br/justica/noticia/2020-04/ stf-estados-e-municipios-podem- fazer-acoes-contra-covid-19-sem-uniao Acessado em 15 de outubro de 2020.

ROCHA, Lucas. Coronavírus: Assessora de Guedes enxergava morte de idosos como positiva para "reduzir déficit previdenciário". *Revista Fórum*. Curitiba. Brasil. 26 de maio de 2020. Disponível em: https://revistaforum.com.br/politica/ coronavirus-assessora-de-guedes-enxergava-morte-de-idosos-como-positiva-para- reduzir-deficit-previdenciario/ Acessado 10 de outubro de 2020.

RODRIGUES, Fernando. Jornais se unem para dar transparência a dados de covid-19 no Brasil. 08 de junho de 2020. *Poder 360*. Brasília, Brasil. Disponível em: https://www.poder360.com.br/midia/jornais-se-unem-para-dar-transparencia-a- dados-de-covid-19-no-brasil/ Acessado dia 15 de outubro de 2020.

SALLES, João Moreira. A morte e a morte: Jair Bolsonaro entre o gozo e o tédio. *Revista Piauí*. Junho de 2020. Disponível em: https://piaui.folha.uol.com.br/materia/ a-morte-no-governo-bolsonaro/ Acessado em 15 de outubro de 2020.

SOARES, Jussara. Bastidores: Discurso de Bolsonaro foi feito com a ajuda de Carlos e o "gabinete do ódio". *O Estado de São Paulo* (*Estadão*), São Paulo, 24 de março de 2020. Disponível em: https://politica.estadao.com.br/noticias/ geral,bastidores-pronunciamento-de-bolsonaro- foi-feito-com-ajuda-de-carlos-e-gabinete-do-odio,70003246733 Acessado em 15 de outubro de 2020.

SOUZA, Jessé. O afeto racista como virtude no Brasil de Bolsonaro. *El País*, Brasil, 13 de maio de 2020. Disponível em: https://bityli.com/iae2C Acessado em 15 de outubro de 2020.

VERDÉLIO, Andreia. Bolsonaro faz reunião virtual com presidente da Fiesp e empresários. *AGÊNCIA BRASIL*, 14 de maio de 2020. Disponível em: https://agenciabrasil.ebc.com.br/economia/noticia/2020-05/bolsonaro-faz-reuniao-virtual-com-presidente-da-fiesp-e-empresarios Acesso 15 de outubro de 2020.

VIÑAS. Diego. DURAN, Pedro. CARVALHO, Júlia. Morrem 40% mais negros que brancos por coronavírus no Brasil.*CNN*. São Paulo. Brasil. 05 de junho de 2020. Disponível em: https://www.cnnbrasil.com.br/saude/2020/06/05/negros-morrem-40-mais-que -brancos-por-coronavirus-no-brasil Acessado 29 de out. 2020.

POLÍTICAS PÚBLICAS: CONTEXTOS, ORIENTAÇÕES E ALTERNATIVAS

BOLSONARO E A PECULIAR AGENDA DE SEGURANÇA PÚBLICA

Valéria Cristina de Oliveira
Ludmila Ribeiro

Falar sobre o presente ou o futuro da segurança pública no Brasil parece um *déjà vu*. Um filme com cenas que se repetem, mesmo quando protagonizadas por atores diferentes ou escritas por novos roteiristas. Temos sempre o mesmo desfecho: um Estado ineficiente em proteger a vida e outros direitos fundamentais da população, mas prometendo uma solução mágica para "acabar com a criminalidade". Essa repetição gera um incômodo que mobiliza mentes e corações de gestores, pesquisadores, políticos e eleitores que indagam: por que a segurança pública não se consolidou como uma política séria no país?

Mesmo iniciativas bem-sucedidas, parecem ter data para acabar e tendem a ser seguidas por políticas violentas que, de maneira contraditória, tentam superar os problemas gerados pela própria violência (CARNEIRO, 2010). Isso sugere que o nó da segurança pública está localizado em camadas mais profundas. Em que pese o desenvolvimento de um vigoroso campo de pesquisas e reflexões sobre o tema, a segurança no Brasil possui um vício de origem: ela não se formou para ser, de fato, pública (orientada para a proteção de todos). Ela foi concebida e continua sendo executada como uma política engendrada prioritariamente a partir de táticas de guerra e de enfrentamento (SOUZA; SERRA, 2020), tendo como opositor preferencial o jovem, negro e periférico (SCHWARCZ, 2019).

Surgido na "Constituição Cidadã" (BRASIL, 1988), o desenho institucional de segurança pública não resolveu o imbróglio federativo criado na Carta Magna de 1961 porque tal política permaneceu sob a responsabilidade das polícias estaduais sem uma clara coordenação federal (COSTA; LIMA, 2014). A CF/1988 trouxe para o jogo as Guardas Civis Municipais, mas sem atribuí-las um papel específico e, em 2019, incluiu no rol da segurança pública as Polícias Penais (antigos agentes prisionais), multiplicando os funcionários públicos armados com "poder de polícia". Em suma, o texto constitucional reflete a dificuldade em romper com o modelo de segurança nacional, que vê no sujeito portando a arma de fogo a principal forma de provisão da segurança pública, uma doutrina herdada das Forças Armadas em suas funções de defesa da Soberania Nacional (FREIRE, 2009).

O governo Bolsonaro se apropriou destas arestas não aparadas com o nosso passado autoritário para emplacar uma agenda voltada para a defesa nacional e armamento da população (SOARES, 2019). Neste texto, procuramos contar um pouco desta história, resgatando as políticas de segurança pública do executivo federal desde a redemocratização e analisando em que ponto estamos na atual gestão.

O que fizeram os governos anteriores

Após a Constituição de 1988 foi necessária quase uma década e algumas crises (como o escândalo da Favela Naval)[47] para que houvesse a criação da Secretaria de Planejamento de Ações Nacionais de Segurança Pública em 1997, no âmbito do governo Fernando Henrique Cardoso. Mais tarde, ela foi transformada em Secretaria Nacional de Segurança Pública (Senasp), tendo como função principal induzir políticas nacionais voltadas à temática (MADEIRA; RODRIGUES, 2015).

O primeiro Plano Nacional de Segurança Pública (I PNSP) viria alguns anos mais tarde, em 2000, a reboque do assalto ao ônibus 174[48]. Para garantir a adesão dos estados e municípios ao Plano, foi criado o Fundo Nacional de Segurança Pública, que financiou programas e projetos alinhados com as diretrizes do I PNSP. A Senasp tinha bastante recursos para empregar nos estados e municípios e os utilizou para induzir a adesão das polícias, secretarias e guardas municipais ao discurso da prevenção, do policiamento comunitário e da gestão baseada em evidências, com uso de dados estatísticos e inteligência de segurança (BURLAMAQUI, 2020).

Já nos primeiros momentos da gestão de Luiz Inácio Lula da Silva, continuando o que pareceria ser uma trajetória promissora, foi criado o II Plano Nacional de Segurança Pública (2003), que promoveu a

[47] Em 31 de março de 1997, o Jornal Nacional exibiu uma reportagem que mostrava as ações ilegais de policiais militares na favela Naval, localizada em Diadema (São Paulo). No vídeo, as cenas de corrupção, brutalidade e até mesmo letalidade em blitz de trânsito mostravam o modus operandi da corporação junto às camadas mais pobres da população. A repercussão dessas imagens foi tamanha que o governador de São Paulo e próprio presidente da república se viram compelidos a anunciar o um plano de reforma das polícias militares de maneira a coibir esse tipo de ação. Para mais informações: https://www1.folha.uol.com.br/fol/geral/ge01041.htm. Acesso em: 05 jan. 2021.

[48] Em junho do ano 2000, na cidade do Rio de Janeiro, Sandro Barbosa do Nascimento invadiu um ônibus da linha 174 que foi interceptado pela Polícia Militar na Rua Jardim Botânico. Alguns passageiros, motorista e trocador conseguiram escapar, mas Sandro manteve inicialmente 10 reféns sob a mira da sua arma e de suas ameaças. Com a cobertura em tempo real de emissoras de TV e outros veículos de imprensa, o sequestro durou mais de 5 horas com o desfecho trágico em que o policial do Batalhão de Operações Especiais (BOPE), Marcelo Oliveira dos Santos, disparou contra o sequestrador que já se encontrava fora do ônibus, mantendo a última refém, Geisa Firmo Gonçalves, como um "escudo humano". O tiro que saiu da arma do policial foi fatal para Geisa, que ainda recebeu outros três disparos da arma de Sandro. O sequestrador também faleceu, mas a causa da morte foi asfixia, provocada pelos próprios policiais, na viatura, depois da operação mal sucedida. Os policiais foram a júri popular em 2002, mas foram absolvidos. Para mais informações: https://memoriaglobo.globo.com/jornalismo/coberturas/sequestro-do-onibus-174/. Acesso em: 30 dez. 2020.

articulação das políticas de segurança pública por meio da metodologia de Gabinetes de Gestão Integrada (GGIs) em nível municipal, estadual e federal (SOARES, 2007). O investimento em pesquisas, a formação dos profissionais e a produção de dados também marcaram o modo de fazer segurança pública naquele momento (COSTA; LIMA, 2014).

O aprendizado de quatro anos resultou na criação do Programa Nacional de Segurança com Cidadania, o Pronasci (BRASIL, 2007), cujos recursos e mecanismos de gestão visavam uma atuação integrada entre os entes federados com foco em áreas com elevada criminalidade. A reboque do Pronasci, proliferavam projetos em todo o Brasil, alguns bem-sucedidos, como o Pacto pela Vida, em Pernambuco, e até mesmo, nos primeiros anos, as Unidades de Polícia Pacificadora, no Rio de Janeiro (KOPITTKE; RAMOS, 2020).

Mesmo com tanto investimento, a maior parte dessas iniciativas perdeu vigor alguns anos depois. Dois são os fatores que contribuíram para essa descontinuidade. Por um lado, a ausência de propostas voltadas para as reformas institucionais das polícias, que continuaram violentas e fragmentadas (MADEIRA; RODRIGUES, 2015, p. 13). Por outro lado, o abandono da agenda de segurança pública pelos presidentes que se seguiram, que viam nesta agenda um tema espinhoso, que deveria ser deixado nas mãos dos estados para não comprometer o capital político do governo federal (KOPITTKE; RAMOS, 2020). Em ambos os mandatos Dilma, os planos de segurança ficaram só no papel. Michel Temer procurou dar algum prestígio à área, criando o Ministério da Segurança Pública no começo de 2018[49], e, no apagar das luzes de seu mandato (mais especificamente em 26 de dezembro de 2018), assinando o decreto 9.630 que instituía o Plano Nacional de Segurança Pública e Defesa

[49] A criação do Ministério de Segurança Pública se deu em um cenário de crescimento dos indicadores de criminalidade violenta (FBSP, 2019) aliado à escassez de recursos financeiros nos estados. Isso fez com que crescesse a pressão de governadores e do Congresso, especialmente da chamada "bancada da bala", composta majoritariamente por profissionais de segurança pública, para uma participação mais ativa do governo federal na área. Além da criação da pasta, essa atuação se concretizou por meio de medidas como o emprego das Forças Armadas em operações de Garantia da Lei e da Ordem (GLO), como aquelas que operacionalizaram a intervenção federal no estado do Rio de Janeiro ao longo do ano de 2018 e da retomada do mal sucedido projeto do Sistema Único de Segurança Pública (Susp). Para saber mais, ver: "Muniz, J.; Patrício, L; Tal como foi aprovado o SUS da segurança pública vai trazer avanços no combate à criminalidade? Não.", 2018. Disponível em: https://www1.folha.uol.com.br/opiniao/ 2018/06/tal-como-foi-aprovado-o-sus-da-seguranca-publica- vai-trazer-avancos-no-combate-a-criminalidade-nao.shtml. Acesso em: 30 dez 2020.

Social (BURLAMAQUI, 2020). Não é preciso dizer que tais ações jamais saíram do papel.

A violência não cedeu. Ou pelo menos os números de redução da criminalidade não se mantiveram em baixa ao longo da década de 2010. Em 2011 o país registrou uma taxa de 24,5 mortes violentas intencionais a cada 100.000 habitantes. Esse número continuou a crescer até o ano de 2017, quando alcançou o recorde de 64.021 vidas perdidas, que representaram uma média de 30,8 mortes por 100.000 brasileiros (FBSP, 2019). Com tanta violência, cresceu a sensação popular de que, apesar de muitos esforços, os governos (federal, estaduais e municipais) seguiram "enxugando gelo" e, por vezes, sendo lenientes com quem comete crimes (SOUZA; SERRA, 2020). Esse pode ter sido o elemento central para que uma parte da população fosse seduzida pelas ideias de um certo capitão.

O plano de governo do candidato já apontava sua linha de ação: "enfrentar o crime e cortar a corrupção" (BOLSONARO, 2018, p. 22). Outros *slogans* como "Prender e deixar na cadeia salva vidas!" (BOLSONARO, 2018, p. 30), para se referir a propostas como o fim da progressão de regime, davam o tom do que se desenharia, caso fosse eleito. A revisão do Estatuto do Desarmamento e a redução da maioridade penal para 16 anos também compunham tal Projeto Fênix (BOLSONARO, 2018). Apresentadas de forma errática, com linguagem acessível e coloquial, tais propostas tornaram-se as principais estratégias do governo que teve início em janeiro de 2019.

Da campanha de Bolsonaro para cá, a agenda da segurança pública, tal como anunciada no Projeto Fênix, vem sendo implementada com energia[50], ainda que o crime e a violência não tenham arrefecido, como previa o plano de governo (FBSP, 2020). E isso não ocorre por estelionato eleitoral, mas porque o prometido não garante a segurança das pessoas no cotidiano das grandes cidades. A agenda que está sendo executada se aproxima mais do paradigma da segurança nacional, marcada por

---

[50] Para alguns especialistas, não há que se falar em agenda da segurança pública porque inexiste um plano de governo articulado (LIMA, 2019). O que se tem é, por um lado, uma série de medidas, inicialmente previstas no Pacote Anticrime, encaminhado ao congresso no começo de 2019 e transformado na lei 13.964 em dezembro daquele, mas com algumas propostas derrotadas (como a excludente de ilicitude para os policiais que matam). Por outro lado, o presidente conseguiu algumas vitórias em termos de flexibilização do acesso às armas por meio de decretos presidenciais, reforçando junto à sua base seu empenho pessoal nesta temática (INSTITUTO IGARAPÉ; INSTITUTO SOU DA PAZ, 2019).

discurso e prática de guerra ao cidadão que não é "de bem" (o bandido) em detrimento da verdadeira segurança pública[51]. Essa tendência não se limita ao governo federal, posto ser também produto de uma demanda que se consolidou nos últimos anos por meio do discurso sedutor da chamada extrema direita (SOLANO et. al, 2018). O que o governo Bolsonaro tem viabilizado é o avanço do processo de militarização da segurança pública que, sob o argumento da pacificação, tem promovido "o uso "justificado" da violência estatal, a restrição a direitos das "minorias", a repressão a movimentos sociais e a censura a práticas democráticas de manifestação da sociedade civil na esfera pública" (RODRIGUES; MACIAL, 2020, p. 19). Ela se sustenta na proteção de interesses particulares, como o das Forças Armadas, das polícias e de grupos como a indústria de armas e munições. Além, é claro, de mobilizar o aparato da segurança em benefício das finalidades políticas.

[51] Como argumenta Schwarcz (2019), essa política de segurança pública de enfrentamento tem sido capitaneada por Bolsonaro, mas não é uma especificidade do presidente, posto ser uma característica estruturante do autoritarismo brasileiro. Seria por essa razão que as mortes violentas de negros aumentam, enquanto os brancos são cada vez mais blindados a esse tipo de violência, como indicam os dados do Anuário Brasileiro de Segurança Pública (FBSP, 2020).

Unindo o que temer separou

Ao ser eleito o 38º Presidente da República Federativa do Brasil, uma das primeiras medidas de Jair Bolsonaro foi convidar o juiz federal Sérgio Moro, conhecido pela atuação orientada politicamente no âmbito da Operação Lava-Jato, que resultara na exclusão do ex-presidente Lula do pleito eleitoral (KERCHE; FÉRES JÚNIOR, 2018). Moro parecia ser o "Posto Ipiranga" da segurança pública, em uma alusão ao modo como, desde a campanha, o então candidato se referia ao futuro Ministro da Economia, Paulo Guedes.

Para garantir o pronto aceite do encargo, Bolsonaro prometeu a Moro fundir as pastas divididas no período anterior, quais sejam, justiça e segurança pública. Interessante notar que um Ministério exclusivo para a segurança pública era visto como o único legado "positivo" do governo Temer para a área. Como esse arranjo não sobreviveu à transição, foi considerado o primeiro revés do governo Bolsonaro na segurança pública.

Atualmente, como foi na maior parte da história do Ministério da Justiça (hoje também da Segurança Pública), os assuntos relacionados à segurança pública se concentram na Senasp. Há, assim, apenas um órgão encarregado de temáticas muito diversas, como a prevenção à violência e à criminalidade, pesquisa, formação continuada, inteligência de segurança pública, coordenação da Força Nacional e integração das forças de segurança nos estados e municípios. Tal mudança, por si só, já sinalizava qual seria a relevância da pauta no governo, que se concentrou na política armamentista como resposta para o crime. Mesmo assim, é possível constatar a frustração das expectativas dos eleitores em relação às despesas em segurança pública, que caíram 3,8% entre 2018 e 2019 (FBSP, 2020).

Apesar de contar com o apoio dos policiais brasileiros na candidatura e na condução do governo, ao ceder às exigências de Moro para assumir o Ministério, Bolsonaro retirou das polícias a possibilidade de ter um lugar mais definido na agenda governamental, ou de serem reconhecidas como órgãos indispensáveis à segurança, ao invés de subsidiárias às funções de justiça. Com a saída do ministro em abril de 2020, o debate sobre um ministério específico para a área volta à tona e, apesar de ser visto com bons olhos, pode representar somente um artifício para agradar à base de apoio do presidente e não uma medida bem planejada.

Enquanto os militares foram inseridos no alto escalão, a presença das polícias estaduais, apesar de intensa, ficou em segundo lugar num *rank* de prestígio ocupacional (RODRIGUES; MACIEL, 2020). Ao longo de 24 meses de governo, Bolsonaro procurou contemplar a pauta policial com o aumento do armamento e com a inserção do excludente de ilicitude no pacote anticrime. Apostar na criação do Ministério da Segurança Pública parece ser mais uma dessas estratégias. Basta lembrar que essas tratativas não incluem a elaboração de um Plano Nacional de Segurança e, nem mesmo, as discussões sobre a reforma das polícias, sobre a desmilitarização ou o fortalecimento dos mecanismos de controle contra a violência policial, medidas importantes para, inclusive, aprimorar o trabalho desses profissionais.

O país das armas de bolsonaro

Muito além do famoso gesto de arma com as mãos, símbolo da campanha bolsonarista à presidência, a pauta armamentista foi a agenda que mais avançou no atual governo. Nos primeiros dias da gestão, o presidente assinou o Decreto 9.685 sobre registro, posse e comercialização de armas de fogo e munição (BRASIL, 2019). Entre as mudanças mais expressivas, ele (des)qualificava a efetiva necessidade para a aquisição de armas de fogo. Vários agentes públicos foram descritos como parte do grupo que poderia adquirir armas de fogo e portá-las cotidianamente. A eles se juntaram os residentes em áreas rurais e urbanas localizadas em estados com mais de dez homicídios por cem mil habitantes, no ano de 2016 (o que, na prática, era qualquer estado da federação), os responsáveis por estabelecimentos comerciais ou industriais, e colecionadores, atiradores e caçadores, registrados no Exército.

Esse foi o primeiro movimento num jogo caótico de normas relativas às armas e munições no Brasil. A normativa de janeiro foi revogada em maio de 2019 pelo Decreto 9.785/19 (BRASIL, 2019b), seguido de outros treze decretos. Ao todo, até o final de 2020, foram "onze decretos, uma lei e quinze portarias do Exército que descaracterizaram o Estatuto, geraram incentivos à disseminação às armas de fogo e munição, e impuseram obstáculos à capacidade de rastreamento de munição utilizada em crimes" (CERQUEIRA et al, 2020, p. 11).

Em 2021, contudo, às vésperas de um carnaval já atípico pelas medidas de restrição à circulação adotadas no país para conter a disseminação do novo coronavírus, o governo federal editou outros quatro decretos sobre o mesmo tema (BRASIL, 2021, BRASIL, 2021b, BRASIL, 2021c, BRASIL, 2021d). O conteúdo implica a alteração de pontos específicos do ordenamento jurídico, de maneira a garantir mudanças como a ampliação do limite de armas que podem ser adquiridas pelo cidadão comum, passando de quatro para seis (BRASIL, 2021b) e a retirar de uma série de armas e munições da lista de Produtos Controlados pelo Exército (PCE) (BRASIL, 2021).

Os interesses eleitoreiros são muito evidentes neste sentido. Basta verificar que os caçadores, atiradores e colecionadores (CAC), que compõem uma base importante do presidente, foram bastante contemplados, especialmente pelo Decreto 10.629/2021, que flexibiliza as regras para a obtenção do laudo de capacidade técnica para o manuseio de arma de fogo (que pode ser substituído por uma declaração de habitualidade que comprove a participação em treinamentos e competições) e ainda permite a aquisição de um número superior de cartuchos para cada arma de uso restrito (de 1.000 para 2.000) (BRASIL, 2021c).

É importante salientar que várias dessas regulamentações (decretos e portarias) não perduraram no tempo. Algumas delas foram revogadas pelo próprio presidente depois do seu anúncio. Outras foram objeto de questionamento pelo Poder Legislativo ou Judiciário, que acabaram por minar a sua viabilidade. Por exemplo, desde março de 2021, o Supremo Tribunal Federal está analisando a constitucionalidade desses decretos publicados no carnaval por meio das Ações Diretas de Inconstitucionalidade (ADIs) 6675, 6676, 6677 e 6680[52]. Logo, a Figura 1 apresenta um sumário dos decretos e portarias editadas entre janeiro de 2019 e março de 2021, de acordo com a sua situação no momento atual.

52 Este texto foi finalizado no mês de março de 2021 e, naquele momento, o Supremo Tribunal Federal julgava a Ação Direta de Inconstitucionalidade 6675 apresentada pelo Partido Socialista Brasileiro (PSB) questionando a constitucionalidade dos quatro decretos. O relator do processo, Ministro Edson Fachin, julgou inconstitucionais os atos normativos, porém, o julgamento foi interrompido em 12/03/2021 em função de um pedido de vistas da ministra Rosa Weber, relatora dos demais pedidos de ADIs relacionados aos decretos de armas, peticionados pelos seguintes partidos: Rede Sustentabilidade (ADI 6676), Partido dos Trabalhadores (ADI 6677) e Partido Socialismo e Liberdade (ADI 6680). Portanto, é possível que na ocasião da publicação deste capítulo, tais decretos já tenham sido revogados ou alterados por outras normas. Para acessar a ADI: https://portal.stf.jus.br/processos/detalhe.asp?incidente=6111946.

Figura 1 – Leis, resoluções, decretos e portarias relacionados a armas e munições publicados pelo Governo Federal – Brasil, janeiro/2019 a março/2021.

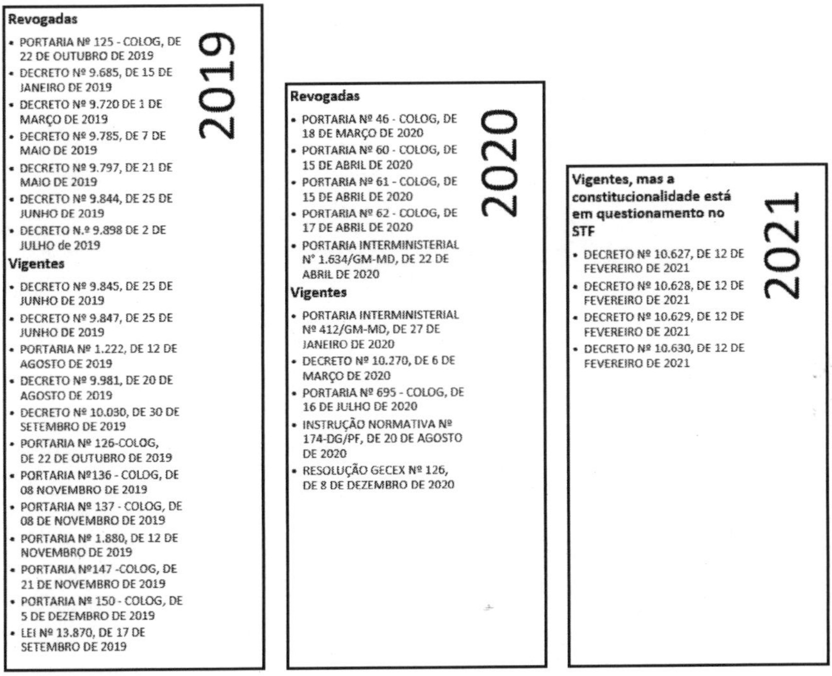

Fonte: Elaboração própria

As portarias e atos normativos que visam tornar práticas as decisões descritas em outros instrumentos, também foram mecanismos acionados na construção da política armamentista. Foram sete, mas quatro também foram revogadas. As três primeiras foram publicadas pelo Comando Logístico do Exército (BRASIL, 2020; 2020b, 2020c) e previam avanços em relação ao controle das munições e armas adquiridas no país. Não foram mantidas justamente por serem restritivas e romperem as expectativas do governo em sua política de enfraquecimento do Estatuto do Desarmamento (BRASIL, 2003).

A Portaria Interministerial n. 1634 conta uma história diferente, remetendo às constrangedoras cenas da reunião ministerial de 22 de abril de 2020, divulgada em função da denúncia do ex-ministro Sérgio Moro da intervenção de Bolsonaro na Polícia Federal. Na ocasião, o presidente insistiu com os Ministros da Defesa e da Justiça para que assinassem "essa portaria", sendo enfático ao falar sobre o papel do armamento da população para conter as alegadas violações de direitos por parte dos governadores e prefeitos nas medidas de controle do novo coronavírus. A tal portaria foi assinada pelos ministros e, entre outras coisas, garantia que um civil pudesse adquirir até 600 munições ao ano por arma registrada (BRASIL, 2020d)[53]. Foi revogada por intervenção da sociedade civil, mas expõe a sanha armamentista do atual governo (INSTITUTO IGARAPÉ; INSTITUTO SOU DA PAZ, 2019).

E, como não poderia deixar de ser, esse desejo por armar a população responde também às demandas de um grande mercado produtor de armas. Em dezembro de 2020, no apagar das luzes de um ano em que a Covid-19 encerrou a vida de mais de 190.000 brasileiros, o Comitê Executivo de Gestão da Câmara de Comércio Exterior (Gecex) publicou uma resolução que previa a eliminação da alíquota do imposto de importação de revólveres e pistolas a partir de janeiro de 2021 (BRASIL, 2020d). A resolução foi revogada por liminar do Ministro do Supremo Tribunal Federal (STF) Edson Fachin, após pedido do Partido Socialista Brasileiro (PSB). A discussão será retomada em 2021 com análise em Plenário do STF, porém, mais uma vez, o movimento do governo não deixa dúvidas de quais são as suas pretensões: facilitar a circulação de armas de fogo no país para manter seus compromissos com profissionais de segurança, com a indústria armamentista e com o "cidadão de bem", esperançoso de que a posse (e o porte) de armas possam aumentar sua proteção – e a de sua família - contra a criminalidade.

A verdade é que nunca, em tão pouco tempo, foram publicadas – e revogadas – tantas normas a respeito do porte, posse, registro e (des)controle de armas de fogo e munições no Brasil. Se 2019 foi o ano dos decretos, 2020 foi o ano das portarias e, provavelmente, em 2021 será o momento de aprovar leis para sepultar de vez o Estatuto do Desarmamento – já que as portarias estão agora na mira do STF. Por detrás do interesse em armar a população, se encobre um presidente comprometido com as vantagens prometidas pela indústria armamentista (uma das financiadoras de sua campanha) e pouco preocupado com a prevenção à criminalidade, como indica a história da aprovação do pacote anticrime.

---

[53] O governo Bolsonaro já havia ampliado para 200 o limite de munições adquiridas por civil, dado que em 2018 esse limite era de 50 unidades.

O pacote anticrime de moro

Assumindo a pasta da Justiça, o então juiz Sérgio Moro agradou bastante a população que elegeu Bolsonaro com o discurso de "tolerância zero". Uma de suas primeiras medidas foi encaminhar ao Congresso o "Pacote Anticrime" (MJSP, 2019), que reunia alterações na legislação penal e eleitoral trazendo, segundo ele, avanços para o funcionamento do Sistema de Justiça Criminal e para a Segurança Pública.

O pacote pretendia reduzir a criminalidade por meio da criação de novos tipos penais, o que se mostrou um contrassenso. Inexistiam ações voltadas para a prevenção de delitos graves, como homicídios, ou daqueles que provocam medo na população das grandes cidades, como roubos. Tampouco foram contempladas estratégias de melhoria das atividades policiais com investimentos no policiamento orientado para a solução de problemas ou nas polícias judiciárias, vitais para a elucidação de crimes. Respondendo aos anseios bolsonaristas e lavajatistas de "mudar isso daí", o pacote anticrime reforçava os mecanismos de recrudescimento da violência.

Não à toa, as críticas vieram. A principal dizia respeito à construção de mudanças significativas no já bastante remendado Código Penal, editado durante a ditadura do Estado Novo (BRASIL, 1940). Somava-se a ela a ausência de participação social na elaboração da proposta. Moro ignorava os poucos avanços de três planos nacionais, propondo alterações informadas somente por suas experiências como juiz e pelo desejo de fazer história como quem "garantiu o combate à corrupção".

Cabe mencionar que houve pontos considerados positivos. A criação de um Banco Nacional de Perfil Genético, a partir da coleta de dados dos condenados por crimes dolosos, se estendendo à população carcerária, foi um deles. Mantida na Lei 13.964/2019, que aprovou versão mais modesta do pacote anticrime, se restringiu à coleta em situações específicas, vetando seu potencial de inovação (BRASIL, 2019c).

Outro avanço seria o Banco Nacional de Perfis Balísticos, para o registro de dados sobre as munições utilizadas em crimes, que surpreendentemente está na lei aprovada em 2019. Todavia, a extensa lista de atos normativos sobre armas de fogo não enfatiza a construção de um sistema com essas características. Além disso, as portarias 46, 60 e 61 da Colog, que tratavam dessa temática, foram revogadas, porque não estavam em consonância com a base bolsonarista. Com mais armas e munições em circulação, é cada vez mais difícil controlá-las.

Finalmente, o Banco Nacional Multibiométrico e de Impressões Digitais, também presente na Lei 13.964/2019, permitiria a coleta de informações provenientes das digitais, íris, face e voz, inicialmente, dos presos provisórios ou condenados e, posteriormente, agregando informações de registro civil (BRASIL, 2019c). Contudo, a criação de bases de dados comuns implica a adesão das instituições de segurança pública em todo o país e, principalmente, o estabelecimento de relações de confiança institucional e interpessoal entre os atores. Compartilhar dados é também distribuir poder e, para ser viável, é imprescindível que haja um processo de alinhamento – o que não acontece hoje.

Apontadas as feições positivas, destaca-se que esses mesmos bancos de dados podem ser vistos desde um prisma essencialmente negativo, dada a possibilidade de violação das liberdades individuais. Nada impede que tais informações sejam utilizadas em estratégias de perseguição, de controle de manifestações contrárias ao governo e, claro, em atos de corrupção. Isso se torna ainda mais premente em um governo que tem acenado politicamente em direção a atos incompatíveis com o Estado Democrático de Direito, como a perseguição a servidores públicos[54], a criação de dossiês sobre policiais que se intitulam antifascistas e intelectuais de oposição[55], e a utilização de informações pessoais para atos fundamentados em questões ideológicas[56].

---

[54] Vide o caso da exoneração do ex-presidente do Instituto Nacional de Pesquisas Espaciais (Inpe), Ricardo Galvão, em agosto de 2019, após embate com o governo em relação aos dados sobre o desmatamento da Amazônia. Ver: https://bit.ly/3mKlrom.

[55] Quase um ano após a investida contra servidores do Inpe, em julho de 2020, o site Uol revelou a existência de um dossiê produzido pelo MJSP contra policiais que se intitulam antifascistas e formadores de opinião como os pesquisadores Luiz Eduardo Soares (entre outras coisas, ex-Secretário Nacional de Segurança Pública) e Paulo Sérgio Pinheiro (docente aposentado do Departamento de Ciência Política da USP). Mais informações em: https://bit.ly/300rUSk.

[56] Em agosto de 2020, uma criança de 10 anos, grávida como resultado do estupro praticado por um familiar, se viu no centro de polêmica envolvendo a autorização para que realizasse um aborto. Mais tarde, a Folha de São Paulo publicou matéria com evidências de que a ministra Damares Alves, do Ministério da Mulher, da Família e dos Direitos Humanos, tentou intervir para que o aborto não ocorresse, havendo suspeitas de que ativistas religiosos acessaram dados da criança e de sua família por meio de registros oficiais. Sobre o tema: https://bit.ly/3kKs6wU.

Se houve algo de positivo no pacote anticrime, ele não apagou a feição punitivista da política de segurança pública e justiça criminal que Moro tentou institucionalizar. As medidas aprovadas na Lei 13.964/2019 aumentam o tempo de encarceramento, contribuindo para o crescimento da população prisional, que já é a terceira maior do planeta (DUARTE, 2020). Durante a pandemia de Covid-19, esses problemas se tornaram ainda mais evidentes, demonstrando a necessidade de redução da população prisional para diminuir as chances de contágio e a mortalidade pelo novo coronavírus (RIBEIRO; DINIZ, 2020). Mesmo neste contexto, não houve qualquer fortalecimento das penas alternativas (que custam menos e são mais efetivas na prevenção da reincidência) ou das ferramentas de modernização da gestão prisional. O pacote anticrime foi o 'endurecimento' retórico e uma possível arma contra opositores, desconsiderando as violações de direitos no sistema prisional e o modo como se estrutura o funcionamento das organizações criminosas dentro e fora das prisões.

Outro aspecto que gerou muito debate e resultou em ausência na versão sancionada do pacote anticrime relaciona-se com os policiais, base de apoio do presidente. Tratava-se da não culpabilidade por condutas ilegais nas situações em que o agente público estivesse exposto a "escusável medo, surpresa ou violenta emoção" (MJSP, 2019, p.8). O texto previa ainda a ampliação do entendimento sobre legítima defesa para crimes cometidos por profissionais de segurança pública no exercício de sua função. Era considerada legítima a atuação do agente "que, em conflito armado ou em risco iminente de conflito armado, previne injusta e iminente agressão a direito seu ou de outrem", além da ação que visasse a segurança de reféns durante a prática de crimes (MJSP, 2019, p.8).

O curioso desta medida foi assumir a possibilidade de que a defesa se desse antes mesmo do início do conflito, mediante o possível risco. O elemento subjetivo da atividade policial nas ruas encontraria respaldo na legislação, ampliando, sem dúvidas, as chances de crescimento da violência estatal justificada. Exatamente por isso, foi rechaçada por especialistas, organizações de defesa de direitos humanos e parlamentares de oposição, que se articularam para vetar este instituto (LIMA, 2019). Como resultado, o trecho foi retirado da Lei e a legítima defesa assumiu um tom mais restrito, aplicando-se apenas às situações em que há reféns (BRASIL, 2019c).

Mesmo nessa versão *light*, desde a publicação da Lei 13.964/2019, houve aumento sem precedentes da violência policial (BRASIL, 2019c)[57]. O presidente se diz ainda empenhado em aprovar a versão mais ampla do excludente de ilicitude para os policiais. Em troca, os policiais têm garantido apoio inconteste a Bolsonaro e só isso explica a necessidade de tentar trazer mais segurança jurídica a atos de letalidade policial, os quais já têm ínfimas chances de punição (GODÓI ET AL, 2020). Agradar a esses profissionais representa, de fato, investir em

---

[57] Nesse sentido, ver o Boletim "Sou da Paz analisa", disponível em: http://soudapaz.org/o-que-fazemos/conhecer/analises-e-estudos/analises-e-estatisticas/boletim-sou-da-paz-analisa/, acesso em 22 de setembro de 2020.

base de apoio, em detrimento de segurança pública, o que significa a proteção de todos e não apenas dos "cidadãos de bem" (LIMA, 2019). Para tanto, seria necessário trabalhar no fortalecimento de mecanismos democráticos, como investimento em políticas de prevenção à criminalidade, profissionalização das polícias, investimento em estratégias de investigação e policiamento mais eficientes e eficazes, bem como maior transparência e efetividade na punição dos desvios dos profissionais de segurança pública.

O que parece vir a seguir?

A fragilidade dos arranjos institucionais que sustentavam a segurança pública nas décadas de 2000 e 2010 podem explicar as ameaças que se apresentam agora. Aparentemente, os ganhos democráticos que julgávamos definitivos nessa seara, não o eram. Bolsonaro tem conseguido cumprir as promessas de campanha nas temáticas do endurecimento penal e do armamento da população, fazendo com que o Executivo garanta pouca segurança pública. Afinal, viabilizar a compra de mais armas e munições e legitimar a violência policial estão longe de garantir a proteção do cidadão, o que não é o foco de sua política. Para além de respostas a interesses corporativos, pouco das ações do governo federal refletem alguma preocupação com ações realizadas por estados e municípios para evitar o crime. O que observamos foi um deslocamento dos legados das administrações anteriores, em termos de consolidação da agenda da segurança pública cidadã, para uma política cada vez mais cooptada por interesses corporativos que desejam mais armas, mais prisão e, consequentemente, mais violência.

As medidas aprovadas até o momento, refletem parte do que se caracteriza como a marca desse governo: uma preocupação em responder aos anseios dos eleitores de forma populista e punitivista, institucionalizando uma doutrina de segurança nacional demasiadamente ultrapassada. Para garantir o apoio dos segmentos mais retrógrados que compõem o Estado brasileiro, Bolsonaro não mede esforços. Para fortalecer a sua base de apoio (em especial, as polícias), o presidente tem instituído uma segurança (nada) pública que se ampara na antiga fórmula do enfrentamento ao inimigo. Desde o começo da pandemia de Covid-19 assistimos ao aumento da violência policial a ponto de o Supremo Tribunal Federal ter proibido incursões policiais em favelas do Rio de Janeiro (BRASIL, 2020e). Mais uma evidência da "guerra" que tem sido travada nas periferias das grandes cidades e do quão distante parece ser a realização de um projeto de segurança pública baseado na premissa do Estado Democrático de Direito.

Referências

BOLSONARO, Jair. O Caminho da Prosperidade: Proposta de Plano de Governo. *Eleições Presidenciais*, 2018.

BRASIL. [Constituição (1988)]. *Constituição da República Federativa do Brasil de 1988*. Brasília, DF: Presidência da República.

BRASIL. COLOG. Portaria n. 46 de 18 de março de 2020. Brasília, DF, 20 mar. 2020.

BRASIL. COLOG. Portaria n. 60 de 15 de abril de 2020. Brasília, DF, 17 abr. 2020b.

BRASIL. COLOG. Portaria n. 61 de 14 de abril de 2020. Brasília, DF, 17 abr. 2020c.

BRASIL. Decreto 5.123, de 1 de julho de 2004.

BRASIL. Decreto n. 9.685 de 15 de janeiro de 2019. Brasília, DF, 15 jan. 2019.

BRASIL. Decreto n. 9.785 de 7 de maio de 2019. Brasília, DF, 15 jan. 2019b.

BRASIL. Decreto n. 10.627, de 12 de Fevereiro de 2021. Brasília, DF, 12 fev. 2021

BRASIL. Decreto n. 10.628, de 12 de Fevereiro de 2021. Brasília, DF, 12 fev. 2021b

BRASIL. Decreto n. 10.629, de 12 de Fevereiro de 2021. Brasília, DF, 12 fev. 2021c

BRASIL. Decreto n. 10.630, de 12 de fevereiro de 2021. Brasília, DF, 12 fev. 2021d

BRASIL. Decreto-Lei N 2.848 de 7 de dezembro de 1940. Código Penal.

BRASIL. GECEX. Resolução n. 126 de 8 de dezembro de 2020. Brasília, DF, 9 dez. 2020d.

BRASIL. Lei 13964 de 24 de dezembro de 2019. Brasília, DF, 24 dez. 2019c.

BRASIL. Lei n. 10.826, de 22 de dezembro de 2003. Brasília, DF, 23 dez. 2003.

BRASIL. Lei n. 11.530, de 24 de outubro de 2007. Brasília, DF, 25 out. 2007.

BRASIL. Portaria Interministerial n. 1634/ GM-MD de 22 de abril de 2020. Brasília, DF, 23 abr. 2020d.

BRASIL. STF. Arguição de Descumprimento de Preceito Fundamental. *Arguição de Descumprimento de Preceito Fundamental n. 635*. Decisão do Min. Edson Fachin. Brasília, 5 jun. 2020.

BURLAMAQUI, Patrícia. Contingência e Estrutura de Oportunidades no Processo Decisório da Segurança Pública do Estado do Rio de Janeiro: o Caso da Política de Pacificação. 2020. Tese (Doutorado em Ciência Política) - UFF.

CARNEIRO, Leandro Piquet. Mudança de guarda: as agendas da segurança pública no Rio de Janeiro. *Revista Brasileira de Segurança Pública*, v. 4, n. 2, 2010.

CERQUEIRA, Daniel Ricardo de Castro et al. Atlas da violência 2020. Brasília: IPEA, 2020.

COSTA, Arthur Trindade; LIMA, Renato Sérgio. Segurança pública. *Crime, polícia e justiça no Brasil. São Paulo: Contexto*, 2014.

DUARTE, Thais Lemos. Vácuo no poder? Reflexões sobre a difusão do Primeiro Comando da Capital pelo Brasil. *Revista Crítica de Ciências Sociais*, n. 122, p. 77-96, 2020.

FBSP - Fórum Brasileiro de Segurança Pública. *Anuário Brasileiro de Segurança Pública*. São Paulo: FBSP, 2019.

FBSP - Fórum Brasileiro de Segurança Pública. *Anuário Brasileiro de Segurança Pública*. São Paulo: FBSP, 2020.

FREIRE, Moema Dutra. Paradigmas de segurança no Brasil: da ditadura aos nossos dias. *Revista Brasileira de Segurança Pública*, v. 3, n. 2, 2009.

INSTITUTO IGARAPÉ; INSTITUTO SOU DA PAZ. Balanço preliminar das principais mudanças na política de controle de armas e munições no Brasil em 2019.

KERCHE, Fábio; FÉRES JÚNIOR, J. Operação Lava-Jato e a Democracia Brasileira. *São Paulo: Editora Contracorrente*, 2018.

KOPITTKE, Alberto LW; RAMOS, Marília Patta. O que funciona e o que não funciona para reduzir homicídios no Brasil: uma revisão sistemática. *Revista de Administração Pública*, 2020.

LIMA, RENATO SÉRGIO DE. Segurança pública como simulacro de democracia no Brasil. *Estudos Avançados*. São Paulo, v. 33, n. 96, p. 53-68, Aug. 2019.

MADEIRA, Lígia Mori; RODRIGUES, Alexandre Ben. Novas bases para as políticas públicas de segurança no Brasil a partir das práticas do governo federal no período 2003-2011. *Revista de Administração Pública-RAP*, v. 49, n. 1, p. 3-21, 2015.

MJSP. *Projeto de Lei Anticrime*. Brasília, fev. 2019.

RIBEIRO, Ludmila; DINIZ, Alexandre Magno Alves. The Brazilian Penitentiary System under the Threat of COVID-19. *Victims & Offenders*, v. 15, n. 7–8, p. 1019–1043, 2020.

RODRIGUES, Gilberto Marcos Antonio; MACIEL, Tadeu Morato. Pacificação à brasileira? O paradigma de Caxias e os militares no governo de Jair Bolsonaro. *Revista Brasileira de Estudos de Defesa*, v. 6, n. 2, 2020.

SOARES, Luiz Eduardo. A Política Nacional de Segurança Pública: histórico, dilemas e perspectivas. *Estudos Avançados,* v. 21, n. 61, p. 77-97, 2007.

SOARES, Luiz Eduardo. *Desmilitarizar: segurança pública e direitos humanos*. Boitempo Editorial, 2019.

SOLANO, Esther et al. (Ed.). *O ódio como política: a reinvenção das direitas no Brasil*. Boitempo Editorial, 2018.

SOUZA, Luís Antônio Francisco de; SERRA, Carlos Henrique Aguiar. Quando o Estado de exceção se torna permanente: reflexões sobre a militarização da segurança pública no Brasil. *Tempo Social*, v. 32, n. 2, p. 205-227, 2020.

SCHWARCZ, Lilia Moritz. *Sobre o autoritarismo brasileiro*. Editora Companhia das Letras, 2019.

Consequências do anticientificismo do bolsonarismo: o enfrentamento à pandemia da Covid-19

"O presidente sou eu. Não abro mão da minha autoridade" (BOLSONARO, 2020)[58]

Thiago Rodrigues Silame

A postura anti-iluminista do governo Bolsonaro se caracteriza pelo desapreço e pela negação à razão, à ciência, à tolerância e ao humanismo (verificada na crítica por exemplo ao "globalismo" ou na oposição à luta pelos direitos e garantias fundamentais de minorias)[59]. E tem sérias consequências para as relações políticas, para a implementação e para a efetividade das políticas públicas, o que coloca em risco a qualidade da democracia no Brasil e até mesmo a vida de brasileiros.

Para ilustrar, vamos verificar como o governo Bolsonaro vem lidando com a pandemia de Covid-19. O presente ensaio advoga que muitas mortes poderiam ter sido evitadas, caso o governo federal tivesse adotado políticas públicas baseadas em evidências científicas, conforme ficará claro adiante, no texto[60].

---

[58] Bolsonaro: "o presidente sou eu, não abro mão da minha autoridade". Disponível em: https://jovempan.com.br/noticias/politica/bolsonaro-o-presidente-sou-eu-nao-abro-mao-da-minha-autoridade.html. Acesso em 26 out. 2020.

[59] Para saber mais sobre o Bolsonarismo enquanto uma ideologia ver o ensaio "A cruzada antidemocrática e anti-iluminista da ideologia de Bolsonaro", também presente neste volume.

[60] Disponível em https://www.redebrasilatual.com.br/saude-e-ciencia/2021/03/mortes-por-covid-19-eram-evitaveis-responsabilidade-bolsonaro/. Acesso em 29 de mar. de 2021

Março de 2021 é o pior momento da crise sanitária no Brasil. O país conta com mais de 12 milhões de pessoas infectadas por Covid-19 e cerca de 300 mil brasileiros mortos, sendo que no dia 23 de março de 2021 registrou-se o maior número de mortes em um único dia (3.158)[61]. Os gráficos 1 e 2, abaixo, mostram o número de casos e de mortes por dia no Brasil, respectivamente. Ao observarmos o gráfico 1, sequer podemos falar em uma segunda onda no Brasil, pois a queda de casos, observada a partir de setembro de 2020, tem sua tendência invertida a partir de novembro, quando os números de casos começam a subir vertiginosamente, tendo impactos óbvios sobre o número de mortes (gráfico 2). Segundo a Fiocruz, o aumento de casos pode ser explicado pelos seguintes fatores:

> *A alta circulação de pessoas* e o aumento da propagação do vírus Sars-Cov-2 têm levado ao *surgimento de variantes* de preocupação, que podem ser potencialmente mais transmissíveis em todo o mundo. Foi este o cenário que favoreceu o surgimento da variante brasileira P.1, no Amazonas, já classificada como uma 'variante de preocupação'. A estimativa é de que estes fatores contribuam para um aumento entre *40% e 70% na transmissão.* (grifos nossos).

Observamos que as tendências dos gráficos 1 e 2 são ascendentes. E a consequência do aumento do número de casos é o colapso do sistema de saúde (figura 1) (FIOCRUZ, 2021). Em relação ao aumento do número de óbitos, o Brasil é o único país dentre os que tiveram mais de 100 mil mortes durante a pandemia que não apresenta tendência de queda neste indicador, ao adentrar o ano de 2021[62].

O mapa (figura 1) é referente ao dia de 22 de março de 2021 e retrata o colapso do sistema de saúde no país. Observa-se que apenas dois estados brasileiros - Amazonas e Roraima - não se encontravam na situação de alerta crítico de colapso de leitos adultos de UTI destinados para o tratamento de Covid-19. Ademais, segundo levantamento realizado pela

[61] Como a tendência da média móvel para os últimos 14 dias é de alta, tanto em relação aos números de casos quanto em relação ao número de mortes, tudo indica que esta triste marca poderá ser superada. Para ser exato, o país contabilizou 12.136.615 casos e 298.843 óbitos na data de 23 de março de 2021. Disponível em: https://g1.globo.com/bemestar/coronavirus/noticia/2021/03/23/brasil-registra-pela-1a-vez-mais-de-3-mil-mortes-por-covid-em-um-dia.ghtml. Acesso em 24 mar. 2021.

[62] Os países que apresentaram mais de 100 mil mortes por COVID-19 são os EUA, México, Índia, Reino Unido e Itália. Disponível em: https://portal.fiocruz.br/sites/portal.fiocruz.br/files/documentos/boletim_extraordinario_2021-marco-23-red-red.pdf. Acesso em 26 de mar. de 2021.

Fiocruz (2021), dezenove capitais apresentavam na referida data taxas de ocupação de leitos iguais ou superiores a 90%[63]. O colapso de saúde é um indicador de que medidas necessárias para o enfrentamento da pandemia não foram adotadas de forma adequada e no momento oportuno.

Figura 1: taxa de ocupação (%) de leitos de UTI covid-19 para adultos.

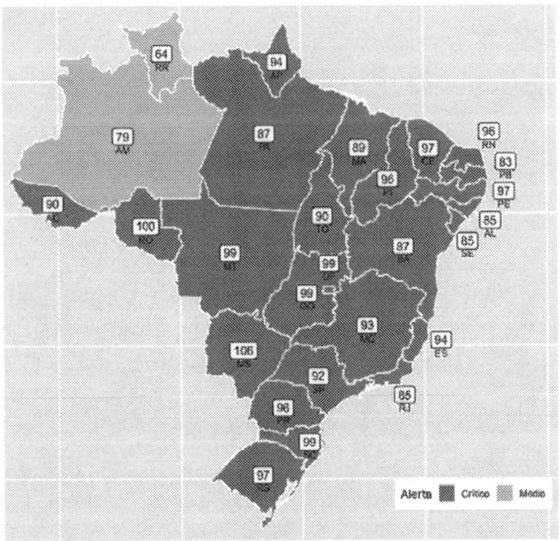

Fonte: Observatório Covid-19/Fiocruz. Disponível em:https://portal.fiocruz.br/sites/portal.fiocruz.br/files/documentos/boletim_extraordinario_2021-marco-23-red-red.pdf. Acesso em 26 de mar. 2021.

Similarmente ao Brasil, Portugal vivenciou, no fim de 2020 e início de 2021, um aumento expressivo dos números de casos da doença, conforme pode ser verificado no gráfico 3, e seu sistema de saúde esteve próximo de colapsar. Entretanto, o país conseguiu reverter esta tendência adotando duras medidas de circulação de pessoas e isolamento social, o

[63] Boletim do Observatório Covid-19/Fiocruz do dia 23 de março de 2021 informava que as seguintes capitais estão com ocupação de leitos de UTI COVID acima de 90%: Porto Velho (100%), Rio Branco (94%), Macapá (99%), São Luís (95%), Teresina (99%), Fortaleza (96%), Natal (96%), João Pessoa (93%), Aracajú (91%), Belo Horizonte (107%), Vitória (96%), São Paulo (92%), %), Curitiba (100%), Florianópolis (98%), Porto Alegre (103%), Campo Grande (106%), Cuiabá (99%), Goiânia (98%) e Brasília (99%). Ainda segundo o boletim, outras seis capitais estavam com taxas superiores a 80% e inferiores a 90%: Belém (88%), Palmas (88%), Recife (88%), Maceió (89%), Salvador (87%) e Rio de Janeiro (83%). Apenas duas capitais apresentaram taxas inferiores a 80%: Manaus (79%) e Boa Vista (64%). Disponível em: https://portal.fiocruz.br/sites/portal.fiocruz.br/files/documentos/boletim_extraordinario_2021-marco-23-red-red.pdf. Acesso em 26 de mar 2021.

chamado *lockdown*[64]. O caso de Portugal é um exemplo de que países que enfrentaram cientificamente a pandemia conseguem controlar o contágio da doença.

A principal consequência da saturação dos sistemas de saúde é a possibilidade do aumento do número de óbitos por desassistência, relacionados tanto à Covid-19 quanto a outras enfermidades (doenças cardiovasculares, neoplasias, doenças do aparelho digestivo, entre outras).

Gráfico 1: Casos de Covid-19 por dia Brasil no Brasil (2020-2021)*

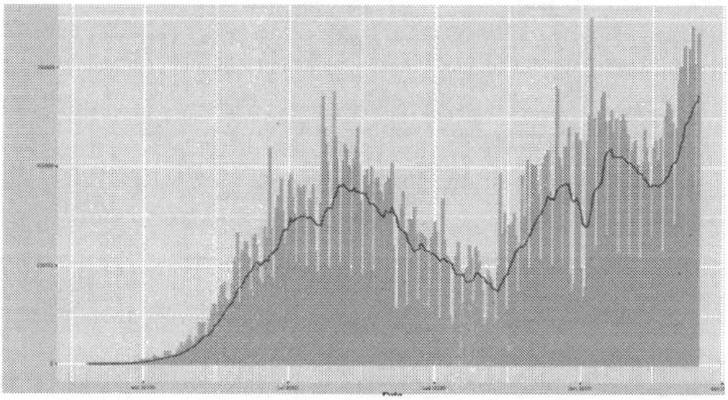

Fonte: Observatório Covid-19/Fiocruz. Disponível em:https://portal.fiocruz.br/sites/portal.fiocruz.br/files/documentos/boletim_extraordinario_2021-marco-23-red-red.pdf. Acesso em 26 de mar. 2021. *Mês de referência março

Gráfico 2: Mortes por Covid-19 por dia no Brasil (2020-2021)*

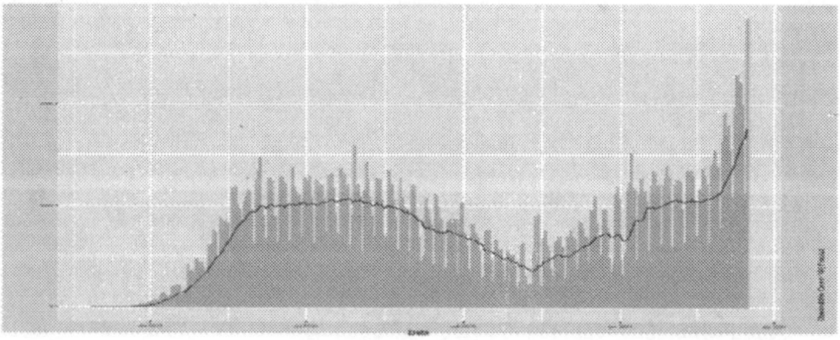

Fonte: Observatório Covid-19/Fiocruz. Disponível em: https://portal.fiocruz.br/sites/portal.fiocruz.br/files/documentos/boletim_extraordinario_2021-marco-23-red-red.pdf. Acesso em 26 de mar. 2021. *Mês de referência: março.

64 Disponível em: https://oglobo.globo.com/mundo/mesmo-com-vacinacao-portugal-volta-quarentena-apos-explosao-de-casos-no-natal-24836669. Acesso em 26 de mar de 2021.

Gráfico 3: Evolução casos Portugal

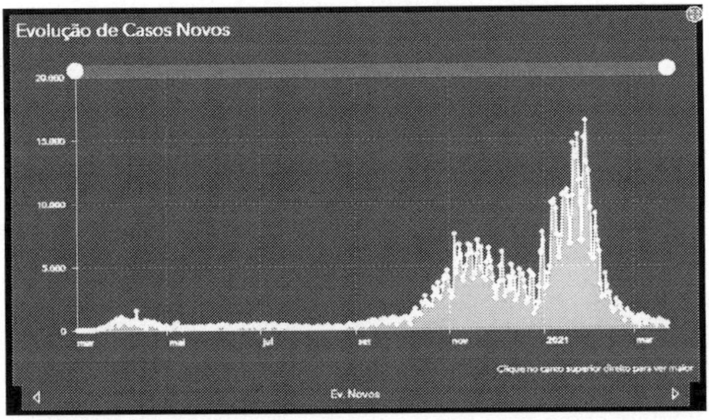

Fonte: Direção Geral de Saúde. Disponível em:<https://covid19.min-saude.pt/ponto-de-situacao-atual-em-portugal/>. Acesso em: 24 mar. 2021.

Transcorrido um ano desde o momento no qual a Organização Mundial de Saúde (OMS) decretou a situação de pandemia até março de 2021, o cenário pode piorar, ao longo do ano, uma vez que a tendência é de aumento no número de casos e de mortes (gráfico 1 e 2). Cabe levantar as razões deste nosso drama.

No dia 24 de março de 2020, poucos dias depois da OMS declarar que a Covid-19 era uma pandemia, o presidente Jair Bolsonaro, em pronunciamento em cadeia nacional de rádio e TV, se dirigiu à nação para falar sobre o posicionamento do governo federal frente à crise sanitária. Em sua fala, Bolsonaro questionou as medidas de isolamento social horizontal, preconizadas para toda a população e que foram adotadas por vários governadores e prefeitos, nos primeiros meses da pandemia. Ademais, o chefe do Executivo brasileiro minimizou a gravidade da doença, chamando-a de uma "gripezinha". *Portanto, Bolsonaro negligenciou a gravidade da doença.*

Não compreender a gravidade e os riscos de não se controlar o contágio da doença nos leva ao segundo ponto. *A ausência de coordenação central no enfrentamento da pandemia.*

A estrutura federativa do Brasil e o tamanho do país requer uma ação coordenada entre os entes federados para o enfrentamento da Covid-19. A própria estrutura do Sistema Único de Saúde (SUS) é pensada considerando a ação da União, Estados e Municípios, atribuindo corresponsabilidades em termos de financiamento e de ações. Contudo, o que se tem observado, no discurso e na prática, é a ausência de uma diretriz de enfrentamento da pandemia (RÔMULO et. al, 2021).

Em um primeiro momento, o Ministério da Saúde (MS) preconizou a adoção de medidas de isolamento social horizontal e de restrição de circulação das pessoas como medidas efetivas de prevenção de disseminação do vírus, em consonância com a OMS. Entretanto, o chefe do Executivo, como vimos acima, defende o isolamento vertical como medida a ser adotada, estabelecendo que apenas idosos e pessoas do grupo de risco fiquem em "quarentena".

Segundo Bolsonaro, tal medida preservaria a atividade econômica das consequências da pandemia sobre o Produto Interno Bruto (PIB) do país e nos ajudaria a conseguir a chamada "imunidade de rebanho". A queda de braço no Executivo entre o médico e ministro Luiz Henrique Mandetta (DEM)/corpo técnico do MS, de um lado, e o presidente, de outro, culminou na exoneração do ministro em meados de abril de 2020. Para o lugar de Mandetta, foi nomeado o também médico Nelson Teich (sem partido), que ficou menos de um mês no cargo.

As mudanças no Ministério da Saúde evidenciaram que havia uma cisão dentro do próprio governo. Os ministros, ambos médicos, não compactuavam com as diretrizes preconizadas pelo Presidente da República para o enfrentamento da pandemia de Covid-19. Tanto Mandetta quanto Teich seguiam as orientações da OMS, sobretudo as relativas ao isolamento social. Ademais, ambos ministros se recusaram a criar um protocolo para administração de medicamentos que não têm comprovação de sua eficácia no combate à doença[65]. Por defenderem padrões racionais e científicos de enfrentamento da Covid-19, ambos saíram do cargo. Assumiu o ministério, interinamente, Eduardo Pazuello, um militar da ativa sem nenhuma experiência em saúde pública, mas que diz amém para Bolsonaro[66]. Posteriormente, outros militares da ativa e sem qualificações para atuarem na saúde pública foram nomeados para

[65] Disponível em: https://www.terra.com.br/noticias/coronavirus/ covid-19-entidades-medicas-repudiam-tratamento-precoce,4d73a1c0e8478c34ee45cc82b7ac1ff5gqxp8np8.html. Acesso em 26 de mar. de 2021.

[66] Em outubro de 2020, o presidente Jair Messias Bolsonaro desautorizou o então Ministro da Saúde a comprar doses de vacina produzida pelo Instituto Butantã e a farmacêutica chinesa Sinovac. A reação do ministro Pazuello a desautorização de Bolsonaro foi uma demonstração de subserviência ao dizer que "um manda e o outro obedece". Diponível em: https://g1.globo.com/politica/noticia/2020/10/22/e-simples-assim-um-manda-e-o-outro-obedece-diz-pazuello-ao-lado-de-bolsonaro.ghtml. Acesso em 26 de mar. de 2021.

cargos técnicos no MS, e Pazuello deixou a condição de interino quatro meses depois[67]. Ele ficou à frente do MS durante dez meses, e sua gestão ficou marcada pela piora da crise sanitária.

No dia 23 de março de 2021, tomou posse o médico Marcelo Queiroga, cardiologista, que participou da equipe de transição do governo Bolsonaro. Contudo, no espaço deste ensaio, a análise se encerra na gestão Pazuello.

Alinhado a Bolsonaro, Pazuello recomendou à rede SUS o *tratamento precoce (postura anticientífica)* para a Covid-19. Este consiste na administração de remédios sem eficácia comprovada. A justificativa era de que não se pode desautorizar o ato médico, mas a questão vai além da não interferência no ato médico: o MS incentivou a utilização de medicamentos que podem agravar os casos e até mesmo ter efeitos colaterais graves. Os gastos da União com os medicamentos do tratamento precoce em 2020 aproximam-se dos R$ 86 milhões[68].

Outra marca da gestão Pazuello à frente do MS são os erros grosseiros de logística, que denotam a *falta de planejamento e coordenação.* A título de exemplo, citamos o envio de doses de vacinas para estados trocados – uma carga que deveria ir para o Amazonas foi para o Amapá e a do Amapá foi para o Amazonas – ; testes PT-PCR, avaliados em R$ 10 milhões, parados por falta de reagentes; tentativa frustrada de compra de seringas; atraso na compra de vacinas (ponto explorado adiante); falta de planejamento para aquisição de insumos (sedativos necessários para intubação) e, pasmem, falha de logística para suprir hospitais com oxigênio, o que gerou uma grave crise no estado do Amazonas em janeiro de 2021[69]. O fato é que diante de uma demanda crescente por insumos necessários para o tratamento da Covid-19, o MS, alertado dos baixos estoques existentes nos estados, não supriu a tempo as necessidades[70].

---

[67] Pazuello é nomeado ministro interino no dia 16 de maio de 2020 e efetivado no dia 16 de setembro do mesmo ano. Disponível em: https://noticias.uol.com.br/saude/ultimas-noticias/redacao/2020/09/16/apos-4-meses-como-interino-general-pazuello-assume-ministerio-da-saude.htm. Acesso em 24 de mar. 2021.

[68] Disponível em: https://www.bbc.com/portuguese/brasil-55747043# :~:text=O%20governo%20federal%20gastou%20ao,tamb%C3%A9m%20com%20dispensa%20de%20licita%C3%A7%C3%A3o. Acesso em 24 de mar de 2021.

[69] A Procuradoria Geral da República (PGR) abriu investigação contra Pazuello por suspeita de omissão de deveres do cargo e o Supremo Tribunal Federal (STF) autorizou a abertura do inquérito. Disponível em: https://www.conjur.com.br/ 2021-jan-25/lewandowski-autoriza-abertura-inquerito-pazuello. Acesso em 29 de mar. 2021.

[70] Para maiores informações ver: https://www.nexojornal.com.br/expresso/2021/03/15/ A-gest%C3%A3o-de-Pazuello-no-Minist%C3%A9rio-da-Sa%C3%BAde-em-4-eixos. Acesso em 24 de mar.

No que diz respeito ao enfrentamento da Covid-19, as tensões e os conflitos não se deram apenas entre o presidente e seus ministros. A ausência de uma única diretiva dentro do próprio governo federal resulta em posições distintas entre os demais entes da federação, sendo que maioria dos governadores de estado se alinharam, em um primeiro momento, às determinações da OMS[71]. A deterioração da relação do governo federal com prefeitos e, principalmente, com governadores, se deu muito em função da forma como a União está enfrentando a Covid-19. A ausência de coordenação por parte da União e a adoção de políticas contrárias ao que é preconizado pela ciência fez com os governadores e prefeitos enfrentassem a questão de maneira mais prática e responsável, inclusive arcando com os custos políticos que a adoção de tais medidas acarreta (SILAME e ALMEIDA, 2020).

O conflito exacerbou-se quando o Presidente editou a Medida Provisória (MP) 926/2020. A MP dispõe sobre as medidas de enfrentamento da Covid-19, alterando a Lei 13.979/2020. Entre as medidas previstas na MP, estão a redução de prazos de processos licitatórios para a aquisição de bens, insumos e serviços necessários para o enfrentamento da doença. A MP também estabelece o controle, em caráter excepcional e temporário, sobre rodovias, portos e aeroportos, de entrada e saída do país, assim como a locomoção interestadual e intermunicipal. Por fim, a MP atribui a competência para que o presidente, mediante decreto, defina os serviços públicos essenciais.

O dissenso entre governadores e prefeitos, de um lado, e o presidente, do outro, girou em torno do controle sobre rodovias e sobre a definição das atividades consideradas essenciais. Dadas as preferências do presidente mencionadas acima, a concentração de tais questões no âmbito da União dificultaria aos outros entes federados adotarem medidas de controle sanitários efetivos, como o isolamento social horizontal. Bolsonaro chegou a emitir decreto considerando salões de beleza e academias de ginástica atividades essenciais.

2021. Ver também: https://portal.fiocruz.br/sites/portal.fiocruz.br/files/documentos/ boletim_extraordinario_2021-marco-23-red-red.pdf. Acesso em 26 de mar. de 2021

[71] Ver a ótima série publicada pelo Nexo Jornal "Como os governos estaduais lidam com a pandemia". É possível verificar como cada estado da federação se posicionou frente à pandemia. Disponível em: https://www.nexojornal.com.br/especial/2020/05/10/ Como-os-governos-estaduais-lidam-com-a-pandemia. Acesso em 26 de out. 2020.

O conflito foi parar no STF. Em ação ajuizada pelo Partido Democrático Trabalhista (PDT), a MP seria inconstitucional, pois retira competências de estados e municípios para executar medidas de saúde pública. O plenário do STF, por unanimidade, referendou a decisão liminar do Ministro Marco Aurélio[72], que entende que a MP não afasta as competências concorrentes de estados e municípios em ações de saúde pública.

Desta forma, estados e municípios estavam respaldados para adotarem medidas mais restritivas de isolamento social e controle sanitário. Apoiadores do presidente vêm argumentando que a decisão do STF exime o presidente da República de coordenar o enfrentamento da pandemia, afirmação que não se sustenta. Considerando a estrutura federativa do país, o papel coordenador do MS, a própria estrutura de funcionamento do SUS e as competências constitucionais, dizer que a competência é concorrente significa dizer que os três entes federados (União, estados e municípios) podem atuar sobre questões de saúde pública.

Diante do aumento rápido do número de casos e de mortes observados nos primeiros meses de 2021, e na iminência do colapso dos sistemas de saúde, vários governadores e prefeitos adotaram medidas mais rígidas de isolamento e de distanciamento social, visando a frear o ritmo de contágio da Covid-19. Contudo, no dia 18 de março de 2021, Bolsonaro novamente cria uma polêmica federativa ao questionar no STF, através de uma Ação Direta de Inconstitucionalidade (ADI), os decretos emitidos pelos governadores da Bahia, do Distrito Federal e do Rio Grande do Sul. Ele argumentou que é competência privativa do presidente da República decretar toque de recolher e que os governadores só poderiam adotar tais medidas com a aprovação de seus respectivos Legislativos[73]. Novamente, o ministro Marco Aurélio Mello não acolheu o pedido de liminar do presidente[74].

Além de não coordenar as ações no plano nacional, o governo federal tem adotado uma série de medidas controversas. Entre elas, podemos citar a MP 966/2020, que visava eximir de responsabilidade gestores públicos por ações no período de enfrentamento da pandemia.

---

[72] Ação Direta de Inconstitucionalidade 6341.

[73] Disponível em: https://www.cnnbrasil.com.br/politica/2021/03/19/ bolsonaro-entra-com-acao-no-stf-contra-restricoes-de-governadores-do-df-ba-e-rs. Acesso em 24 de mar. 2021.

[74] Disponível em: https://www.bbc.com/portuguese/brasil-56503701. Acesso em 24 de mar. 2021.

O STF, provocado por partidos da oposição, limitou o alcance da MP, ressaltando que as ações dos gestores públicos devem seguir critérios técnicos e científicos. Outra medida foi o veto de Bolsonaro a trechos da lei 14.019/2020, que tornava obrigatório o uso de máscaras em locais públicos. O veto desobrigava o uso de máscaras em estabelecimentos comerciais, indústrias, templos religiosos, estabelecimentos de ensino e demais locais fechados em que haja reunião de pessoas. Uma medida sem respaldo científico e que poderia facilitar o contágio das pessoas. Agindo de forma sensata, o Congresso Nacional derrubou os vetos presidenciais.

A postura anticientífica adotada por Bolsonaro, ao negar medidas exitosas adotadas em outros países, como o isolamento horizontal e o uso de máscaras, e que são recomendadas pela OMS, reflete também a postura antiglobalista do governo, pois a OMS é uma agência da Organização das Nações Unidas (ONU), que se baseia no multilateralismo para a tomada de suas decisões.

Mas o que poderia ter sido feito no âmbito da União? Considerando que a doença primeiramente acometeu a Ásia e a Europa, o Brasil tinha algum tempo para se planejar e aprender com práticas de enfrentamento da Covid-19 que deram certo em outros países.

Primeiramente, o Governo Federal, através do MS, poderia ter coordenado as ações de isolamento e de distanciamento social conjuntamente com estados e municípios, definindo critérios e períodos seguros, baseado nas experiências que deram certo em outros países e em protocolos definidos pela OMS. O MS também poderia ter utilizado a estrutura capilarizada do SUS para promover uma política de informação e de prevenção, via ação dos Agentes Comunitários de Saúde (ACS) (FERNANDEZ et.al.,2020). Além disso, os ACS poderiam fazer busca ativa de indivíduos contaminados e identificar suas redes de contatos, o que facilitaria o manejo e a quarentena. O MS poderia ter feito uma política de testagem em massa da população, uma vez que o país é um dos que menos testam[75]. Ademais, o presidente poderia não recomendar "placebos" como tratamento

[75] Mesmo inflando dados, Brasil é um dos países que menos testa para covid-19. Disponível em https://noticias.uol.com.br/saude/ultimas-noticias/redacao/2020/07/03/ mesmo-com-testes-rapidos-brasil-testa-menos-que-paises-menos-afetados.htm#:~:text=Esse%20%C3%ADndice%20coloca%20o% 20Brasil,habitantes%20at%C3%A9%20o%20%C3%BAltimo%20domingo. Acesso em 26 out. 2020.

para a doença[76]. No limite, o presidente não deveria ter negado a gravidade da doença e deveria ter se dirigido à nação de forma responsável, recomendando a todas e todos que se cuidassem, mantendo o isolamento social, não promovendo aglomerações e estimulando o uso de máscaras.

Por fim, a partir do momento em que há imunizantes disponíveis, o MS deveria articular a compra e a distribuição deles se valendo da expertise que o Brasil tem em campanhas de vacinação em massa, através do Programa Nacional de Imunizações (PNI). Entretanto, Bolsonaro resolveu politizar, mais uma vez, a questão do enfrentamento da doença. Em outubro de 2020, o ministro da saúde, depois de firmar um acordo com o governo de estado de São Paulo e com o Instituto Butantan para aquisição de doses da vacina CoronaVac[77] – produzida pelo laboratório chinês Sinovac, de quem o Instituto Butantan é parceiro na pesquisa e no desenvolvimento da vacina –, foi desautorizado pelo presidente, que afirmou que o Brasil não compraria a "vacina chinesa".

A alegação era de que a eficácia da vacina não havia sido comprovada. Contudo, o fato é que o governo assinou protocolo similar com outro laboratório[78], que se encontrava em estágio semelhante de desenvolvimento. Outro fato a ser destacado é que a compra das vacinas estava condicionada à verificação da segurança e eficácia das mesmas por parte da Agência Nacional de Vigilância Sanitária (ANVISA).

Ao adotar tal medida, o governo desacreditou o Instituto Butantan, uma das instituições científicas mais sérias e reconhecidas do país, responsável por fornecer inúmeras outras vacinas para o governo, por entender que o mérito político recairia sobre o governador do estado de São Paulo, João Dória (PSDB) – provável postulante ao cargo de Presidente da República em 2022 e desafeto político de Bolsonaro.

---

[76] Hidroxicloroquina não tem eficácia contra a Covid em pacientes leves e moderados, diz estudo brasileiro. Disponível em: https://g1.globo.com/bemestar/coronavirus/noticia/2020/07/23/hidroxicloroquina-nao-apresenta-efeito-favoravel-em-tratamento-contra-covid-19- em-pacientes-leves-e-moderados-diz-maior-estudo-brasileiro.ghtml. Acesso em 26 out. 2020.

[77] Ministério anuncia compra de 46 milhões de doses da vacina Corona Vac e diz que imunização começa no 1º semestre de 2021. Disponível em: https://g1.globo.com/sp/sao-paulo/noticia/2020/10/20/governo-federal-anuncia-que-vai-comprar-46-milhoes-de-doses- da-vacina-chinesa-em-parceria-com-o-butantan.ghtml. Acesso em 26 out. 2020.

[78] Trata-se da empresa anglo-sueca AstraZeneca em parceria com a Universidade de Oxford da Inglaterra e a Fiocruz no Brasil.

Ademais, o MS recusou assinar protocolo de intenção de compra do imunizante fabricado pela empresa americana Pfizer, em parceria com a alemã BioNTech, em agosto de 2020. Eram previstas 70 milhões de doses do imunizante[79]. O governo alegou cláusulas abusivas de contrato para não assinatura do protocolo de compra. Contudo, diversos outros países firmaram contratos similares. Assim, em um contexto em que todos os países do mundo procuram comprar vacinas para imunizar sua população, o Brasil chegou atrasado para a festa. Somente em 17 de janeiro de 2021 as vacinas da AstraZeneca e a CoronaVac tiveram seu uso emergencial aprovado na ANVISA[80].

Novamente, diante da falta de coordenação por parte do MS para comprar e distribuir de forma rápida os diversos imunizantes para os entes federados, a fim de promover uma vacinação em massa de suas populações, a incerteza fez com que estados e municípios, de maneira individual ou por meio da formação de consórcios, negociassem a aquisição de vacinas, independentemente do governo federal[81]. Entretanto, a distribuição das vacinas deve ser feita pelo MS de acordo com o PNI.

No momento em que este ensaio é redigido, apenas as vacinas da AstraZeneca/Oxford e a Coronavac/Butantan estão sendo utilizadas para imunizar a população brasileira. Ambos os imunizantes necessitam da aplicação de duas doses para que o indivíduo adquira imunidade contra o vírus SARS-CoV-2. O gráfico 4 abaixo indica que o Brasil ocupa a 5ª posição, entre os países do mundo quando se considera apenas a quantidade de doses aplicadas. O país já havia aplicado 14 milhões de doses até o dia 23 de março de 2021.

---

[79] Disponível em: https://www1.folha.uol.com.br/equilibrioesaude/2021/03/governo-negou-3-vezes-ofertas-da-pfizer-e-perdeu-ao-menos-3-milhoes-de-doses-de-vacina.shtml. Acesso em 24 de mar.2021.

[80] Disponível em: https://www.cnnbrasil.com.br/saude/2021/01/17/votos-anvisa-vacina-coronavac-oxford. Acesso em 24 de mar. 2021.

[81] Sobre a aquisição de vacinas por parte de estados e municipios ver em: <://agenciabrasil.ebc.com.br/saude/noticia/2021-03/prefeituras-criam-consorcio-para-compra-de-vacinas-contra-covid-19>; <https://noticias.uol.com.br/saude/ultimas-noticias/redacao/2021/03/15/rui-costa-anuncia-contrato-assinado-por-sputnik-ba-compra-97-mi-de-doses.htm>; <https://g1.globo.com/ma/maranhao/noticia/2021/03/17/assinado-contrato-que-preve-aquisicao-de-45-milhoes-de-doses-da-vacina-russa-para-o-maranhao.ghtml>;https://agenciabrasil.ebc.com.br/saude/noticia/2021-03/vacinas-compradas-por-consorcio-do-nordeste-irao-para-todo-brasil>. Acesso em 29 de mar. 2021.

Gráfico 4 - Doses de vacinas aplicadas contra a COVID-19*

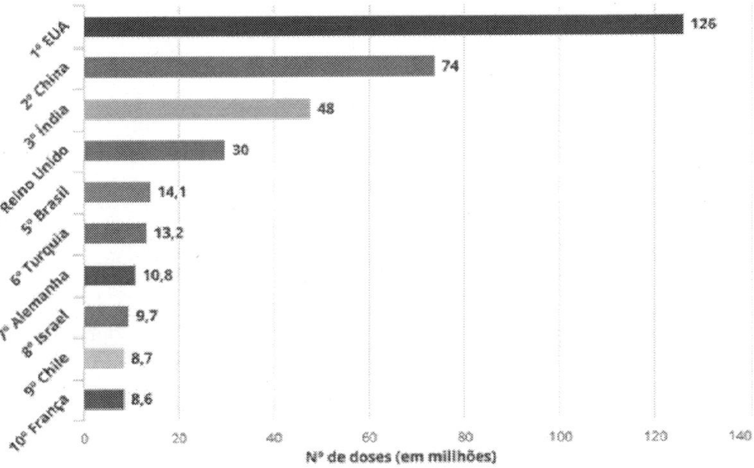

Fonte: https://g1.globo.com/bemestar/vacina/noticia/2021/03/23/uruguai-e-argentina-passam-o-brasil-em-ranking-proporcional-de-vacinacao-contra-a-covid-19.ghtml. Acesso em 24 de mar. de 2021. *Levantamento considerado até o dia 23/03/2021.

Entretanto, quando se controla o número de vacinas para cada 100 habitantes (gráfico 5), o Brasil estava na 60ª posição. O país havia vacinado apenas 6.6% de sua população com uma dose. O país estava, na ocasião, atrás de seus vizinhos Argentina e Uruguai, que possuem uma população muito menor. Na América do Latina, destaca-se o Chile, que ocupa a 5ª posição. Segundo dados do *Our World in Data,* ligado à Universidade de Oxford, quando se considera o percentual da população alcançada pelas duas doses da vacina, constata-se que apenas 1,9% foi imunizada (gráfico 6), o que evidencia a lentidão do processo de vacinação em andamento no país.

Gráfico 5 - Vacina aplicadas a cada 100 habitantes

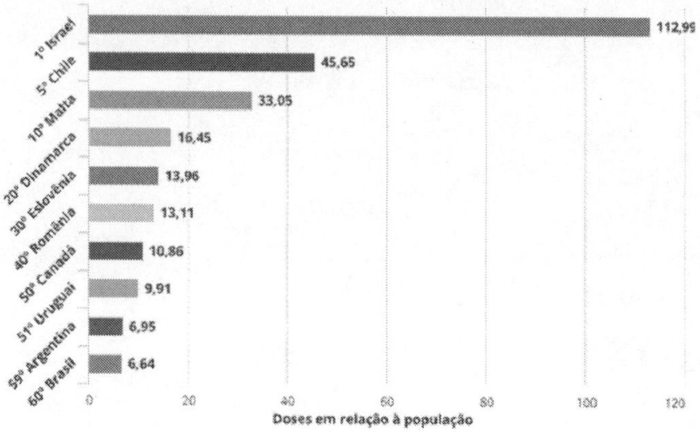

Fonte: https://g1.globo.com/bemestar/vacina/noticia/2021/03/23/uruguai-e-argentina-passam-o-brasil-em-ranking-proporcional-de-vacinacao-contra-a-covid-19.ghtml. Acesso em 24 de mar. de 2021. *Levantamento considerado até o dia 23/03/2021.

Gráfico 6 - Percentual da população completamente vacina* em 28/03/2021.

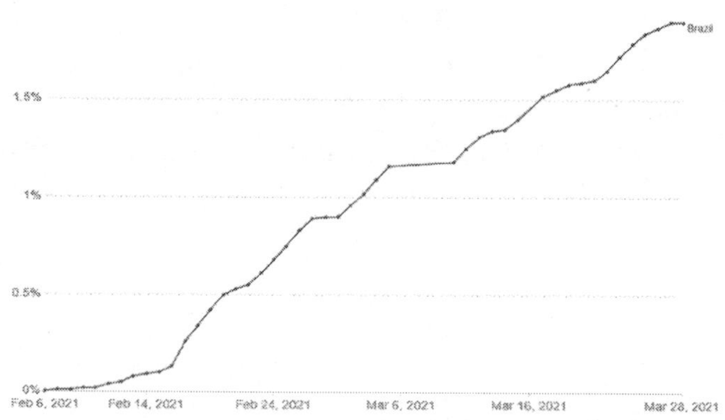

Fonte: Our World in Data. Data de acesso 29 de mar. de 2021

Em relação à previsão da vacinação em massa, o Brasil, segundo o MS, tem aproximadamente 563 milhões de doses contratadas para 2021 (quadro 1). Quantidade mais do que suficiente para imunizar a população do país. Contudo, constam no cronograma de contratação de vacinas apresentado pelo MS imunizantes que sequer foram autorizados pela Anvisa para o uso emergencial. É o caso da vacina russa Sputnik V, com previsão de entrega de 10 milhões de doses até o fim de 2021. Se, por um lado, o cronograma de aquisição de vacinas conta com imunizantes que sequer estão autorizados pelo órgão regulador, por outro, vacinas que já receberam o registro definitivo foram adquiridas pelo MS em meio ao colapso do sistema de saúde. É o caso das vacinas da Pfizer/ BioNTech (previsão de 100 milhões de doses)[82] e da Jansen (38 milhões de doses) cujos contratos foram anunciados no dia 19 de março de 2021[83]. Como vimos acima, o Brasil poderia ter negociado doses de vacinas dos três laboratórios em meados de 2020. A compra tardia de vacinas insere o país em uma fila, uma vez que existe uma demanda mundial pelos imunizantes. Assim, o cronograma de aquisição de vacinas para 2021 por parte do MS é extremamente otimista, para não dizermos que os números estão superestimados.

Quadro 1 - Vacinas contratadas pelo Ministério da Saúde para 2021.

VACINAS CONTRATADAS	JÁ RECEBIDAS		A RECEBER										TOTAL para 2021
PRAZOS	até 31jan	até 28fev	até 31mar	até 30abr	até 31mai	até 30jun	até 31jul	até 31ago	até 30set	até 31out	até 30nov	até 31dez	
FIOCRUZ - AstraZeneca-Oxford/IND	2 000 000	2 000 000		2 000 000	2 000 000	2 000 000	2 000 000						12 000 000
FIOCRUZ - AstraZeneca-Oxford/BRA (1)			3 800 000	30 000 000	25 000 000	25 000 000	16 600 000	22 000 000	22 000 000	22 000 000	22 000 000	22 000 000	210 400 000
BUTANTAN - Sinovac/CHI	6 000 000												6 000 000
BUTANTAN - Sinovac/BRA (2)	2 700 000	4 253 000	23 300 000	15 779 258	6 032 258	6 032 258	13 548 387	13 548 387	8 806 452	10 000 000	10 000 000	10 000 000	124 000 000
COVAX FACILITY - AstraZeneca/COR			2 937 600		6 184 800								9 122 400
COVAX FACILITY - a ser definido pela OMS												33 389 400	33 389 400
PRECISA - Bharat Biotech/IND			8 000 000	8 000 000	4 000 000								20 000 000
UNIÃO QUÍMICA - Gamaleya/RUS				400 000	2 000 000	7 600 000							10 000 000
PFIZER - BioNTech/EUA				1 000 000	2 500 000	10 000 000	10 000 000	30 000 000	46 500 000				100 000 000
JANSSEN Pharmaceutica/BEL								16 900 000			21 100 000		38 000 000
TOTAL CONTRATADO	10 700 000	6 253 000	38 037 600	57 179 258	47 657 058	50 632 258	42 148 387	63 548 387	94 206 452	82 000 000	32 000 000	66 489 400	562 911 800
VACINAS EM TRATATIVAS	CRONOGRAMA PREVISTO												TOTAL para 2021
Moderna/EUA							1 000 000	1 000 000	1 000 000	3 000 000	3 000 000	4 000 000	13 000 000
TOTAL EM TRATATIVAS				0	0	0	1 000 000	1 000 000	1 000 000	3 000 000	3 000 000	4 000 000	13 000 000

Fonte: https://noticias.uol.com.br/saude/ultimas-noticias/redacao/2021/03/15/pazuello-15-de-marco.htm. Acesso em 29 de mar. de 2021.

[82] Deve-se ressaltar que o imunizante da Pfizer/BioNTech foi o primeiro a receber registro definitivo da ANVISA no dia 23 de fevereiro de 2021. Dipsonível em: https://agenciabrasil.ebc.com.br/saude/noticia/2021-02/anvisa-concede-registro-definitivo-para-vacina-da-pfizer#:~:text=A%20Ag%C3%AAncia%20Nacional%20de%20Vigil%C3%A2ncia,empresa%20de%20biotecnologia%20alem%C3%A3%20BioNtech. Acesso em 26 de mar de 2021.

[83] Disponível em: https://www.frontliner.com.br/ministerio-da-saude-compra-100-milhoes-de-doses-da-vacina-comirnaty-da-pfizer/. Acesso em 29 de mar. de 2021.

A verdade é que contamos os casos aos milhões e o número de mortes na casa das centenas de milhares. Brasileiros morrem e nada garante que a economia vai bem, pois a atual lógica vigente de fechamento e abertura intermitentes não possibilita a recuperação econômica. O comportamento da doença no país é *sui-generis,* se comparado a outros (lembram-se de Portugal?). Até o presente momento, transcorrido um ano de pandemia, não há coordenação central por parte da União no enfrentamento da doença[84] e governadores e prefeitos estão sujeitos a diversas pressões para o restabelecimento de atividades comerciais, o que acaba culminando em políticas de flexibilização do distanciamento social (LIMA, 2020).

Março de 2021 apresentou-se como o pior momento da epidemia no Brasil: crescimento dos números de casos e de óbitos e colapso do sistema de saúde. Cientistas e epidemiologistas alertam para a necessidade de se frear a doença no curto prazo. Para isto, faz-se necessário a adoção de uma política severa de distanciamento e isolamento social, o chamado *lockdown*, por pelo menos 21 dias[85]. Conjuntamente a esta medida, deveria se assegurar a segurança alimentar das famílias e a sobrevivência das empresas, através de políticas públicas. Por fim, o processo de vacinação em massa da população precisa ser acelerado, pois um percentual muito pequeno de nossa população está imunizado. Contudo, a postura anticientífica de Bolsonaro o impede de coordenar uma política nacional de enfrentamento da crise sanitária, conforme demonstrado neste ensaio. Para o futuro, sob o governo Bolsonaro, só nos resta esperar o pior!

[84] Na data de 24 de março de 2021, transcorrido 1 ano do pronunciamento em cadeia nacional de rádio e TV, Bolsonaro anuncia a criação de um comitê nacional de enfrentamento à COVID-19, congregando os presidentes da Câmara dos Deputados Federais, Senado Federal, Supremo Tribunal Federal e os governadores de estado. Disponível em: https://g1.globo.com/politica/noticia/2021/03/24/apos-reuniao-bolsonaro-fala-em-parceria-com-governadores-e-congresso-contra-a-covi.ghtml. Acesso em 24 mar. de 2021.

[85] Disponível em: https://noticias.uol.com.br/videos/2021/03/18/miguel-nicolelis-precisamos-de-lockdown-nacional-para-conter-covid-no-brasil.htm. Acesso em 29 de mar de 2021.

Referências

FERNANDEZ, Michelle Vieira; CASTRO, Dayanna Mary de; FERNANDES, Luísa da Matta Machado; ALVES, Isabel Cristina. Reorganizar para avançar: a experiência da atenção primária à saúde de Nova Lima/MG no enfrentamento da pandemia da COVID-19. *APS EM VER.* Vol. 2, n. 2, pp. 114-121. 2020. Disponível em: https://apsemrevista.org/aps/article/view/84/60. Data de acesso: 26 de out. 2020.

LIMA, Luciana. O Brasil não pode parar: posicionamentos do presidente Jair Bolsonaro quanto ao distanciamento social durante a crise. In: Sá, Thiago. (org.) *Extremo.* O mandato Bolsonaro. No prelo.

RÔMULO, Hesaú; MARQUES, Ananda; FERNADEZ, Michelle; ALMEIDA, Helga; SILAME, Thiago. Pacto federativo e coordenação intergovernamental na saúde em tempos de COVID-19. In: NASCIMENTO, Emerson Oliveira do; SANTANA, Luciana (orgs.). *Governos e o enfrentamento da COVID-19.* Maceió: EDUFAL, 2021. ISBN: 978-65-5624-048-0

SILAME, Thiago; ALMEIDA, H. N. Minas Gerais: entre o isolamento social e o alinhamento a Bolsonaro. Como os governos estaduais lidam com a pandemia. *Nexo Jornal*, 2020. Disponível em: https://www.nexojornal.com.br/especial/2020/05/10/ Como-os-governos-estaduais-lidam-com-a-pandemia2020. Acessado em: 26 out. 2020.

SILVA, Lucas; FILHO, Dalson Figueiredo. Using Benford's law to assess the quality of COVID-19 register data in Brazil. *Journal of Public Health.* pp 1-4. 2020. Disponível em: https://academic.oup.com/jpubhealth/advance-article/doi/10.1093/ pubmed/fdaa193/5937152#209369439. Data de acesso 26 out. 2020.

#OBRASILNÃOPODEPARAR: POSICIONAMENTOS DO PRESIDENTE JAIR BOLSONARO QUANTO AO DISTANCIAMENTO SOCIAL DURANTE A CRISE SANITÁRIA DE COVID-19

Luciana Lima

Introdução

Em 11 de março de 2020, a Organização Mundial da Saúde (OMS) declarou pandemia de Covid-19, acendendo o alerta mundial para uma doença desconhecida e de grande potencial de disseminação. Daquela data até a segunda semana de setembro de 2020, o número de casos confirmados da doença saltou de pouco mais de seis mil para cerca de 30 milhões em todo o mundo, o que dimensiona o grande poder apresentado pelo novo coronavírus de se espraiar geograficamente. Estima-se que, naquele período, mais de 926 mil pessoas faleceram em decorrência da Covid-19, sobretudo no continente americano, que reúne mais da metade desses óbitos (WHO, 2020a).

Em um contexto em que não há vacina ou tratamento eficaz para essa doença, as primeiras recomendações da OMS objetivavam conter a evolução da pandemia (WHO, 2020b). Iniciando pela diferenciação dos termos "isolamento" e "distanciamento social", que muitas vezes foram (ou continuam) sendo tratadas como sinônimos. Enquanto as medidas de isolamento consistem na separação dos doentes das pessoas saudáveis, a prática do distanciamento social (ou distanciamento físico) é mais abrangente, sendo particularmente útil quando há transmissão comunitária do vírus ou, em outras palavras, quando não é mais possível identificar a origem da transmissão (AQUINO et al, 2020). Nesses casos, a fim de se evitar que doentes não identificados circulem e transmitam o vírus às pessoas saudáveis, adotam-se medidas como o fechamento de escolas, de atividades econômicas não essenciais e de todo tipo de interação social que envolva em alguma medida aglomeração de pessoas (AQUINO et al, 2020, THE LANCET RESPIRATORY MEDICINE, 2020).

A resposta dos países ao alerta das autoridades de saúde quanto à celeridade na adoção dessas medidas representou um dos aspectos-chave para o quadro epidemiológico que seria delineado com o avançar da pandemia. Embora o primeiro caso confirmado do novo coronavírus na América do Sul tenha sido registrado no Brasil, em 26 de fevereiro, as primeiras e mais restritivas medidas de distanciamento social foram adotadas pelos vizinhos daquele país. Durante a primeira quinzena de março, medidas de distanciamento social já se encontravam em implementação em 10 países sul-americanos (IDB ORG, 2020), enquanto, no Brasil, a manifestação presidencial a este respeito ocorreu em 20 de março, com o decreto que definiu os serviços públicos e as atividades essenciais que continuariam em funcionamento durante a pandemia (BRASIL, 2020). Importante destacar que, até aquela data, algumas unidades da federação brasileiras já se antecipavam ao governo federal e definiam seus próprios decretos de distanciamento, sendo o primeiro deles o Distrito Federal, em 11 de março (IPEA, 2020)

No que se refere à rigidez das medidas de distanciamento social, até 24 de março sete países sul-americanos decretaram *lockdown* (ou bloqueio), uma medida mais drástica que impõe maiores restrições na mobilidade da população, sendo permitida a circulação de pessoas apenas em casos excepcionais, como urgências de saúde e aquisição de suprimentos de primeira necessidade (AQUINO et al, 2020). No Brasil, essas medidas mais contundentes de distanciamento social foram adotadas pontualmente por alguns estados e/ou cidades brasileiras, e somente a partir do mês de maio, quando o país já ultrapassava a triste marca de 200 mil casos confirmados e de 13 mil mortes por covid-19 (MINISTÉRIO DA SAÚDE, 2020).

A ausência de um plano de coordenação entre as esferas federal, estadual e municipal com relação às políticas de distanciamento social no Brasil representou um problema importante na gestão da crise sanitária (BARBERIA et al, 2020; MORAES, 2020, THE LANCET, 2020). Uma das raízes que deu sustentação a esse vácuo foi o posicionamento do presidente Jair Bolsonaro em relação ao distanciamento. As colocações públicas do presidente em relação a essa medida se apresentavam na contramão das recomendações das autoridades nacionais e internacionais de saúde, o que pode ter afetado o nível de confiança e adesão de parte da população brasileira ao distanciamento social, e durante fases cruciais da pandemia (AJZENMAN, CAVALCANTI, DA MATA, 2020; GUGUSHVILI et al, 2020; MARIANI, GAGETE-MIRANDA, RETTI, 2020).

Considerando apenas esta dimensão, o presente ensaio discute o posicionamento do governo do presidente Jair Bolsonaro durante os seis primeiros meses da pandemia no Brasil quanto ao distanciamento social, e as possíveis implicações disso na adesão da população a essa medida. As reflexões apresentadas são apoiadas na literatura acerca da relação entre adesão ao distanciamento social e o posicionamento de líderes governamentais e de autoridades sanitárias em relação a essa medida não farmacêutica de enfrentamento da covid-19. Como evidências empíricas do nível de adesão ao distanciamento social no Brasil e em comparação a um grupo de nove países sul-americanos, são apresentados dados provenientes de informações de geolocalização de aparelhos celulares disponibilizadas pela Google para o período de 15 de fevereiro a 11 de setembro. Por fim, este ensaio apresenta alguns apontamentos acerca da fase mais recente da pandemia no Brasil, caracterizada pelo avançado estágio de reabertura das atividades econômicas em vários estados, porém, conjugado com ritmos internos distintos de evolução da Covid-19.

Discursos versus ciência: narrativas sobre a importância do distanciamento social no contexto da pandemia

Em 28 de março de 2020, o então ministro da saúde Luiz Henrique Mandetta defendia em coletiva de imprensa a prática do distanciamento social e criticava duramente apoiadores do presidente Jair Bolsonaro que saíam às ruas em defesa do retorno das atividades econômicas no país (PORTAL UOL, 2020a). Naquele mesmo dia, o ministro se reunia com o presidente a fim de reforçar essas mensagens, tendo recebido sinalização positiva do governo quanto à defesa técnica do distanciamento social e da coordenação junto aos estados de medidas que restringissem a circulação de pessoas durante a pandemia (CNN BRASIL, 2020a). Todavia, no dia seguinte, o presidente era visto mais uma vez em atitudes contrárias às recomendações da OMS e do próprio Ministério da Saúde em relação ao distanciamento social. Ao circular pelas ruas de Brasília e provocar aglomerações, o presidente declarava à imprensa que as reações frente ao novo coronavírus eram motivadas por "histeria" (PORTAL G1, 2020a). Em meio a campanhas contrárias ao fechamento de atividades não essenciais promovidas por apoiadores e pelo próprio governo, como a veiculação da propaganda "O Brasil não pode parar"[86], e de uma sequência de divergências públicas entre presidente e o ministro da saúde em relação ao distanciamento social, em 16 de abril Luiz Henrique Mandetta era demitido do cargo (PORTAL G1, 2020b). Em seu lugar, tomou posse o também médico Nelson Teich. Porém, em menos de um mês como titular da pasta, este ministro também apresentou divergências com o presidente quanto a aspectos técnicos, como o distanciamento social, tendo saído do cargo em 15 de maio (PORTAL G1, 2020c). Após desempenhar a função interinamente por longos quatro meses, em 16 de setembro o General do Exército Eduardo Pazuello assumiu o Ministério da Saúde (AGÊNCIA BRASIL, 2020).

[86] Em 31 de março de 2020 o Ministro Luís Roberto Barroso do Supremo Tribunal Federal proibiu o governo federal de veicular esta campanha que estimulava o retorno às atividades econômicas em meio à pandemia. A liminar em sua íntegra pode ser acessada em: <https://www.conjur.com.br/dl/liminar-barroso-proibe-campanha-brasil.pdf>.

Os discursos de Jair Bolsonaro de negação do distanciamento social representaram não apenas custos ao comando do ministério mais importante no contexto da pandemia, como também à assimilação da população quanto à necessidade de se reduzir as interações sociais para conter o avanço da Covid-19. Há indicações na literatura de que a maior adesão ao distanciamento social encontra-se relacionada à maior confiança no governo e nas autoridades (BRODEUR et al, 2020; SEALE et al, 2020), embora outros fatores também devam ser considerados, como a maior percepção de risco e o maior conhecimento em relação à doença (GEANA, 2020; HUYNH, 2020), aspectos socioeconômicos (CHOWDHURY et al, 2020) e expectativas com relação à duração do período de distanciamento (BRISCESE et al, 2020).

No estudo de Brodeur et al (2020) para os Estados Unidos durante a crise da Covid-19, maiores níveis de confiança dos cidadãos em governos, instituições, imprensa, ciência, entre outros, estiveram correlacionados à maior adesão ao distanciamento social. Estas podem ser evidências de que o sucesso da implementação dessa medida de enfrentamento à Covid-19 também depende da confiança dos indivíduos em seu líder e de comunicações claras a respeito das recomendações para que a população pratique o distanciamento social. Para a Austrália, Seale et al. (2020) também encontraram associação entre confiança nos governos/autoridades e adoção de práticas de distanciamento social, como cancelamento/postergação de eventos sociais, de viagens, e redução na frequência de uso de transporte público.

Conforme anteriormente mencionado, por diversas vezes o presidente Jair Bolsonaro se posicionou de maneira contrária à prática do distanciamento social, chegando a defender o "isolamento vertical", em que apenas idosos, pessoas do grupo de risco, infectadas ou sintomáticas deveriam permanecer em casa durante a pandemia[87] (BBC BRASIL, 2020). Essas mensagens do presidente da república, que se opõem às orientações das autoridades de saúde, inclusive de seu próprio governo, e também, às diretrizes que boa parte dos prefeitos e governadores

[87] Refutada pela maior parte da comunidade científica, o "isolamento vertical" desconsidera que os grupos isolados mantém contato com pessoas que continuam em circulação, além do fato de que a covid-19 também é capaz de repercutir negativamente entre pessoas com idade abaixo dos 60 anos e sem histórico de doenças prévias que levam ao agravamento da doença. Ver o estudo de Duczmal et al (2020) que utilizando modelos matemáticos concluíram que o "isolamento vertical" é ineficaz para conter a transmissão vírus Sars-cov-2.

estabeleciam, podem ter produzido na população a ideia de que o distanciamento social não era necessário.

Mariani, Gagete-Miranda e Rettl (2020) analisaram de maneira particular o impacto deste posicionamento do presidente ainda no início da pandemia, quando os níveis de transmissão da Covid-19 estavam bastante elevados. Considerando o dia 15 de março de 2020 como um marco do posicionamento de Jair Bolsonaro em relação ao distanciamento social, os autores verificaram que, após esta data, municípios com alto percentual de pessoas que o elegeram em 2018 tenderam a cumprir menos o distanciamento. Em proposta similar, Ajzenman et al. (2020) testaram a hipótese de que os discursos presidenciais podem afetar a percepção de risco dos indivíduos com relação à Covid-19 e a adesão às medidas de distanciamento social preconizadas pela OMS. Eles também verificaram que municípios com alto percentual de eleitores do presidente nas últimas eleições apresentaram menores níveis de adesão ao distanciamento social após datas-chave em que Jair Bolsonaro proferiu discursos de rechaço ao distanciamento social.

Circulação de pessoas durante a pandemia: o Brasil na liderança na América do Sul

Os resultados encontrados por estudos prévios destacam o poder de influência que os governantes podem exercer sobre a concordância ou discordância da população quanto às medidas de saúde requeridas em emergências sanitárias como a desencadeada pela Covid-19. Analisando o padrão de distanciamento social praticado no contexto da pandemia em dez países da América do Sul ao longo de seis meses, verifica-se para o Brasil um nível destacado de circulação de pessoas dentro da região.

Para auxiliar os governos a monitorarem o distanciamento social durante a crise sanitária provocada pelo novo coronavírus, a empresa Google disponibilizou, por meio do *Covid-19 Community Mobility Reports*, dados agregados sobre a movimentação de aparelhos celulares. Assim, para um conjunto de 130 países, é possível obter a circulação de pessoas em seis tipos de locais: supermercados e farmácias, parques, estações de trânsito, locais de trabalho, compras e recreação e residências. As informações se referem à variação percentual na mobilidade da população em relação ao período de 3 de janeiro a 6 de fevereiro de 2020 (linha de base) (GOOGLE LLC, 2020). Oliveira et al. (2020) construíram um indicador de circulação que sumariza a movimentação de pessoas nestes seis tipos de locais: valores menores que um indicam menor nível de circulação em relação ao período de linha de base; valores iguais a um indicam mesmo nível de circulação; e valores maiores que um indicam maior nível de circulação de pessoas em relação ao período de 3 de janeiro a 6 de fevereiro, ou seja, indica retorno da movimentação populacional a níveis pré-pandêmicos.

Conforme ilustrado pela figura 1, observa-se para todos os países analisados uma queda acentuada na movimentação da comunidade, sobretudo a partir de março, quando estas nações implementavam suas primeiras medidas de distanciamento social. No entanto, no final daquele mês, observa-se em especial para Uruguai, Paraguai, Venezuela, Chile e o líder Brasil, tendência de aumento na circulação de pessoas, ainda que em patamares inferiores aos de períodos pré-pandemia. Curioso observar que a tendência de crescimento observada no Brasil no final de março, aproximadamente, coincide com o pronunciamento do presidente Jair Bolsonaro em cadeia nacional de rádio e televisão na noite do dia 23 daquele mês. Na ocasião, o discurso presidencial classificou a Covid-19 de "gripezinha" e confrontou várias orientações de autoridades sanitárias nacionais e internacionais em relação à pandemia, entre elas o distanciamento social, conclamando a população ao retorno à normalidade de suas atividades (PORTAL UOL, 2020).

Figura 1: Evolução do distanciamento social mensurado pela tendência[88] do indicador de circulação na América do Sul, 15 de fevereiro a 11 de setembro

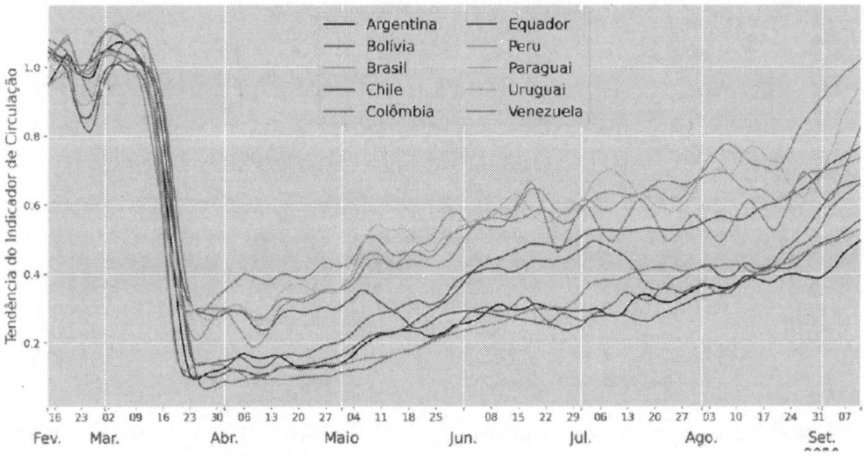

Fonte: COVID-19 Community Mobility Reports, Google.

No caso brasileiro, observa-se ao longo de todo o mês de abril que a curva que descreve a circulação de pessoas foi ascendente e em nível destacado dos demais países. Esta peculiaridade da mobilidade da população brasileira pode ser mais uma evidência de que estímulos adicionais ao não cumprimento do distanciamento social, para além de questões econômicas e do grau de rigidez das medidas de controle da circulação de pessoas, possam ter atuado (figura 1).

[88] A fim de se retirar os efeitos dos dias da semana, as tendências foram dessazonalizadas por meio da aplicação de técnicas estatísticas. Ver detalhes em Oliveira et al. 2020.

Apenas em maio a curva brasileira foi superada pela primeira vez, e no caso, pela curva de mobilidade do Uruguai. Em maio, alguns municípios brasileiros passaram a adotar o *lockdown* diante da forte escalada do número de casos e óbitos da covid-19, enquanto vários países da América do Sul, com um quadro epidemiológico mais favorável, iniciavam seus processos de reabertura econômica, como o Uruguai (VALOR ECONÔMICO, 2020).

Também conforme ilustrado pela figura 1, ao longo dos meses observa-se alternância da liderança em termos de mobilidade da população entre Brasil, Uruguai, Paraguai e Venezuela. Porém, a partir da segunda quinzena de agosto, aproximadamente, o Brasil voltou a ser destaque absoluto da região, com disparada da circulação de pessoas. E, na primeira semana de setembro, o Brasil foi o primeiro país da região a apresentar tendência de alcance de mobilidade compatíveis aos do período pré-pandemia (indicador de circulação superior a um), porém, sem que a Covid-19 ainda estivesse sob controle. Ao contrário, em 19 de setembro de 2020, o Brasil contabilizava mais de quatro milhões de casos, e na rota para alcançar 140 mil óbitos pelo novo coronavírus (FIOCRUZ, 2020).

Da semeadura à colheita: circulação de pessoas, reabertura econômica e quadro epidemiológico

Em 23 de agosto de 2020, o presidente Jair Bolsonaro declarou que deveria haver maior abertura da economia, mas com responsabilidade, e que "cinco meses depois do meu pronunciamento, o senhor Tedros Adhanom, diretor-geral da OMS, afirma que saúde e economia são inseparáveis" (CNN BRASIL, 2020b). Mesmo diante da experiência brasileira, em que o distanciamento social não foi cumprido a contento, e que cujo quadro epidemiológico colocou o país como a nação com o segundo maior número de óbitos de Covid-19 do mundo (WHO, 2020a), o discurso presidencial continuava na linha do confronto e/ou distorção das mensagens de autoridades mundiais em saúde a respeito do distanciamento social. E, apesar de mencionar um retorno parcimonioso, em seu discurso é possível notar destaque dos ganhos puramente econômicos às expensas das perdas de vidas para a Covid-19.

Com o avançar das fases de reabertura econômica em praticamente todos os estados brasileiros, o distanciamento social passou a ocupar um espaço menor nos noticiários e nos discursos presidenciais. Todavia, medidas sanitárias de contenção do espraiamento do novo coronavírus, como a utilização de máscaras, continuam sendo rechaçadas nos discursos e nos atos presidenciais.

Por exemplo, a Lei 14.019/2020, que disciplina o uso de máscara facial em espaços públicos, foi sancionada pelo presidente com vetos que, entre outros, desobrigavam o uso de máscara em ambientes como estabelecimentos comerciais, industriais e templos religiosos, entre outros. Porém, em 19 de agosto, o Congresso Nacional e o Senado restituíram os 25 vetos aplicados por ato presidencial a essa lei, voltando a tornar obrigatório, por exemplo, o uso de máscaras, o fornecimento delas pelo poder público e a aplicação de multas a quem descumprir essa determinação de utilização (AGÊNCIA SENADO, 2020). Em diversas oportunidades, o presidente se apresentou publicamente sem máscara ou a utilizando de maneira incorreta, chegando a declarar que esse equipamento de proteção tem "eficácia quase nula" (PORTAL UOL, 2020).

Em setembro, enquanto países da Europa se deparavam com uma alta do número de casos de Covid-19 e que poderiam ser sinal de uma segunda onda da doença (BBC NEWS, 2020), no Brasil os dados apontavam de maneira tímida a saída de uma incômoda estabilização do número de óbitos em patamares bastante elevados. Embora boa parte dos países do hemisfério norte estivessem um passo à frente na pandemia, o Brasil e outras nações de outras partes do mundo apresentaram baixa capacidade em aprender as lições e a se prepararem para a chegada da pandemia, repetindo vários erros e omissões. No contexto de avançado estágio de reabertura econômica e de atividades sociais em curso no Brasil, as lições deixadas pelo preço a se pagar por uma adesão ao distanciamento social efêmera, variante no tempo e descoordenada entre os entes federados precisam ser absorvidas antes que seja, mais uma vez, tarde demais.

Referências

AGÊNCIA BRASIL. *Efetivado no cargo, Pazuello diz que pandemia alcançou estabilidade*. Disponível em: <https://agenciabrasil.ebc.com.br/politica/noticia/2020-09/efetivado-no-cargo-pazuello-diz-que-pandemia-alcancou-estabilidade>. Acesso em: 20/09/2020. 2020.

AGÊNCIA SENADO. *Derrubado veto de Bolsonaro ao uso obrigatório de máscara na pandemia*. Disponível em: <https://www12.senado.leg.br/noticias/materias/2020/08/19/derrubado-veto-de-bolsonaro-ao-uso-obrigatorio-de-mascara-na-pandemia>. Acesso em: 20/09/2020. 2020.

AJZENMAN, N.; CAVALCANTI, T.; DA MATA, Daniel. More than Words: Leaders' Speech and Risky Behavior During a Pandemic. *Working Paper*. 2020. Available at SSRN: https://ssrn.com/abstract=3582908 or http://dx.doi.org/10.2139/ssrn.3582908.

AQUINO, Estela M. L. et al . Medidas de distanciamento social no controle da pandemia de COVID-19: potenciais impactos e desafios no Brasil. *Ciênc. saúde coletiva*, Rio de Janeiro, v. 25, supl. 1, p. 2423-2446, June 2020. Disponível em: <http://www.scielo.br/scielo.php?script=sci_arttext&pid=S1413-81232020006702423&lng=en&nrm=iso>. Acesso em: 15/09/2020.

BARBERIA, L. G. et al. Falta de coordenação entre o governo Federal e estados enfraquece a política de distanciamento social. A flexibilização sem critérios pode agravar a pandemia. *Rede de Pesquisa Solidária em Políticas Públicas e Sociedade*. 2020. Disponivel em <https://redepesquisasolidaria.org/boletins/boletim-4/falta-de-coordenacao-entre-o-governo-federal-e-estados-enfraquece-a-politica-de-distanciamento-social-a-flexibilizacao-sem-criterios-pode-agravar-a-pandemia/>. Acesso em: 16/05/2020.

BBC BRASIL. *O que é o isolamento vertical que Bolsonaro quer e por que especialistas temem que cause mais mortes?*. Disponível em: <https://www.bbc.com/portuguese/internacional-52043112>. Acesso em: 20/09/2020. 2020a.

BBC BRASIL. *Segunda onda de coronavírus*: países da Europa levam 'advertência' da OMS e planejam novas quarentenas. Disponível em: <https://www.bbc.com/portuguese/internacional-54202548>. Acesso em: 20/09/2020. 2020b.

BRASIL. Decreto Nº 10.282, de 20 de Março de 2020. Regulamenta a Lei nº 13.979, de 6 de fevereiro de 2020, para definir os serviços públicos e as atividades essenciais. *Diário Oficial [da] República Federativa do Brasil*, Poder Executivo, Brasília, DF, 20 mar. 2020. Disponível em: http://www.planalto.gov.br/ccivil_03/_Ato2019-2022/2020/Decreto/D10282.htm. Acesso em: 15/09/2020.

BRISCESE, G., et al. Compliance with COVID-19 Social-Distancing Measures in Italy: The Role of Expectations and Duration. *NBER Working Paper* 26916. 2020.

BRODEUR, A. et al. Stay-At-Home Orders, Social Distancing and Trust, *IZA Discussion Papers* 13234, Institute of Labor Economics (IZA), 2020.

CHOWDHURY, R. et al. Long-term strategies to control COVID-19 in low and middle-income countries: an options overview of community-based, non-pharmacological interventions. *European Journal of Epidemiology*, 2020, pp. 1–6.

CNN BRASIL. *Bolsonaro defende reabertura do comércio "com responsabilidade"*. Disponível em: <https://www.cnnbrasil.com.br/politica/2020/08/23/bolsonaro-defende-reabertura-e-cita-declaracao-da-oms-sobre-saude-e-economia>. Acesso em: 20/09/2020. 2020b.

CNN BRASIL. *Mandetta se reúne com Bolsonaro e pede tom mais ameno.* Disponível em: <https://www.cnnbrasil.com.br/politica/2020/03/28/mandetta-se-reune-com-bolsonaro-e-pede-tom-mais-ameno>. Acesso em: 20/09/2020. 2020a.

DUCZMAL, L. H. et al. Vertical social distancing policy is ineffective to contain the COVID-19 pandemic. *Cad. Saúde Pública*, Rio de Janeiro, v. 36, n. 5, e00084420, 2020. Disponível em: <http://www.scielo.br/scielo.php?script= sci_arttext&pid=S0102-311X2020000506002&lng=en&nrm=iso>. Acesso em 19/09/2020. 2020.

FIOCRUZ. *MonitoraCovid-19.* Disponível em: <https://bigdata-covid19.icict.fiocruz.br/>. Acesso em: 20/09/2020. 2020.

GOOGLE LLC. Google Community Mobility Reports. Disponível em: <https://www.google.com/covid19/mobility/>. Acesso em 16/09/2020.

GUGUSHVILI, A. et al. Votes, populism, and pandemics. *Int J Public Health* 65, 721–722 (2020). https://doi.org/10.1007/s00038-020-01450-y.

IDB ORG. *The Coronavirus Impact Dashboard*: Measuring the Effects of Social Distancing on Mobility in Latin America and the Caribbean. Disponível em <https://blogs.iadb.org/efectividad-desarrollo/en/the-coronavirus--impact-dashboard-measuring-the-effects-of-social-distancing-on-mobility-in-latin-america-and-the-caribbean/>. Acesso em 03/05/2020.

IPEA. Medidas legaisde incentivo aodistanciamento social:comparação daspolíticas de governosestaduais e prefeituras das capitais no Brasil. Nota técnica nº 16, Brasília: Diretoria de Estudos e RelaçõesEconômicas e Políticas Internacionais, Abril de 2020. Disponível em <http://repositorio.ipea.gov.br/bitstream/11058/9857/1/ NT_16_Dinte_Medidas%20Legais%20de%20 Incentivo%20ao%20Distanciamento%20Social.pdf>. Acesso em 07/02/2021.

MARIANI, L.; GAGETE-MIRANDA, J.; RETTI, P. Words can hurt: How political communication can change the pace of an epidemic. *Covid Economics Vetted and Real-time Papers*. Issue 12, 1 May 2020.

MINISTÉRIO DA SAÚDE. *Painel Coronavírus*. Disponível em: <https://covid.saude.gov.br/>. Acesso em: 15/05/2020.

MORAES, R.F. Medidas legais de incentivo ao distanciamento social: comparação das políticas de governos estaduais e prefeituras das capitais no Brasil. Nota Téc - *Ipea* 2020; 16. Disponível em: <https://www.ipea.gov.br/portal/images/stories/PDFs/nota_tecnica/200415_dinte_n_16.pdf>. Acesso em: 17/05/2020.

OLIVEIRA, G. L. A. de. Medidas de distanciamento social e mobilidade na América do Sul durante a pandemia por COVID-19: Condições necessárias e suficientes? *ArXiv*. Disponível em: <https://arxiv.org/abs/2006.04985>. Acesso em 19/09/2020. 2020.

PORTAL G1. *Mandetta anuncia em rede social que foi demitido por Bolsonaro do Ministério da Saúde*. Disponível em: <https://g1.globo.com/politica/noticia/2020/04/16/ mandetta-anuncia-em-rede-social-que-foi-demitido-do-ministerio-da-saude.ghtml>. Acesso em: 20/09/2020. 2020b.

PORTAL G1. *Teich deixa o Ministério da Saúde antes de completar um mês no cargo e após divergir de Bolsonaro*. Disponível em: <https://g1.globo.com/politica/noticia/2020/05/15/ teich-deixa-o-ministerio-da-saude-antes-de-completar-um-mes-no-cargo.ghtml>. Acesso em: 20/09/2020. 2020c.

PORTAL G1. *Um dia após Mandetta enfatizar isolamento social, Bolsonaro passeia pelo comércio de Brasília.* Disponível em: <https://g1.globo.com/politica/noticia/2020/03/29/ um-dia-apos-mandetta-enfatizar-o-isolamento-social-bolsonaro-passeia-pelo-comercio-de-brasilia.ghtml>. Acesso em: 20/09/2020. 2020a.

PORTAL UOL. *Bolsonaro diz que máscara tem eficácia quase nula; ciência aponta proteção.* Disponível em: <https://noticias.uol.com.br/saude/ ultimas-noticias/redacao/2020/08/19/bolsonaro-mascara-eficacia.htm>. Acesso em: 20/09/2020. 2020b.

PORTAL UOL. *'Gripezinha': leia a íntegra do pronunciamento de Bolsonaro sobre covid-19'*. Disponível em: <https://noticias.uol.com.br/politica/ultimas-noticias/2020/03/24/leia-o-pronunciamento-do-presidente-jair-bolsonaro-na-integra.htm>. Acesso em: 07/02/2021. 2021.

PORTAL UOL. *Covid-19*: Mandetta destoa de Bolsonaro e defende isolamento no Brasil. Disponível em: <https://noticias.uol.com.br/saude/ultimas-noticias/redacao/2020/03/28/covid-19-mandetta-contraria-bolsonaro-e-reforca-urgencia-de-parar-o-pais.htm>. Acesso em: 20/09/2020. 2020a.

SEALE, H. et al. COVID-19 is rapidly changing: Examining public perceptions and behaviors in response to this evolving pandemic. *PloS one*, vol. 15,6.

THE LANCET. *COVID-19 in Brazil: "so what?"*. Lancet 2020; 395:1461.

THE LANCET RESPIRATORY MEDICINE. COVID-19: delay, mitigate, and communicate. *Lancet Respir Med* 2020; 8(4):321.

VALOR ECONÔMICO. *Uruguai inicia "nova normalidade" e reabre comércio e prédios públicos.* Disponível em: <https://valor.globo.com/mundo/noticia/2020/05/05/uruguai-inicia-nova-normalidade-e-reabre-comercio-e-predios-publicos.ghtml>. Acesso em: 20/09/2020. 2020.

WORLD HEALTH ORGANIZATION (WHO). *WHO announces COVID-19 outbreak a pandemic.* 2020b. Disponível em: <https://www.euro.who.int/en/health-topics/health-emergencies/ coronavirus-covid-19/news/news/2020/3/ who-announces-covid-19-outbreak-a-pandemic>. Acesso em: 15/09/2020.

WORLD HEALTH ORGANIZATION (WHO). *WHO Coronavirus Disease (COVID-19) Dashboard.* 2020a. Disponível em: <https://covid19.who.int/>. Acesso em: 15/09/2020.

POPULISMO, TECNOLOGIAS POLITICO-ELEITORAIS, ENGAJAMENTO E DISCURSO

Por dentro das redes: construindo consenso via dissensos e desinformação nas redes sociais

Uma mentira pode viajar meio mundo enquanto a verdade ainda amarra seus sapatos

---

Frase que percorreu meio mundo sendo falsamente atribuída a Mark Twain

Alisson Magalhães Soares

Fake news. O que há de novo?

O termo *Fake News*, isto é, "notícias falsas," se tornou muito presente atualmente. Mas o uso de mentiras ou desinformação não é uma novidade dos tempos atuais. Nas eleições presidenciais de 1945, o candidato Eduardo Gomes, da UDN, parecia estar com vitória certa sobre o candidato getulista Eurico Dutra, do PSD. Faltando um mês para as eleições, Gomes fez um discurso no Teatro Municipal do RJ, dizendo que não precisava dos votos "desta malta de desocupados que apoia o ditador" para ser eleito, isto é, dos votos de quem apoiava Vargas. O empresário getulista Hugo Borghi foi ao dicionário verificar o significado de "malta" e encontrou "bando," mas um outro sentido lhe foi bem mais útil: "grupo de operários que percorrem as linhas férreas levando suas marmitas, marmiteiros." A partir dali, começou uma campanha em jornais, rádios, com músicas dizendo que Gomes havia dito que "não precisava dos votos dos marmiteiros," pois já contaria com o voto dos ricos e grã-finos. A ideia pegou, e Gomes perdeu com apenas 35% dos votos. Podemos ir mais longe. Quase meio milênio antes de Cristo, na democracia na Grécia antiga, professores de retórica (isto é, a arte da oratória, de falar de modo convincente em público) circulavam ensinando técnicas de convencimento em troca de dinheiro. Eram os chamados "sofistas", e muitas vezes usavam de artifícios maldosos para enganar e convencer, sem preocupação com a verdade ou com um raciocínio correto, mas se valendo da "erística". A erística não trata tanto de usar mentiras, mas de enganar por outras formas. Por exemplo, quando o adversário estiver em vantagem, partir para o insulto pessoal ou mudar para um assunto parecido, para assim mudar o foco, ou ainda apelar para a opinião de uma pessoa influente que tenha a estima do oponente. No caso da erística, pode-se enganar mesmo sem usar de mentiras. Filósofos como Platão e, principalmente, Aristóteles denunciaram e sistematizaram modos para identificar este tipo de sortilégios retóricos.

Mas se o uso de notícias falsas ou do engano proposital na política sempre existiu, então não há nada de novo? Antes de responder esta pergunta, comecemos antes com um exemplo pessoal. Após o calor político inaugurado nas manifestações de 2013, por curiosidade, fiz uma incursão em grupos no Facebook que pediam intervenção militar. Algumas coisas me chamaram a atenção: pouca ou nenhuma disponibilidade de diálogo: qualquer um que postasse algo que divergisse levemente dos valores do grupo, era expulso sumariamente. Havia também uma quantidade incessante de novas postagens. Também me chamou a atenção que muitas postagens vinham de fontes não tradicionais, blogs e sites recém-criados. Por fim, era claro que a maioria destas informações era claramente falsa e sensacionalista. Por exemplo, divulgavam que um deputado que votou pelo aumento de salário dos deputados era apresentado como votando contra, e quem votou contra, era apresentado como votando a favor. De nada adiantava desmentir, mostrando a votação oficial no site da Câmara. A mentira nova apenas confirmava algo já insinuado por mentiras anteriores, e se houvesse algum desmentido, este ficava perdido, sem atenção, pelas novas notícias que não paravam de se sobrepor umas às outras. Com o tempo, descobri que este era o funcionamento normal deste tipo de grupo e compreendi como quase nada disso era por acaso.

Descobri que a quantidade alucinada de postagens tem um nome técnico: "*firehosing*," ou "mangueira de incêndio," isto é, a quantidade de informação (ou desinformação) vem tão forte – como na pressão da mangueira de bombeiro — que fica difícil escapar. A quantidade repetida de informação não é casual, e melhor ainda se vier de fontes diferentes, pois assim passa-se a impressão de que muitas pessoas estão comentando sobre o mesmo assunto. E, no caso de mentiras e das *fake news*, passam a impressão de que o boato inicial está sendo confirmado por diferentes fontes. A Cambridge Analytica — uma empresa que ficou famosa por usar dados do Facebook na eleição dos Estados Unidos em 2016 em favor de Trump, com uso de notícias falsas e técnicas psicológicas — tinha até uma contagem média de posts arrolados na tela do usuário, que só a partir de certo número parava e prestava atenção no conteúdo[89].

Nas eleições presidenciais brasileiras de 2014, uma página apócrifa chamada "Tv Revolta" se especializou em hostilizar lideranças e espalhar boatos contra a esquerda. Postava diariamente, em média, três vezes mais que um grande veículo com muitos profissionais como o jornal O Globo (DOS SANTOS JUNIOR, 2019, p. 208), o que indica que havia um esquema profissional se passando por amador. A diferença de épocas passadas para o uso da mentira hoje aparece no volume gigantesco de notícias falsas sendo usadas na incrível e gigantesca máquina de propaganda das redes sociais. Nem bem se desmentiu uma notícia falsa, já aparecem dezenas de outras mentiras novas, renovando constantemente o estoque.

A mentira sempre existiu, mas nunca se mentiu sistematicamente um volume grande e incessante de mentiras ou meias verdades, sabendo bem qual mentira contar para que tipo de pessoa, como nos dias atuais. A conteúdo da mensagem hoje em dia é bem segmentada, focada para grupos específicos. Para se ter uma ideia da dimensão, em 2018, num

---

[89] Segundo uma ex-funcionária da empresa: "Usando um sistema automatizado que refinava esse conteúdo constantemente, fomos capazes de entender o que levava usuários individuais a enfim se engajarem com esse conteúdo de maneira significativa. Foi possível descobrir que eram necessárias entre vinte e trinta variações do mesmo anúncio, enviadas para a mesma pessoa trinta vezes e dispostas de diferentes maneiras nos feeds das suas diversas mídias sociais, até que ela clicasse nele e ele surtisse efeito. E a partir dessa descoberta, nossa equipe de criação, que passava o tempo inteiro produzindo conteúdo novo, passou a saber como alcançar essas mesmas pessoas na próxima vez que a CA lhes enviasse algo" (Kaiser 2020).

estudo conjunto feito por universidades e por uma agência de checagem de notícias, observaram 347 grupos de WhatsApp contendo 18 mil usuários e por onde circularam 846 mil mensagens. Eles identificaram que dentre as 50 imagens mais compartilhadas nesta rede, apenas 8% eram verdadeiras[90]. Um outro estudo sobre audiência de canais do YouTube sobre a Covid-19 mostrou que canais de *fake news* são vistos quase três vezes mais que canais de dados reais (MACHADO ET AL. 2020). O fluxo contínuo de mentiras garante a impressão de haver um grande consenso num certo assunto, e que, apesar de um deslize ou outro de notícia falsa, a mensagem geral continuaria verdadeira.

Passar-se por amador ou espontâneo sendo profissional ou sendo pago por empresas ou políticos, tem um nome: "*astroturf marketing*" ou "*astroturfing*." AstroTurf era o nome de uma empresa de grama sintética que parecia natural. O nome acabou pegando. Empresas podem pagar pessoas para falar mal da marca do concorrente, ou falarem bem ou mal de algum candidato, se passando como reações de pessoas autênticas desinteressadas. Em outubro de 2013, por exemplo, a Samsung foi multada em 340 mil dólares por pagar pessoas para falar bem de seus smartphones e mal dos produtos da concorrente HTC. E Bing Liu, um especialista em detecção de resenhas falsas no comércio eletrônico, chegou a estimar que um terço das resenhas de produtos feitas por consumidores na internet eram falsas (STECKER, 2013). Na política, o astroturfing também ocorre. Na cidade de Bogotá, Colômbia, em 2011, uma empresa da qual a Cambridge Analytica é uma parte — a SCL — descobriu que, em contextos nos quais a percepção de corrupção é generalizada, ao invés de fazer material de campanha para um político, é bem mais eficaz simular apoiadores espontâneos (KAISER, 2020).

No Brasil, recentemente deputados geraram desconfianças de que usavam perfis falsos para se elogiarem nas redes sociais, ao receberem comentários elogiosos deles próprios ao invés de outras pessoas. Aqui entra o uso de robôs ou "*bots*," de automatização computacional. Ao menos no Twitter, o uso destes *bots* não envolve tanto a confecção de textos ou figuras de modo automatizado, mas envolve a confecção de textos por pessoas reais nos dias anteriores, na ordem dos milhares, e

[90] https://agenciabrasil.ebc.com.br/politica/noticia/2018-10/pesquisa-constata-so-8-de-imagens-verdadeiras-em-grupos-de-whatsapp, acesso em 12/09/2019.

disparados estrategicamente em certos dias e horários determinados, bem pensados, para gerar a impressão de que muitas pessoas comentam o mesmo assunto. O objetivo disso é formar todo um ecossistema artificial de opiniões que convergem entre si. Diante disso, pessoas reais que antes guardavam para si opiniões polêmicas, começam a se sentir parte de uma comunidade que compartilha opiniões parecidas, se sentem mais à vontade de compartilhar opiniões radicais, ou vão sendo radicalizados neste ambiente[91].

Além dos robôs, há também os "ciborgues." O ciborgue é uma figura meio robô, meio humana, mas nas redes sociais, ciborgues são pessoas reais com contas reais, mas que a cedem para empresas postarem conteúdo automático. O Movimento Brasil Livre (MBL), por exemplo, certa vez pediu autorização aos seus seguidores para que deixassem um aplicativo postar automaticamente até duas vezes por dia conteúdo do MBL em seus perfis pessoais. O programa se chamava "Voxer" da empresa *Let's Rocket*. O próprio Facebook posteriormente desativou o serviço[92]. O mesmo se passou na Itália com Salvini (EMPOLI, 2019) com a campanha "seja um porta-voz de Salvini," com postagens automáticas feitas por software em perfis de pessoas reais. Ciborgues também são contas de empresas em redes sociais que postam conteúdo automático, mas que quando precisam interagir com pessoas, acionam então pessoas reais, como acontecia na Espanha[93]. Este ecossistema da direita conta também com muitos voluntários reais. Em alguns grupos de *Telegram* e *WhatsApp*, há avisos sobre qual a *hashtag* do dia a ser levantada no Twitter, e quando não havia o aviso, as próprias pessoas cobravam por ela. Também são combinados os chamados "ataques de enxame" ou *swarm attack*, que ocorrem sempre quando há alguma votação de enquete sobre tema político ("votem e divulguem! Estamos perdendo feio pra esquerdalha"), quando querem atacar algum adversário ou ex-aliado, ou para dar *dislikes* em vídeos no YouTube. As chamadas são, por exemplo "gente, mete o dedão, vamos dar *dislike* a esse vídeo da BBC, manipulando contra nosso

91 https://brasil.elpais.com/tecnologia/2020-05-22/eu-fui-um-bot-as-confissoes-de-um-agente-dedicado-a-mentir-no-twitter.html, acesso em 23/05/2020.

92 https://gauchazh.clicrbs.com.br/politica/noticia/2018/03/mbl-usou-aplicativo-irregular-para-aumentar-alcance-de-publicacoes-no-facebook-diz-jornal-cjfeeaeko03j501ph8trobcg1.html, acesso em 02/04/2018.

93 https://brasil.elpais.com/tecnologia/2020-05-22/eu-fui-um-bot-as-confissoes-de-um-agente-dedicado-a-mentir-no-twitter.html, acesso em 23/05/2020.

presidente!"; "lasca esse dedo no *dislike* até ficar inchado e sangrando!" ou "já deu seus *dislikes* hoje?!".

O Facebook foi, por certo tempo, a principal rede social usada por brasileiros. Sua popularidade crescente coincidiu com o aumento no uso de computadores e celulares por pessoas que antes não tinham acesso à internet. Isso se deu de tal forma, que em 2016 cerca de 55% dos brasileiros acreditavam que o Facebook era toda a internet[94].

Ali se deram os primeiros e importantes passos da polarização política. Segundo um estudo da Reuters e Oxford, entre 2014 e 2018, o uso de *smartphones* para o consumo de notícias saltou de 35% para 65%, e com ele o *WhatsApp* cresceu para 46%, enquanto o uso do Facebook para notícias caiu 17 pontos entre 2016 e 2018 (SANTOS ET AL. 2019, 310). Contribuiu para a migração para o *WhatsApp* o fato de empresas de telefonia passarem a oferecer serviços com uso ilimitado do aplicativo. Com o *WhatsApp,* é possível repassar mensagens de modo que quase impossibilita o rastreamento da fonte, garantindo-se o anonimato, o que tornou esta ferramenta ideal para a proliferação de *fake news*. Este era um problema para o qual especialistas já haviam alertado em 2017 (SANTOS ET AL. 2019, 315). Como veio a se saber depois, isto se confirmou. Vários candidatos usaram de disparos em massa, o que não era ilegal na época, desde que seguidas algumas regras, como não ter financiamento empresarial. Mas disparos em massa foram bancados por empresários[95]. O mais eficiente não era enviar mensagens para grandes listas de pessoas aleatórias, mas mandar para os grupos de apoiadores, que filtravam e depois reencaminhavam para outros grupos não diretamente relacionados à política, como os grupos de família, academia, bar, etc. (MELLO, 2020).

Há indícios claros de controle centralizado deste processo de fabricação da desinformação em muitos países. No caso italiano, Casaleggio compara a organização das redes sociais do seu Movimento Cinco Estrelas a um formigueiro. Isto é, uma estrutura auto-organizada, mas com um demiurgo, que observa tudo do alto, observa sua evolução e a modifica, quando necessário. Mas as formigas não podem ter ideia de como funciona este formigueiro em sua totalidade, senão podem querer os

[94] https://www.cartacapital.com.br/blogs/intervozes/internautas-brasileiros-acham-que-a-internet-se-resume-ao-facebook/, acesso em 23/05/2020.

[95] https://www1.folha.uol.com.br/poder/2018/10/empresarios-bancam-campanha-contra-o-pt-pelo-whatsapp.shtml acesso em 20/10/2018, ver também Mello (2020).

melhores postos, e isso criaria um problema de coordenação. No caso da eleição de Trump em 2016, segundo uma ex-funcionária da Cambridge Analytica (CA): "Os *dashboards,*" isto é, painéis com relatórios no computador gerados em tempo real:

> ...ainda mais sofisticados que a CA elaborou nas 'salas de operações' da campanha forneceram aos gerentes de campanha e de projeto dados em tempo real, proporcionando a eles métricas atualizadas minuto a minuto sobre a relação entre cada dólar gasto, determinado conteúdo e sua abrangência e a quantidade de impressões e cliques que ele recebia. Bem diante dos seus olhos, eles podiam ver o que estava funcionando e o que não estava, se estavam obtendo o retorno esperado do investimento que tinham feito, e como ajustar sua estratégia para aprimorar aquele processo. Com essas ferramentas, qualquer um que estivesse acompanhando os *dashboards* seria capaz de monitorar, a qualquer momento, até 10 mil 'campanhas dentro de campanhas' em andamento diferentes. O que a CA fazia tinha fundamentação científica. A empresa poderia mostrar aos clientes com clareza o que havia sido feito, quem tinha sido alcançado e, por meio de pesquisas realizadas com uma amostra representativa, apontar quantas pessoas a quem haviam atingido e se estavam agindo de acordo com o conteúdo do *messaging* direcionado a elas. Era revolucionário. (KAISER, 2020).

É difícil saber até que ponto há coordenação centralizada atualmente no Brasil. Talvez seja pouco provável que haja algo como um único "gabinete do ódio" coordenando as redes bolsonaristas, mas vários gabinetes, várias coordenações. Citamos como na eleição de 2014 no Brasil que uma página apócrifa produzia individualmente mais conteúdo que grandes jornais. Muitos dos grupos no *WhatsApp* bolsonaristas mostram organização que sugere administração profissional, como um mesmo nome de administrador com vários números de telefone diferentes, alguns deles estrangeiros, o que pode dificultar a ação da justiça brasileira; séries de grupos com mesmo nome, mas com numeração diferente — por exemplo "Aliança pelo Brasil 03," "Aliança pelo Brasil 04" —, ou "#Aliança - PI (86/89)"; "#Aliança - PE (81/87)" e administradores com mais de 100 grupos de direita. Estes administradores seduzem novos membros mudando ou criando grupos com nomes de acordo com o assunto ou controvérsia do momento, sobre greve dos caminhoneiros ou de policiais, auxílio emergencial, apoio a Trump durante a eleição, etc. O conteúdo compartilhado dentro destes grupos, no entanto, não difere substancialmente de um grupo para outro. Os links são então compartilhados nos grupos de direita e em grupos de *WhatsApp* especializados na difusão de links de grupos de *WhatsApp* de todo o tipo.

Steve Bannon foi o estrategista da campanha de Donald Tump 2016 e antigo proprietário de um site famoso pelas notícias falsas que tiveram grande peso na vida política dos EUA. Ele dizia que a oposição real da extrema-direita, da qual faz parte, não é o partido adversário, mas a mídia tradicional, "e o modo de lutar com ela" diz Bannon, "é inundando a área com merda." Há uma tentativa de manter um estado constante de excitação e esta receita é seguida por vários líderes mundiais da direita. "No mundo de Donald Trump, de Boris Johnson e de Jair Bolsonaro, cada novo dia nasce com uma gafe, uma polêmica, a eclosão de um escândalo," disse o italiano Empoli (2019). E continua: "Mal se está comentando um evento, e esse já é eclipsado por um outro, numa espiral infinita que catalisa a atenção e satura a cena midiática." A imprensa tradicional erra e publica informações falsas, é verdade, mas ela também possui mecanismos de checagem da informação, que embora não sejam perfeitos, existem. Tais mecanismos inexistem em blogs e *sites* de divulgação de notícias falsas, que muitas vezes não dizem quem são os responsáveis pelo *site* ou pelas reportagens. Um deles, que continua ativo, chegou até a inventar jornalistas falsos[96]. Na imprensa tradicional, notícias eram checadas minuciosamente antes da publicação, mas, devido à rapidez exigida atualmente, muitas vezes a checagem mais aprofundada fica comprometida. Quando o ecossistema é saturado "com merda" — isto é, cheio de desinformação —, a mídia tradicional perde a capacidade de checar a maior parte da informação mais relevante, ficando difícil para o público avaliar acuradamente o que é falso e o que é verdadeiro. Bannon chegou a criar uma história ridícula, porém plausível para alguns, rapidamente desmentida, apenas para criar uma áurea de corrupção contra uma adversária política[97].

---

96 https://www.aosfatos.org/noticias/jornal-da-cidade-online-usa-perfis-apocrifos-para-atacar-politicos-e-magistrados/, acesso em 05/07/2019.

97 O boato dizia que Hillary Clinton teria aprovado a venda de urânio americano para a Rússia em troca de doação para Fundação Clinton. Os furos nos argumentos eram inúmeros. Para uma venda de produto radioativo acontecer nos EUA, deve ser aprovado por muitos órgãos de Estado diferentes. Hillary sozinha não teria capacidade de aprovar tal coisa. Ver https://www.vox.com/2017/11/17/16658080/uranium-one-clinton-russia-chart, acesso em 24/08/2020.

Está envolvido aí o que alguns psicólogos chamam de fenômeno da "ilusão da verdade": tendemos a avaliar como verdadeiras as afirmações das quais nos lembramos, apenas por nos soarem familiares[98]. Assim, o compartilhamento de notícias falsas por longo tempo pode estar contribuindo para, no futuro, termos a impressão de ser verdadeira uma antiga notícia falsa da qual nos lembramos. Uma frase frequentemente repetida diz que enquanto a mentira dá meia volta ao mundo, a verdade ainda calça seus sapatos[99]. Um estudo recente mostra como esta frase possui fundamento (VOSOUGHI; ROY; ARAL 2018). Ao analisarem tuítes de 3 milhões de pessoas entre 2006 e 2017, encontraram que notícias falsas se difundiam muito mais rapidamente, iam mais longe e profundamente, especialmente as notícias falsas sobre política. Robôs impulsionavam notícias verdadeiras e falsas na mesma proporção, mas as falsas se difundiam mais, mostrando que a causa desta difusão maior de mentiras seria algum fator humano. O que explica que mentiras têm mais apelo? Aparentemente, notícias falsas costumam ser mais novas, e assim, seriam novidades "quentes." O compartilhamento de um simples e inocente "eu ouvi dizer" e "estão dizendo por aí," se repassado para um, que repassa para outro e mais outro, e assim sucessivamente, pode ter consequências catastróficas nesse quadro geral.

Além de inspirar surpresa por serem novas, estas notícias falsas também inspiravam mais medo e indignação, diz o estudo. O medo pode vir de uma ameaça real, mas o ponto aqui é a criação de uma ameaça exagerada para criar medo com fins políticos, e empurrar junto a solução que querem. Este mecanismo é bem conhecido há tempos: *fearmongering*, *scaremongering* ou *shockvertising*, no caso de publicidade. Erich Fromm (1975) dizia que Hitler utilizou como ninguém o "estamos sendo ameaçados" para mobilizar a agressividade pelo medo, e não se furtou em usar mentiras sem sentido. Por exemplo, os nazistas chegaram até a simular um ataque absurdo de poloneses a uma rádio alemã, apenas para convencer os alemães de que a Polônia os estaria ameaçando, e assim justificar

[98] https://www.bbc.com/future/article/20161026-how-liars-create-the-illusion-of-truth (acesso em 23/08/2020.), ou ainda Bacon (1979).

[99] Uma busca rápida no Google mostra que esta frase foi citada por várias celebridades brasileiras e estrangeiras como se fosse de autoria de Mark Twain, mas isto é falso. A ironia disso é que a difusão desta versão mostra como, apesar da autoria, sua mensagem é realmente verdadeira na prática. Sobre isso, ver https://www.nytimes.com/2017/04/26/books/famous-misquotations.html, acesso em 20/08/2020.

a invasão alemã daquele país. Ataques como esse — onde se simula um ataque a si mesmo para justificar a sua reação — são chamados de ataques de "falsa bandeira." Estes foram usadas no Brasil para justificar o endurecimento do regime militar[100] e, em junho de 2020, um grupo de extrema direita nos EUA simulou uma conta de um grupo antifascista em uma rede social, como se ele estivesse incitando a violência. Com isso, o grupo racista procurava incitar o medo e a violência entre os seus membros[101]. Por exemplo, nas redes bolsonaristas circularam inúmeras montagens de supostos integrantes de grupos antifas cometendo barbaridades, como o assassinato de crianças[102]. O objetivo é aumentar o nível de medo e raiva nos grupos, para se vender então a solução. Assim, podem argumentar, não estariam atacando, mas reagindo a uma situação inaceitável e respondendo a ataques dos outros.

A Cambridge Analytica - uma empresa decisiva na eleição de Trump - para deixar claro aos seus clientes o tipo de propaganda diferenciada que faziam, diziam usar as técnicas do "*marketing* comportamental". Num slide de apresentação para possíveis clientes, mostravam uma mesma praia, com duas placas diferentes. Na primeira, havia o aviso de que a praia era particular e que intrusos não eram bem-vindos. Na segunda opção, dizia "cuidado, tubarões". Qual dos dois tipos de propaganda é mais efetivo? Obviamente, a segunda, que inspira medo. A empresa, diziam, não era uma mera empresa de publicidade, mas mais que isto, uma "agência de mudança de comportamento". Foi com esse tom que se conduziu as eleições nos EUA. Nesse sentido, ao comentar o caso italiano, disse Empoli (2019) sobre o título das mensagens compartilhadas:

> Elas já são recortadas, sob medida, para viralizar no Facebook e nas outras redes sociais. Os títulos são sedutores, muitas vezes enganosos, outras vezes violentos. Começam quase sempre com as mesmas palavras e expressões: *Vergonhoso, Péssima notícia, Isto é a Itália!, Vocês vão ficar chocados, Basta!, É o fim!*. De início, antecipa-se a emoção, em geral negativa, que se quer suscitar. Depois, divulgada a informação, às vezes

[100] https://apublica.org/2018/10/atentados-de-direita-fomentaram-ai-5/, acesso em 01/10/2018.

[101] https://www.nbcnews.com/tech/security/twitter-takes-down-washington-protest-disinformation-bot-behavior-n1221456, acesso em 05/06/2002.

[102] Ver https://piaui.folha.uol.com.br/lupa/2020/06/04/verificamos-antifacista-matou-criancas/, acesso em 05/06/2020.

verdadeira, mas muito frequentemente falsa, convida-se à participação: *Compartilhe!, Faça circular*. (grifos no original)

Algo bem parecido também acontece nas redes sociais no Brasil. "Vejam antes que censurem," "este vídeo foi proibido pela Globo/STF," "só no Brasil" "compartilhe sem dó"; "se você não compartilhar, ninguém ficará sabendo"; "alguém viu essa notícia na Globo ou na Folha? Pois é, não vão mostrar nunca mesmo. Ajudem a compartilhar!"; "quer matar a Rede Globo de raiva? É só divulgar esse vídeo"; etc. Exemplo de como sentimentos de medo, ódio, ojeriza são mobilizados para fins políticos estão nos boatos falsos de ameaça a valores fundamentais e ao cristianismo. Uma mentira frequente e antiga é que políticos de esquerda estariam tentando mudar a Bíblia[103], que teriam dito que a Bíblia é uma piada e cristãos seriam palhaços[104], um deles dirigia filme que retratava Jesus como homossexual[105], que estariam tentando legalizar a pedofilia em 2017[106] e em 2020[107]. Mesmo o Papa Francisco foi acusado de tentar trocar a Bíblia por outro livro sagrado[108]. Alguns boatos são ridículos apenas para ajudar no quadro geral de desmoralização, como a falsa proposta de criar a profissão de ex-BBB[109]. Em alguns grupos de *WhatsApp* evangélicos, não há debate político, por ser vetado nas regras do grupo. Mas, vez por outra, aparece a mobilização de "estamos sendo ameaçados" por notícias de suposta perseguição de cristãos, principalmente na China.

Chama a atenção nos grupos bolsonaristas um discurso bélico que pune com expulsão ao menor indício de insubordinação ou de contestar Bolsonaro, ainda que este diga uma coisa no dia anterior e o oposto no

[103] http://g1.globo.com/bahia/noticia/2016/07/vereadores-repudiam-pl-inexistente-de-jean-wyllys-para-mudar-biblia.html, acesso em 26/08/2020.

[104] https://www.boatos.org/politica/calunia-jean-wyllys-diz-que-biblia-e-uma-piada-e-cristaos-sao-palhacos.html, acesso em 26/08/2020.

[105] https://piaui.folha.uol.com.br/lupa/2018/12/20/verificamos-jean-wyllys-filme-jesus-homossexual/, acesso em 26/08/2020.

[106] https://veja.abril.com.br/blog/me-engana-que-eu-posto/jean-wyllys-e-maria-do-rosario-querem-descriminalizar-pedofilia/, acesso em 26/08/2020.

[107] https://apublica.org/2020/07/grupos-evangelicos-e-olavistas-ajudaram-a-espalhar-fake-news-de-bolsonaro-sobre-esquerda-e-pedofilia/, acesso em 26/08/2020.

[108] https://www.boatos.org/religiao/papa-francisco-cancela-biblia-propoe-criacao-novo-livro-sagrado.html, acesso em 26/08/2020.

[109] https://www.boatos.org/politica/noticia-falsa-deputado-jean-wyllys-quer-criar-profissao-de-ex-bbb.html, acesso em 26/08/2020.

dia seguinte, ou que esteja fazendo o oposto de uma promessa de campanha. Após a expulsão de um membro, disse uma administradora do grupo "Aqui só ficam os fiéis a Bolsonaro. Sem máscaras". E quando Moro abandonou o governo Bolsonaro, circulou em grupos bolsonaristas em 24 de abril um texto que dizia:

"Decidam! Aqui no grupo só vai ficar quem defende o Brasil e o Bolsonaro. Não tem meio termo. Estamos numa guerra e vcs ainda ficam discutindo sexo dos anjos? O tempo de debate ficou pra trás e no front de batalha não há espaço pra discussão. Ou a gente luta pelo Brasil e o Bolsonaro, o único que teve e tem CORAGEM de enfrentar o establishment, ou deserta. Ou [se] é valente ou [se] é covarde[...] #FechadoComBolsonaro"

O mesmo acontece nos grupos na Itália de apoio ao Movimento Cinco Estrelas, que tinham como lema "à menor dúvida, nenhuma dúvida mais!" isto é, caso ocorra qualquer questionamento ou dúvida, por menor que seja, a expulsão sumária é a regra (EMPOLI 2019). Em alguns grupos bolsonaristas, é vetado compartilhar notícias de certas fontes que consideram de esquerda. E para ser considerado de esquerda, basta que o jornal tenha publicado qualquer notícia levemente negativa sobre o presidente. Na prática, isso implica que nestes grupos circulam quase exclusivamente apenas os blogs e *sites* claramente bolsonaristas e de conteúdo falso. Não é permitido, mas, se quiser, pode: se a matéria elogiar o presidente, acabam circulando sem problemas, com títulos como "até a Globo/Folha/OMS/China teve de admitir que Bolsonaro tinha razão."

Além destas estratégias de isolamento informativo, há também processos de imunização à crítica. Um dos modos de se fazer isso é pintar os críticos como um inimigo com o qual nenhum diálogo possível e que não se deve sequer escutar o que têm a dizer. Não é raro circular nos grupos um meme escrito "não discuta com petista, você não é psiquiatra," e um ex-ministro da educação chegou a afirmar que o método olavista de conversar com "comunistas" é não dialogar, mas xingar, "não pode ter premissas racionais"[110]. Além de ser uma técnica erística[111], ela parece tentar garantir o isolamento da rede de direita, como forma de manter seu público fiel — ver ensaio de Sá (2021) neste mesmo livro.

[110] https://www1.folha.uol.com.br/educacao/2019/04/novo-ministro-da-educacao-weintraub-defende-expurgo-do-marxismo-cultural.shtml, acesso em 09/04/2019.

[111] Estratagema número 38 da erística dialética do filósofo Arthur Schopenhauer.

Há outras formas de estabelecer imunização à crítica. Há quem defenda que "*fake news* são as verdades que eles não querem ouvir" — como diz a descrição de um perfil bolsonarista em uma rede social — ou pode-se desmerecer o trabalho das agências checadoras de fatos. Ao invés de mostrarem os possíveis equívocos dessas, preferem apenas jogar ao ar — sem apresentar qualquer evidência — que são "controladas por esquerdistas"[112].

Há ainda a tentativa de incutir confiança total no líder, não importa o que aconteça, como bem expressa na figura 1.

Figura 1: Imagem compartilhada em rede social sob o título "Acredite sempre no presidente Bolsonaro"

1) Queríamos Janaína como Vice (Erramos)
2) Queríamos Moro no STF (Erramos)
3) Queríamos Deltan na PGR (Erramos)
4) Chamamos Aras de Petista (Eramos)
5) Acreditamos no Major Olímpio (Erramos)
6) Acreditamos no Dória (Erramos)
7) Acreditamos na Peppa (Erramos)
8) Acreditamos no Witzel (Erramos)
Quando vamos parar de achar que sabemos mais e temos mais informações que o Presidente? Ou achar que ele é ingênuo e não sabe o que está fazendo? Quem diz que está contra, na verdade, nunca esteve a favor!
#BolsonaroTemRazao

Fonte: Grupo de WhatsApp bolsonarista.

Uma vez que as pessoas dos extremos políticos têm posições mais rígidas, e numa democracia há uma disputa por votos, a política tradicional sempre tendia à moderação e ao centro. Pelo menos era assim que funcionava a política até bem pouco tempo. Mas com a difusão das redes sociais, isto não é mais verdade. Agora há a possibilidade maior de mandar mensagens diferentes e até inconsistentes entre si, para grupos diferentes, que só se encontram quando vão votar. Agora é possível o líder populista

[112] Circularam em grupos bolsonaristas textos como: "E adivinha quem definirá o que é fake news ou não? As agências de checagem de fatos, que são todas controladas por esquerdistas" e "A 'checagem de fatos' é a mais nova onda da grande imprensa para impor sua agenda à opinião pública sob a muitas vezes falsa ou altamente imprecisa alegação de 'fake news'"

fazer vários discursos contraditórios, e um discurso ou trecho recortado ir para um grupo, outro para outro.

Aqui voltamos ao título do artigo. Se no passado, uma mensagem unificada era elaborada para alcançar toda a população, na política atual — inaugurada com as redes sociais — o consenso do apoio ao líder é alcançado pelo dissenso, por grupos diferentes recebendo mensagens diferentes e tendo expectativas muito diferentes ou até mesmo contraditórias entre si[113]. As redes sociais, tal como funcionam até hoje, propiciam, pelo menos até o momento, que o consenso do voto seja alcançado pelo dissenso de opiniões e posições. Com mudanças nas políticas dos algoritmos — que felizmente, tem ocorrido ultimamente — podemos esperar melhoras nestes mecanismos que têm polarizado o debate público.

[113] Isabela Kalil (2018) tem feito trabalhos identificando os diferentes tipos de grupos bolsonaristas, e como o medo foi trabalhado neles

Referências

BACON, Frederick T. "Credibility of repeated statements: memory for trivia." *Human Learning and Memory.* 1979 5 (3): 241–52.

DOS SANTOS JUNIOR, Marcelo. "*Desarranjo da visibilidade, desordem informacional e polarização no Brasil entre 2013 e 2018*". Tese (Doutorado). 400p. UFF. Niterói. 2019.

EMPOLI, Giuliano da. *Os Engenheiros Do Caos.* 1ª ed. Belo Horizonte/ São Paulo: Vestígio Editora. 2019.

FROMM, Erich. "Über biologische und soziale Wurzeln der menschlichen Destruktivität." *1. Basler Biennale für Psychiatrie*, p. 7–26. 1975.

KAISER, Brittany. *Manipulados*: Como a Cambridge Analytica e o Facebook invadiram a privacidade de milhões e botaram a democracia em xeque. Rio de Janeiro: Harper Collins. 2020.

KALIL, Isabela O. *Quem são e no que acreditam os eleitores de Jair Bolsonaro.* Relatório. Fundação Escola de Sociologia e Política de São Paulo. Outubro, 2018.

MACHADO, Caio C. V. *et al. Ciência Contaminada* – Analisando o contágio de desinformação sobre coronavírus no Youtube. [S.l.], 2020. 51 p. Disponível em <https://inctdd.org/relatorio-analisa-desinformacao-sobre-coronavirus-no-youtube>.

MELLO, Patrícia Campos. 2020. *A máquina do ódio.* Rio de Janeiro: Companhia das Letras.

SÁ, Thiago. "Masoquistas aplaudem o sádico: o apoio autodestrutivo da torcida bolsonarista." In: SÁ, Thiago (org.) *Extremo.* O mandato Bolsonaro. No prelo.

SANTOS, João Guilherme B. dos, et al. "WhatsApp, Política Mobile e Desinformação: A Hidra Nas Eleições Presidenciais de 2018". *Comunicação & Sociedade.* 41 (2): 307–34. 2019.

STECKER, Marion. Astroturfing. *Folha de São Paulo*, 11. nov. 2013. Disponível em <https://m.folha.uol.com.br/colunas/marionstrecker/2013/11/1368791-astroturfing.shtml>. Acesso em 05 ago. 2020.

VOSOUGHI, Soroush; ROY, Deb, e ARAL, Sinan. "The spread of true and false news online". *Science.* 2018.359 (Março): 1146–51.

AS REDES E A ANIQUILAÇÃO DO "OUTRO" COMO ESTRATÉGIA DISCURSIVA

"O súdito ideal do governo totalitário não é o nazista convicto nem o comunista convicto, mas aquele para quem já não existe a diferença entre o fato e a ficção (isto é, a realidade da experiência) e a diferença entre o verdadeiro e o falso (isto é, os critérios do pensamento)"
(ARENDT, 1949)

Isaac H. Jerez (IFPA)

Como observou Slavoj Zizek em sua famosa análise do filme Tubarão[114], de 1975, a criatura marinha funciona naquela narrativa como mecanismo de aglutinação de todos os medos, de redução de toda a complexidade a um único objeto. Diante da impotência de compreender e controlar ameaças que desestabilizam nossas rotinas, que frustram nossas expectativas – ou até mesmo nossa capacidade de realizar prognósticos e projetos -, a produção de inimigos imaginários como aquele proporciona algum tipo de conforto. Seus efeitos ultrapassam as poderosas emoções alcançadas pelo clímax da narrativa, aquele catártico final no qual matar o antagonista parecia insuficiente. Foi necessário explodi-lo diante da câmera para assegurar o seu desaparecimento.

[114] A referida análise se encontra no documentário The Pervert's Guide to Ideology, de 2012, dirigido por Sophie Fiennes, com roteiro e atuação de Slavoj Zizek.

O processo de ficcionalização, de criação de narrativas mágicas, mais que alguma forma de escapar ou encobrir a realidade, a integra por meio da construção de sua inteligibilidade. Dos mitos ancestrais aos produtos de entretenimento audiovisual, nomeamos, classificamos e ordenamos o mundo sensível, ao mesmo tempo que eles compõem os nossos próprios esquemas de percepção. Transmitem valores, engendram e legitimam práticas. São, portanto, modos de fazer mundos[115].

A trama dirigida por Steven Spielberg inicia com a apresentação de um universo familiar idílico vivenciado pelos protagonistas, recorrente representação das expectativas da classe média estadunidense, cujos símbolos e aspirações essa mesma indústria contribuiu para formar. Um chefe de polícia, sua esposa e filhos escaparam do caos de uma metrópole como Nova York para viver em uma pequena ilha turística, perturbada pelos ataques que resultaram na morte de banhistas. O filme retarda o aparecimento da imagem do "Grande Inimigo". A sua presença é notada por meio da trilha sonora não diegética[116], mas também das suas manifestações exteriores, como os sons emitidos pelas vítimas e testemunhas, os membros dilacerados ou pela enorme quantidade de sangue na água. Boa parte do longa é consumida por diálogos informacionais, imagens de livros e relatos pessoais que reforçam a natureza e o tamanho da ameaça oferecida por criaturas desse tipo, enquanto personagens e o público são devidamente convencidos.

Essa estratégia, tão bem explorada pelo cinema de gênero hollywoodiano, fomenta o suspense, alinha os desejos de protagonistas e audiência, ao tempo que demanda atenção do público na montagem da história – a passagem da trama à história é sempre feita pelo espectador, mais ou menos conduzido pela narrativa (BORDWELL, 1985). No final, não existe outro resultado possível que não o enfrentamento. O tubarão tem que morrer, merece morrer, e não existe reconciliação possível.

Histórias desse tipo foram muito comuns no século XX, haja vista que eram encontradas no rádio, no cinema, nos quadrinhos e nas "teletelas" que invadiram nossos lares. Por vezes sob incentivo ou controle estatal, representaram nações, regimes e filosofias políticas, além de grupos

[115] Em alusão à obra de Nelson Goodman, Modos de fazer mundos. Mas também tendo em mente as contribuições de pensadores como Paul Ricoeur ou Roger Chartier na compreensão da narrativa, e de Reinhart Koselleck nas relações entre linguagem e política.

[116] Não pertence ao mundo da narrativa. Consiste em um elemento exterior, portanto.

sociais inteiros. Seria possível listar os inimigos internos e externos que povoaram esses produtos de entretenimento durante o macarthismo, o stalinismo, o Terceiro Reich ou as ditaduras militares latino-americanas que colaboraram na Operação Condor[117]. Ainda contamos, entretanto, as vítimas autorizadas pela transposição desse tipo de modalidade discursiva para a política.

Seria tão descuidado pensar que *Jaws* é mera peça ideológica da Guerra Fria, quanto supor que revivemos as mesmas formas, replicando ou não os personagens e autores. As mídias são outras e, com elas, vieram novas linguagens e atores. Já atravessamos há mais de duas décadas o limiar entre a era analógica e a digital, do capitalismo industrial para o capitalismo informacional. O *YouTube*, o *streaming* e as redes sociais se instalaram no espaço antes hegemônico da programação televisiva e do cinema. A comunicação em rede rompeu com a velha relação entre emissor e receptor, multiplicou os produtores de conteúdo e deu voz a grupos, até pouco tempo, sem qualquer visibilidade.

Não se trata tampouco de uma superação. Como observou Gumbrecht (2014), vivemos em uma época que não consegue abandonar o passado, aprisionados no presente entre um ontem que resiste a passar e um futuro que tememos, mas não podemos controlar. Desmoronaram os regimes que se aventuraram para fora do sistema-mundo capitalista. Desaparecem as utopias políticas porque cada vez parece mais absurdo planejar o amanhã – nas coisas de Estado assim como em nossas vidas privadas, diria Zygmunt Bauman[118] –, mas nosso imaginário continua assombrado pelos fantasmas do fascismo, do totalitarismo, de uma ameaça vermelha. O espectro esquerda-direita é mais mobilizado do que nunca, por mais impreciso e reducionista que pareça para analistas políticos, apesar da quimera que se tornou nas mãos de influenciadores digitais e demagogos profissionais.

As grandes telas do cinema ou da TV não foram substituídas, tampouco. Acumulam-se, segundo Gilles Lipovetzki, com muitas outras na "tudo-tela" global. Essa nova etapa da modernidade que se apelidou de

[117] Sistema de colaboração dos serviços de inteligência latino-americanos na troca de informações e prisioneiros. Atuando principalmente nos anos 70 por meio do apoio logístico estadunidense, contribuiu para o monitoramento e tortura de críticos daqueles regimes militares.

[118] Disponível na entrevista com Bauman realizada pelo canal Fronteiras do Pensamento. https://www.youtube.com/watch?v=POZcBNo-D4A

hipermoderna, enquanto outros preferiram termos como "tardia", "pós" ou "líquida", é lugar da polifonia, da diversidade, do excesso, da simultaneidade, da descentralização e da fragmentariedade narrativa. Entre as telas em aeroportos, salas de espera, painéis publicitários e *smartphones*, somos bombardeados por fluxos de entretenimento e informação (LIPOVETZKI; SERROI, 2009) – agora completamente indistintos. Estes ecrãs são a janela para uma rede, onde todas as dimensões da vida parecem convergir: o jornalismo e o compartilhamento de notícias; o consumo; a sociabilidade; a identidade e as lutas por reconhecimento; as relações afetivas e a sexualidade; o trabalho; a política; a educação e a profissionalização; o conhecimento, a fé e a moral. Mas também o cinema, o rádio e a televisão, impensáveis no presente longe de redes sociais como o *Facebook*, o *Instagram*, o *Whatsapp* ou o *Twitter*.

A compreensão da dimensão política e do lugar da democracia no presente não pode prescindir da análise das formas narrativas, das estratégias discursivas que ganham força em meio à cacofonia da complexidade. Principalmente quando essas se percebem tão fragilizadas – não apenas o estado democrático de direito, mas a própria política.

A conquista das redes

As eleições brasileiras de 2016 e 2018 foram marcadas pelo assalto de *outsiders* da política aos mais importantes cargos do legislativo e do executivo. O ator Alexandre Frota (deputado federal) e os influenciadores digitais Arthur Moledo do Val, conhecido como "mamãe falei" (deputado estadual), Kim Kataguri (deputado federal), Joice Hasselman (deputada federal), Ana Caroline Campagnolo (deputada estadual) e Fernando Holiday (vereador), ou a própria ascensão de Jair Messias Bolsonaro à Presidência da República e de seus filhos em diferentes cargos do legislativo, são emblemáticos exemplos disso.

Na recente e famosa obra *Como as democracias morrem*, os professores de Harvard Steven Levitsky e Daniel Ziblatt tratam como *outsiders* aqueles "candidatos que nunca ocuparam um cargo eletivo ou posto de gabinete" (LEVITSKI; ZIBLAT,2018, p. 264), além daqueles atores políticos que, mesmo quando participam do jogo, atuam e se definem como "antissistema". Frequentemente, membros de partidos menos tradicionais e apartados dos principais cargos e centros decisórios, se apresentam como contrários às regras do processo democrático e/ou como uma solução externa, necessária para corrigi-lo.

A ascensão de homens como Donald Trump nos EUA, Tayyip Erdogan, na Turquia; Viktor Orbán, na Hungria ou Bolsonaro no Brasil – poderíamos incluir aqui o crescimento de partidos semelhantes ao *Vox*, na Espanha, do Movimento Cinco Estrelas e do líder neopopulista Matteo Salvini, na Itália –, num período em que a percepção de uma crise política, econômica e moral ganha força social, se mostra, segundo os autores, como uma grave ameaça para essas democracias. A violação de regras escritas e tácitas que sustentam suas instituições, a utilização de um conjunto de estratégias retóricas que promovem a polarização política, legitimam práticas de exceção e conjuram alguns dos velhos fantasmas que assolaram o século XX vêm chamando a atenção dos pesquisadores. A proliferação de *fake news* e o desaparecimento de uma base mínima de fatos compartilhados pelos atores sociais; o nacionalismo exacerbado; a xenofobia; a construção de inimigos internos e externos que colocariam em risco as instituições tradicionais – como o comunismo, os grupos

LGBT, feministas ou imigrantes –; o anti-intelectualismo e o ataque às formas públicas de saber – a ciência ou a arte – são lugares comuns em discursos de políticos emergentes e de seus partidários, identificados com o espectro da extrema direita (LEVITSKI; ZIBLAT, 2018).

As análises dos professores se concentraram no desrespeito às instituições e às normas escritas e tácitas do jogo democrático, mas também no fracasso dessas ordens políticas na contenção de autocratas que aspiram ao poder. As preocupações destes autores com o destino das democracias, incluindo as sólidas e sacralizadas instituições políticas estadunidenses, ganhariam ainda mais fôlego e visibilidade – publicações regulares em diversos jornais pelo mundo – com os terríveis efeitos do negacionismo e da desinformação em torno da pandemia de Covid-19 e, como esperado, com a largada na corrida presidencial. A força de movimentos antivacina e de defesa de tratamentos sem comprovação científica parecem ter sido eclipsada pela recusa em aceitar a derrota nas eleições e pelo bombardeio de acusações de fraude a todo o sistema eleitoral, além da emergência de teorias conspiratórias bem representadas pela *Qanon*, de grupos supremacistas e tribalistas que culminaram na invasão do Capitólio – todos com a manifesta simpatia e, por vezes, aprovação de Trump.

A conquista das redes teve crucial importância para a promoção desses atores na Itália, nos EUA ou no Brasil. Sem ter qualquer pretensão de esgotar a descrição e explicação desse fenômeno, estamos em condições de sinalizar para alguns elementos com bastante segurança. Principalmente acerca do modelo comunicacional, das formas narrativas, da polarização discursiva e do que vem sendo chamado "a morte da verdade"[119].

Em redes como *Twitter*, *Facebook* e *Whatsapp*, *outsiders* triunfaram fazendo uso da comunicação "duplo-clique": mensagens diretas, curtas, de rápida visualização e compreensão. A combinação entre texto, imagem e audiovisual em plataformas que forjaram verdadeiras culturas de compartilhamento, fundiu informação com entretenimento, performance com descrição da realidade. *Memes* divertidos, receitas de como solucionar algum problema ou fomentar o "faça você mesmo", mensagens de autoajuda e de incentivo ao empreendedorismo, propagandas de produtos, supostas citações de grandes personalidades, notícias sobre

[119] Em referência à obra de Michiko Kakutani, A morte da verdade.

nossas vidas privadas – agora objeto de interesse público –, o que acontece no bairro ou em outro continente, divulgação de eventos religiosos, matérias jornalísticas que divulgam trabalhos científicos, posições de especialistas, campanhas difamatórias, teorias conspiratórias; preconceitos e opiniões sobre tudo, porque nada pode escapar do nosso julgamento. Mas não devemos nos esquecer da centralidade da *selfie* nesta cultura, da utilização desses espaços para exibir fotografias e vídeos do que consumimos ou do que podemos oferecer na forma de objeto de consumo aos outros. A estética e exposição próprias do *star system* hollywoodiano agora estruturando todo o cotidiano (LIPOVETZKI; SERROI, 2009).

Neste amálgama, renovado sem cessar por sujeitos habituados a consumir sempre mais, a transitar em velocidade pela superfície da informação, a intervir e a ser premiado por isso com a aceitação social – mais *likes*, compartilhamentos e seguidores –, dissolveram-se as distinções entre o público e o privado sobre as quais se ergueu todo o edifício moderno – e liberal, por conseguinte. Os próprios *feeds* de notícias em nossos perfis alimentam tal confusão: no espaço onde postamos e recebemos publicações devidamente selecionadas por algoritmos que filtram o que supõem que desejamos ver, a partir das nossas buscas, postagens, comentários, curtidas e até mesmo pelo tempo que dedicamos a cada elemento na barra de rolagem, por vezes temos que nos deparar com um mundo fora da “bolha”. O espaço individualizado do perfil, do material que postamos e das notícias selecionadas se confunde com o dos amigos, do universo de interagentes naquela plataforma e das empresas parceiras.

Quem são os autores dos compartilhamentos? No *Facebook* o rastro fica até mais claro para o interagente, capaz de saber mais sobre aquele conteúdo ou visitar as páginas dos envolvidos com apenas alguns cliques na própria postagem. A checagem e controle é possível, ainda que inútil, tendo em vista enorme assimetria entre o volume de dados e a nossa capacidade de verificá-los – por mais que o jornalismo tradicional, as instituições estatais e os próprios administradores de conteúdo se mobilizem neste sentido. Páginas de origem incerta e perfis falsos se somam às identidades múltiplas e grupos sigilosos que conferem algum anonimato. Mas é no *Whatsapp* que o desaparecimento do rastro e da autoria e a formação de grupos fechados (da família, do condomínio, da igreja) ganharam uma outra dimensão (AVELAR, 2020).

Muito se falou sobre a ação de *trolls* russos ao lado de Trump e de robôs e agências de marketing digital controlados pelos filhos de Bolsonaro. Se resulta importante reconhecer e rastrear esses perigosos mecanismos de disseminação de conteúdo, também devemos considerar o papel das redes de sociabilidade, dos laços afetivos e do processo de reconhecimento de uma fonte confiável. Como poderíamos suspeitar que um familiar ou um sacerdote, com o qual tanto podemos contar, enviaria uma informação completamente falsa? Em primeiro lugar, como revelaram estudos recentes, a maioria dessas mensagens trabalha em cima de elementos verificáveis e confiáveis (AVELAR, 2020). Falas e imagens fora do contexto, manipulação de sentidos, ambiguidade discursiva são elementos mais decisivos aqui do que a mentira ou a falsidade.

A "verdade" à qual nos referimos, por outro lado, remete tanto à confiança em instituições (universidades, jornais, institutos de pesquisa), em "sistemas peritos" (por meio de especialistas como advogados, médicos, professores, engenheiros), quanto à possibilidade de verificação, de refutação pública, empírica ou lógica. Essa confiança foi estilhaçada ao longo do século XX, tanto pelo relativismo cultural (crítica aos poderes da razão, do método e do discurso científico na construção de saberes neutros e objetivos) quanto pela crise dos meta-relatos de legitimação que sustentavam nosso projeto civilizatório frente aos demais (LYOTHARD, 2000).

As redes se tornaram há muito – também por condições anteriores à sua criação, como vimos – o habitat de subjetivismo narcísico que desconhece a distinção entre *doxa* (opinião, saber que parte de experiências singulares, não sistematizadas e verificadas publicamente) e *episteme* (conhecimento, saber sistematizado e falseável). As linguagens científicas e próprias da produção acadêmica, ilustrada, não encontraram lugar aqui. Tampouco seus artífices, que falham miseravelmente em se comunicar na era digital. O bolsonarismo se construiu neste terreno comunicacional.

Político inexpressivo no Rio de Janeiro, Jair Messias Bolsonaro se erigiu como defensor da família tradicional, da heteronormatividade, da fé cristã – de mãos dadas com o movimento neopentecostal –, do nacionalismo e de uma direita conservadora armamentista e militarizada. Ele representou os anseios de grande parte da sociedade, perturbada pela ultrapassagem do limiar da velha modernidade em direção à pluralidade de modos de estar no mundo, diversidade de crenças, cosmopolitismo, liberdade e incerteza, que fora governada por mais de uma década por um partido associado à esquerda, conciliando os interesses das velhas elites, do capital financeiro transnacional com o combate à miséria, com o assistencialismo e com a inclusão – identitária e consumidora - de minorias.

Sua ascensão – enquanto símbolo político, figura midiática – é resultante do trabalho de grupos de interesse, atores e mídias muito heterogêneas. Tinham em comum pouco mais que um rival. Muitos sequer o levavam em conta, mas exploraram – e ajudaram a agravar – a grave crise de corrupção moral, econômica e institucional de todo o sistema político. Alguns de forma marginal e fragmentada, como olavistas, integralistas, apoiadores do golpe de 1964 e da ditadura civil-militar, entusiastas do livre mercado, principalmente por meio das redes. Outros de forma articulada, caracterizados pelos partidos de oposição, ruralistas, líderes pentecostais, empresários e membros do judiciário, trabalhando ao lado das mídias tradicionais. Uns atuando como *outsiders* declaradamente antissistema, enquanto outros ainda trabalhavam dentro das regras do estado democrático de direito, mesmo quando forçando-as ao limite – e para além - do que poderiam suportar. Multiplicaram suas vozes até que a realidade mesma não tivesse coragem de oferecer qualquer resistência: de um lado, as "pessoas de bem", as maiorias silenciadas e a promessa de voltar a crescer – "o gigante tinha acordado", diziam –, do outro o PT, a esquerda que ele representava, "comunistas", minorias, agentes da disrupção que fariam deste país tão miserável quanto Cuba ou Venezuela.

Bolsonaro e os seus filhos não são notáveis comunicadores. Demonstraram, entretanto, habilidade em se aproximar desses atores e produzir algum tipo de sutura entre neoliberalismo, neopopulismo e fundamentalismo cristão. Em meio ao deserto onde se encontravam os partidos e lideranças tradicionais, conseguiram se apresentar como esperança salvífica para muitos, mas também uma oportunidade de baixo risco. Esses últimos, por sinal, não tardariam em dar-lhe as costas durante a primeira metade do seu mandato.

Novos atores políticos conquistariam enorme visibilidade nos últimos anos. No *YouTube*, canais paralelos de notícias e "fatos alternativos" se somaram aos influenciadores digitais. Atuando de maneira independente ou ligados a movimentos políticos, partindo do amadorismo em direção à profissionalização, transitaram entre a linguagem dos telejornais, dos programas de entrevista, com o documentário de curta-metragem. Em pequenos filmes como os produzidos pelo grupo *Brasil Paralelo*, replicaram fórmulas muito bem conhecidas, em forma de denúncia, com forte apelo emocional no conteúdo e na montagem. A exposição de símbolos patrióticos, tomadas com enquadramento fechado das massas nas ruas, alternadas com as falas exaltadas de desconhecidos e apresentações em formato de slides, na maior parte do tempo pela edição de material já há muito conhecido – o que lhe confere veracidade pela familiaridade –, mas sempre subordinando os sentidos da imagem à narração em *off*. Um produto de forte apelo na identificação do espectador, que se reconhece como mais um entre tantos, reforçando e integrando a sua própria experiência vivida.

Venho pesquisando as estratégias retóricas e estruturas narrativas de influenciadores que capitalizaram a visibilidade dos seus canais e foram eleitos nos últimos sufrágios. A deputada e professora de História Ana Maria Campagnolo ou o vereador e estudante de Direito e de História Fernando Holiday são bons exemplos deste novo cenário comunicacional explorado pelo bolsonarismo.

Identificada com o pensamento político conservador, Campagnolo trava uma cruzada intelectual e religiosa contra o feminismo, as teorias de gênero e as expressões morais que identifica com a esquerda. Em seus vídeos, podemos vê-la em ambientes privados, acolhedores, claros e bem iluminados, com uma aparência e postura recatadas e serenas. Posicionada logo à frente de uma estante com livros, retratos de familiares e políticos e, recentemente, à medida que avançou em sua candidatura, com símbolos religiosos católicos (declara-se protestante, mas admiradora daquela iconografia). Tudo está estrategicamente posicionado de maneira que o enquadramento, a escolha pelo plano americano e o primeiro plano, com pouquíssimos cortes na montagem, trabalhem para manter o equilíbrio entre razão e emoção, trabalho intelectual e fé cristã. Expressa de uma maneira (aparentemente) muito mais moderada e prudente o ressentimento encontrado em um Olavo de Carvalho, buscando, por novos canais, a visibilidade, o reconhecimento e a aprovação que não encontrou na universidade.

A performance inicial não acompanha outras dimensões da sua narrativa. Campagnolo replica uma estrutura formal ao longo de quase todos os seus vídeos – principalmente os com maior número de visualizações –, mesmo aqueles oriundos de filmagens dos seus discursos na assembleia legislativa.(1) Iniciando por uma ameaça social como a sexualização de crianças, a destruição da família tradicional ou a perseguição às mulheres e homens que desejam viver em função do seu papel natural – biológico/cristão –, procede na identificação dos atores responsáveis, dos antagonistas. (2) Recortes de jornais, fragmentos de textos ou testemunhos constroem o mundo da narrativa e dão sentido de urgência. (3) A desqualificação moral de atores sociais de esquerda ou progressistas (intelectuais, movimentos sociais, ideologias), inclusive pela "prática do doxxing, a exposição nas redes sociais de informações privadas de desafetos" (MELLO, 2020, p.113) -, com especial destaque para feministas como Simone de Beauvoir, é acompanhada pela (4) identificação dos atores elencados no início com movimentos sociais e, desses com a esquerda, o comunismo, o socialismo ou marxismo – todos tratados como indistintos.

A negação indireta das demandas das feministas ou de movimentos ligados a minorias – machismo, desigualdade estrutural, racismo, tortura na ditadura – (5) já permite a inversão indireta dos papéis de vítima e de opressor, elencados por esses atores e movimentos sociais (6). A influenciadora avança, então, para a (7) apresentação de novos atores, obras e correntes de pensamento qualificados moralmente – logo intelectualmente, assim o entende –, quase sempre silenciados pela hegemonia do pensamento de esquerda. (8) Um mundo idílico, unificado e pacífico é apresentado como anterior à ação desses grupos disruptores. Campagnolo costuma concluir (9) reforçando a identificação entre os perigos comuns e o grande inimigo, mobilizando toda a audiência para o seu enfrentamento.

Holiday, integrante do MBL com grande atuação nas manifestações de rua contra o PT e em apoio à Lava Jato, articula a defesa dos princípios político-econômicos liberais com outros, próprios do conservadorismo. Defende a modernização e a redução da máquina estatal: privatizações, concessões, redução de cargas tributárias, defesa do estado democrático de direito, defesa de liberdades individuais, separação – em todas as dimensões da vida – entre a esfera pública e privada e a meritocracia – com devoção sacerdotal. Contrário às políticas compensatórias e de inclusão de minorias, como cotas, ou a legalização do aborto, promove constantes ataques a movimentos sociais (movimento negro, LGBT, feminismo) e à esquerda, acusada de cooptá-los.

Os cenários em seus vídeos, principalmente os anteriores à pandemia do Covid-19, são ambientes sóbrios, neutros, com elementos que remetem aos escritórios. As vestimentas e a linguagem reforçam uma imagem laboral bem-sucedida, tipicamente vinculada às classes médias. As temáticas e as formas de organizar a narrativa são aqui mais variadas. Quase sempre entre o primeiro e primeiríssimo plano, replica elementos convencionais entre *YouTubers*, como cortes e mudanças no enquadramento para simular o dinamismo da montagem cinematográfica, apresentação similar à dos slides, ao lado da utilização de tomadas em preto e branco ou da manipulação da luz ambiente – em alguns vídeos isolados, como ao tratar do tema do aborto – que valorizam as emoções do influenciador e a carga dramática. Enquanto comunicador, alterna entre uma postura moderada e racional com falas profundamente exaltadas.

Ainda que Fernando Holiday reencene o discurso modernizador da eficiência administrativa e desenvolvimentista como projeto de país, inclusive apresentando de quando em quando propostas pontuais, o combate à corrupção e ao PT – principal e quase exclusivo agente –, é repetido em todos os seus vídeos. A identificação de todos os partidos, cosmovisões (ideologias) ou movimentos políticos de esquerda com o PT, o comunismo e regimes autoritários de esquerda como Venezuela, Cuba, ditaduras africanas e a Coréia do Norte, recolocam a política, ao longo de todo o conteúdo do seu canal, em um espaço agonístico, a arena para uma disputa moral contra um inimigo onipresente. Toda posição contrária pertence ao outro, identificado com o insucesso desses regimes e um não-cidadão de caráter desonesto. A desqualificação do outro é o projeto e o conteúdo a ser oferecido, com vídeos inteiros dedicados a isso. "Fulano afirmou isso, mas você sabe quem ele é"?

Talvez o elemento que mais chame a atenção em suas narrativas seja a inversão da relação entre maiorias e minorias, grupos hegemônicos e marginalizados, vítimas e opressores. Nas suas mãos, discursos que denunciam a desigualdade e a violência são retratados como aqueles que produzem uma percepção da diferença, o discurso da desigualdade e aumentam o conflito social. A defesa de políticas de inclusão torna-se segregadora e geradora de privilégios insustentáveis econômica e moralmente. O "lugar de fala" é entendido como exclusividade do direito de fala de movimentos de esquerda, o que silenciaria e oprimiria não apenas os demais, mas aqueles que pertencem a esses grupos identitários e divergem da sua versão – o próprio Holiday assume uma identidade negra e homossexual. Por um passe de mágica e muita ambiguidade discursiva, políticas públicas como as cotas de vagas em universidades se metamorfoseiam em práticas análogas ao *apartheid*[120].

[120] Ver em https://www.facebook.com/watch/?v=1911800605724763&t=82

O outro e a política

Ironicamente o mais bem adaptado a esta época, Bolsonaro se elegeu e governa mergulhado no presente, na instantaneidade. Sem apresentar qualquer projeto, reagindo às condições imediatas da mesma forma que reagimos às postagens em nossas redes. As lições oferecidas pelo sucesso de Salvini, replicadas por influenciadores aliados[121] e transformadas em cartilha pelo Partido Republicano estadunidense sobre como se portar em um discurso ou nas redes (nunca se defender, sempre atacar, ao invés de apresentar argumentos substantivos, desqualificar a fala do emissor, promover a união em torno do nacionalismo e de um grande inimigo comum) foram alavancadas e se mantêm pela capacidade de mentir compulsivamente. Também pela ambiguidade discursiva que permite deslocar qualquer um que se coloque em seu caminho, até mesmo antigos aliados, para o lado da esquerda, do socialismo, do comunismo, do inimigo. Poucos lograriam fazer dos Clinton ou de Fernando Henrique Cardoso, conspiradores socialistas.

Olhos e ouvidos já estavam preparados para o excesso pelo cinema, pela TV, pelos tabloides e a propaganda, pelo frenesi de sons e imagens de impacto que compõem a vida e a narrativa pós-moderna, somados à vertigem experimentada em um tempo em que o mundo ficou demasiadamente complexo e diverso. A identidade se descolou do fazer, do trabalho, e de todas as referências e papéis estáveis (gênero, sexo, classe, função) em direção às areias movediças do consumo. Nossas previsões falham tanto quanto nossos esforços para descrever este excesso, enquanto o ritmo se acelera. Uma multidão consternada, mas também ressentida pela cultura do cancelamento, encontrou conforto, sentido e reconhecimento no discurso do "grande inimigo". As formas para combatê-lo eram já conhecidas. No Brasil, remetem ao golpe de 1964.

O tubarão de hoje não é narrado como uma ameaça silenciosa, escondida na profundidade das nossas estruturas. No mundo do

[121] Fernando Holiday e outros membros do MBL se afastaram da Presidência e se oferecem como uma alternativa liberal, democrática e moderada para a direita.

"tudo-tela", navegamos à deriva, na superfície. Precisa ser visível e replicado por todo o lugar. "Encha as pessoas com 'fatos' até que elas se sintam empanzinadas, mas absolutamente 'brilhantes' quanto a informações. Assim, elas imaginarão que estão pensando, terão uma sensação de movimento sem sair do lugar" (BRADBURY, 2020).

Referências

ARENDT, Hannah. Origens do totalitarismo. São Paulo: Companhia das Letras, 2000.

AVELAR, Ibelder. *A rebelião do eles: léxico, morfologia e sintaxe do fascismo bolsonarista*. Disponível em https://estadodaarte.estadao.com.br/ rebeliao-eles-fascismo-bolsonarista-idelber-avelar/. Acesso em 7 de janeiro de 2021.

BORDWELL, David. *Narration in the fiction film*. Madison: The Universityof Wisconsin Press, 1985.

BRADBURY, Ray. *Fahrenheit 451*. Rio de Janeiro: Biblioteca Azul, 2020.

GOODMAN, Nelson. *Modos de fazer mundos*. Porto: ASA Eds., 1995.

GUMBRECHT, Hans Ulrich. *Depois de 1945: latência como origem do presente*. São Paulo: Editora Unesp, 2014.

KAKUTANI, Michiko. *A morte da verdade*. Rio de Janeiro: Intrínseca, 2018.

LEVITSKY, Steven e ZIBLATT, Daniel. *Como as democracias morrem*. Rio de Janeiro: Zahar, 2018.

LIPOVETSKY, Gilles; SERROY, Jean. *A Tela Global: mídias culturais e cinema na era hipermoderna*. Porto Alegre: Sulina, 2009.

LYOTARD, Jean-François. *A condição pós-moderna*. Riode Janeiro: José Olympio, 2000.

MELLO, Patrícia Campos. *A máquina de ódio*: notas de uma repórter sobre fakenews e violência digital. São Paulo: Companhia das Letras, 2020.

A CRUZADA ANTIDEMOCRÁTICA E ANTI-ILUMINISTA DA IDEOLOGIA DE BOLSONARO

> *"Vamos fazer o Brasil para as maiorias(...).*
> *As minorias se adequem ou simplesmente desapareçam!"*
> *(BOLSONARO, 2017)*[122]

THIAGO RODRIGUES SILAME
GLEYTON TRINDADE

Muito provavelmente, em nenhum outro momento histórico um presidente brasileiro utilizou tão frequentemente a palavra "ideologia". Nas falas de Bolsonaro, ideologia tem significado pejorativo, usado para atacar qualquer forma de pensamento diferente do seu, seja ele de esquerda, moderado ou simplesmente democrático. No dicionário bolsonarista, "ideologia" envolve um falseamento da realidade e "ideológico" é sempre o outro, o adversário, o inimigo a ser derrotado. Caberia então a ele, Bolsonaro, e a seus seguidores, revelarem a ideologia por trás das coisas para restaurar a verdade e a ordem natural do mundo. Não gratuitamente, em seu discurso de posse, Bolsonaro utilizou variações da palavra ideologia, pelo menos, quatro vezes. Ele prometeu libertar o Brasil "da submissão ideológica" e das "amarras ideológicas", combater a "ideologia de gênero" e promover uma economia "sem viés ideológico". Em

[122] Discurso proferido pelo então Deputado Federal Jair Messias Bolsonaro à época filiado ao Partido Social Cristão (PSC) em 10/02/2017. Disponível em https://www.youtube.com/watch?v=BCkEwP8TeZY. Data de Acesso: 18/08/2020.

diversos momentos, ao longo de seu governo, apontou a "doutrinação ideológica" e a "ideologia de Paulo Freire" como principais problemas da educação brasileira e se posicionou contra as universidades públicas por supostamente serem dominadas pela "ideologia de esquerda".

Curiosamente, parte da imprensa brasileira também adotou um uso negativo da palavra ideologia para descrever o governo do atual presidente. Assim, o governo Bolsonaro seria caracterizado pela existência de uma "ala ideológica", olavista e fundamentalista, contraposta às alas "militar" e "liberal", entendidas como mais "técnicas". Nessa descrição, a ala ideológica estaria encastelada nos ministérios da educação, do meio ambiente, das relações exteriores e da mulher e dos direitos humanos, enquanto militares e liberais atuariam pragmaticamente em outros ministérios, como se eles próprios, militares e liberais, também não se orientassem por suas próprias ideologias.

Nas Ciências Sociais, o conceito de ideologia designa uma forma de concepção de mundo que se diferencia de outras ideias e projetos políticos. Nesse sentido, todo movimento político possui, necessariamente, uma ideologia. Como lembra o cientista político Terrel Carver (2017), ideologias são sistemas de ideias que enfatizam alguns aspectos da realidade social e política para torná-las mais compreensíveis às pessoas. Ideologias, portanto, cumprem um papel decisivo em todo movimento político por oferecer uma explicação para os fenômenos políticos que, de outra maneira, poderiam permanecer incompreensíveis; por providenciar critérios e padrões de avaliação sobre o que é certo ou errado em relação a um determinado fenômeno; por orientar a adesão das pessoas a uma determinada identidade coletiva e, finalmente, por providenciar um programa político básico no qual os indivíduos possam se engajar. Assim sendo, o bolsonarismo se constitui também como uma ideologia. A grande questão a ser colocada é em que medida uma determinada ideologia política é democrática ou é simplesmente incompatível com a democracia.

Resta saber como caracterizar a ideologia bolsonarista. Recentemente, vários analistas têm apontado a emergência de líderes autoritários em países como a Hungria, a Turquia e o próprio EUA como grave risco à democracia, caracterizando a atualidade como um momento de declínio da democracia ou de recessão democrática. (DIAMOND, 2015;

ALEXANDER, 2018; CASTELLS, 2018; LEVITSKY; ZIBLATT, 2018; RUNCIMAN, 2018; MOUNK, 2019; SNYDER, 2019). Enquanto alguns estudiosos chamam a atenção para o fato de que direitos e garantias fundamentais podem estar em risco (CASTELLS, 2018), outros alertam para a possibilidade da democracia, tal qual a conhecemos, se degenerar para uma forma de democracia iliberal ou um liberalismo antidemocrático (MOUNK, 2019). Neste sentido, para além da intolerância às diferenças e do antipluralismo dessas lideranças, a priorização de uma agenda econômica neoliberal acentuaria as desigualdades sociais, o que poderia fazer com que a democracia se torne apenas uma casca vazia, conservando as eleições para a escolha das elites políticas, mas não promovendo a melhoria das condições de vida da população – marca registrada das democracias no século XX (BROWN, 2018a).

A ideologia de Bolsonaro e da mobilização política que o sustenta, ou seja, o chamado bolsonarismo, pode ser entendida nesse contexto mais amplo de recessão democrática. Isto não significa, evidentemente, deixar de reconhecer suas particularidades e adaptações à realidade brasileira. Trata-se de uma ideologia antidemocrática e, por que não dizer, até mesmo anti-iluminista. Ele atenta exatamente contra pilares fundamentais das democracias contemporâneas, como o Estado laico, a ciência e qualquer noção de equidade e justiça. Atenta contra o conhecimento comum partilhado pelos cidadãos num espaço público, que permita o debate público e a legitimidade das instituições políticas. Transforma o debate democrático entre oponentes, que aceitam a convivência, em confronto entre inimigos que devem se eliminar. Neste ensaio, destacamos três elementos componentes da ideologia bolsonarista: *as ideias da extrema direita alternativa mundial, o ideário neoliberal e uma visão mítica da ditadura militar brasileira.* É preciso notar que, em associação, esses três componentes não formam um todo coeso e sem contradições internas. Por outro lado, não é possível pinçar isoladamente apenas um desses elementos da visão bolsonarista do mundo, como o faz parte da imprensa ao querer destacar, de maneira positiva, o ideário neoliberal da equipe do ministro da economia Paulo Guedes, sem levar o resto do pacote bolsonarista junto. Diferentemente, deve-se entender a ideologia bolsonarista como um todo que articula esses três elementos de forma contraditória, mas com o objetivo único de minar as bases da democracia brasileira como construída pela Constituição Federal de 1988.

O primeiro elemento da ideologia bolsonarista a ser destacado, portanto, é o ideário da direita alternativa norte americana conhecida como *Alt-right*[123]. Articulado em reação ao governo Barack Obama e sua agenda política, tal ideário é composto por um conjunto muito diverso de ideologias e movimentos que compartilham entre eles uma retórica anticomunista, um forte sentimento anti-imigração e hostilidade contra o sistema político democrático estabelecido. Na linguagem da *Alt-right*, o inimigo é o "globalismo". Expressão que pode designar tanto nações com pretensões imperialistas, como a China, quanto o comunismo, o islamismo, os direitos humanos, o feminismo, o ambientalismo, o universalismo democrático e até mesmo agências multilaterais como a ONU.

A articulação internacional desse conjunto difuso de ideias de extrema direita se dá através daquilo que o sociólogo norte americano Teitelbaum (2020) designa como "Tradicionalismo", com T maiúsculo, para se referir a uma escola filosófica e espiritual subterrânea, obscura e ideologicamente radical, diferente, portanto, do conservadorismo político comum que poderia ser associado ao "tradicionalismo" com t minúsculo. As fontes mais antigas do Tradicionalismo e de sua forma de pensamento estariam em figuras radicais e esotéricas como René Guénon e Julius Evola, mas seus mais destacados defensores contemporâneos seriam Steve Bannon, Alexander Dugin, um filósofo russo próximo a Putin, e o brasileiro e guru da família Bolsonaro, Olavo de Carvalho.

A face mais conhecida desse movimento é a de Steve Bannon, criador do *Breitbart News*, página popular por disseminar conteúdo da extrema direita. Ele foi um dos principais estrategistas da campanha de Donald Trump nos EUA, esteve envolvido no plebiscito que fez com que a Inglaterra abandonasse a União Europeia, movimento conhecido como "*BREXIT*", se envolveu também no processo eleitoral na Andaluzia (Espanha em 2018) em que o Vox, partido da extrema direita,

[123] De acordo com o sociólogo Benjamin Teitelbaum (2020), a expressão *Alt-right* foi cunhada pelo renegado e obscuro professor de filosofia Paul Gottfried para se referir a um novo movimento de direita organizado em reação aos anos de governo Barack Obama. Tal expressão seria popularizada por Steve Bannon na página *Breitbart*.

obteve boa votação para o Parlamento andaluz[124] e, ao que tudo indica, participou como uma espécie de consultor informal da campanha presidencial que elegeu Bolsonaro presidente do Brasil[125]. Ademais, Bannon tem seu nome relacionado à *Cambridge Analytica*, empresa de *marketing* político denunciada por usar, de maneira indevida, dados de usuários do *Facebook*[126] [127]. O intuito era mapear o perfil psicológico e as preferências dos usuários para criar mensagens políticas direcionadas e, assim, influenciar nas eleições. A partir de Bannon, o uso de notícias falsas (*fake news*) nas redes sociais se potencializa como uma poderosa arma política (SOARES, 2021)[128].

De acordo com o sociólogo Jeffrey Alexander (2018), a ideologia de Steve Bannon possui dois elementos centrais. O primeiro consiste em organizar o mundo de forma binária no intuito de estabelecer aqueles que são os "puros" e os "impuros". Desta forma, estabelece-se uma lógica maniqueísta, uma luta do bem contra o mal em que os verdadeiros representantes do povo, normalmente descrito como cristão, branco, heterossexual e conservador, estariam numa "cruzada" contra as "elites" para restabelecer os verdadeiros valores da sociedade. Essa elite (os impuros) é composta por um grupo heterogêneo que vai desde os políticos tradicionais de direita ou esquerda, desde que moderados, passando por cientistas, intelectuais, artistas e jornalistas, entre outros. Em termos de discurso político, portanto, apresenta uma linguagem moralizante. Em termos performáticos, acusam os políticos tradicionais e outros grupos da elite de corruptos e de não atenderem aos anseios do povo. O segundo elemento da ideologia de Bannon seria sua narrativa temporal baseada numa noção apocalíptica do mundo em que tudo o que está estabelecido deve ser destruído para que os verdadeiros valores do povo sejam resgatados da elite que impõe valores e cultura artificiais. Não gratuitamente,

---

[124] Disponível em: https://brasil.elpais.com/brasil/2018/12/02/internacional/1543765846_278055.html. Data de Acesso: 24/08/2020.

[125] Disponível em: https://www.cartacapital.com.br/politica/as-pistas-do-metodo-201ccambridge-analytica201d-na-campanha-de-bolsonaro/. Data de Acesso: 24/08/2020.

[126] *Brexit* é um neologismo criado à partir da fusão das palavras Britain (Bretanha) e Exit (saída). Movimento que culminou em um referente que retirou o Reino Unido da União Europeia.

[127] O documentário "Privacidade Hackeada" ("The Great Hack" de Karim Amer e Jehane Nouiaim) é muito elucidativo de como se deu este fato.

[128] A utilização de fake news nas redes sociais como arma política é relatada na ascensão do Movimento Cinco Estrelas na Itália. Para maiores informações, ver Empoli (2019).

afirma Teitelbaum (2020), é mais fácil entender o Tradicionalismo a partir daquilo a que ele se opõe, incluindo aí a modernidade, a democracia e o Iluminismo, do que pelo a que ele é favorável. Sua lógica é a da destruição, não a da construção.

No Brasil, Olavo de Carvalho é uma espécie de tradutor, intérprete e disseminador de tal ideologia. O "filósofo" tem grande prestígio com a família Bolsonaro e, por conta disso, exerce grande influência no governo desde o seu início. Lembremos que dois ministros da educação, respectivamente Ricardo Veléz Rodriguez e Abraham Weintraub são figuras ligadas ao "olavismo", assim como o ministro das relações exteriores, Ernesto Araújo, e o ministro da justiça, André Luiz Mendonça.

Suas ideias alimentam todo tipo de teorias da conspiração, altamente amplificadas pelo uso intensivo das redes sociais, nos últimos anos. Tais teorias conspiratórias vão desde a crença num suposto movimento "globalista", de caráter "marxista-gramsciano" (também chamado de marxismo cultural), passando por supostas maquinações internacionais para a implantação de um regime comunista de modelo soviético no Brasil, até a denúncia de práticas "abortistas" patrocinadas por grandes empresas internacionais com o apoio da esquerda e dos políticos tradicionais.

O alvo crítico preferido do "olavismo", contudo, tem sido a educação brasileira. A escola pública brasileira já foi descrita como dominada por professores "comunistas" e "doutrinadores", defensores do "homossexualismo" e de todo tipo de "progressismo" contrário aos reais valores da família brasileira. As universidades públicas frequentemente aparecem no discurso olavista como espaço de liberalidade sexual e de uso de drogas, sendo compostas por professores "esquerdistas".

O segundo elemento da ideologia bolsonarista a ser destacado é o ideário neoliberal. Nesse ponto, no entanto, algumas considerações importantes são necessárias. É fato que Bolsonaro, apenas muito recentemente, aderiu ao discurso privatizante e economicamente ortodoxo associado ao neoliberalismo, favorável à diminuição do Estado e à contenção de gastos públicos e crítico do funcionalismo público. Pelo contrário, ao longo de seus quase 30 anos de apagada atuação parlamentar, o deputado Jair Bolsonaro destacou-se pela defesa corporativa de parte do funcionalismo público, notadamente dos militares, além de se posicionar inúmeras vezes contra privatizações e reformas liberalizantes. A adesão tardia ao discurso neoliberal foi deliberadamente um cálculo eleitoral em função do redimensionamento da opinião pública na esteira das manifestações contra o governo Dilma e da crise econômica atribuída, nos principais meios de comunicação, às políticas de gastos dos governos do Partido dos Trabalhadores (PT). Ao fazer a crítica ao modelo econômico dos governos petistas, abria-se a possibilidade, para Bolsonaro, do apoio substancial do empresariado, do mercado financeiro e dos meios de comunicação interessados na "agenda de reformas", ou seja, privatizações, desregulamentação das relações de trabalho e corte de investimentos do Estado, da qual Paulo Guedes aparecia como o fiador.

Não está claro se Bolsonaro será ou não fiel à agenda de Paulo Guedes. Como já aconteceu antes, isso dependerá, mais uma vez, do cálculo dos possíveis ganhos e custos eleitorais envolvidos em implementá-la ou não[129]. De um ponto de vista mais amplo, no entanto, a ideologia bolsonarista é sinceramente neoliberal. Como afirma Wendy Brown (2019), o neoliberalismo é uma racionalidade que visa responsabilizar o indivíduo em todas as dimensões de sua vida a partir de uma noção altamente individualista de liberdade e oposta a qualquer tipo de política, planejamento e justiça social administrados pelo Estado. Segundo a racionalidade neoliberal, para além do próprio indivíduo, apenas sua família é responsável por seu cuidado e bem-estar. Daí a associação entre neoliberalismo e conservadorismo moral.

Esta noção de "família" como oposta às políticas públicas e ao Estado laico é uma das pontes de contato entre Bolsonaro e os evangélicos. É certo que a aliança de Bolsonaro com as lideranças evangélicas possui um elemento pragmático: oferta de cargos e acesso a recursos públicos desejados por essas lideranças em troca de apoio eleitoral. Do ponto de vista doutrinário, Bolsonaro nunca se notabilizou por ser particularmente religioso ou fiel a alguma igreja específica. A ideologia bolsonarista articularia a aliança entre neoliberalismo e conservadorismo moral religioso a partir da ideia de desresponsabilização do Estado e da defesa de que todo cuidado com as pessoas deve ser deixado a cargo da família. Toda ideia de social e de espaço público, ou seja, as noções de que em uma sociedade temos responsabilidades uns com os outros e de que compartilhamos um destino comum, bases de uma ordem democrática, são negadas pela

[129] Cabe destacar que o Governo Bolsonaro aprovou a Reforma da Previdência.

racionalidade neoliberal. Não há dúvida de que esta concepção neoliberal da liberdade e do direito são bases da ideologia bolsonarista. A defesa da desresponsabilização do Estado em relação ao cuidado com os cidadãos é uma das marcas do bolsonarismo. Enquadra-se aí sua defesa do armamento da população, ou seja, a ideia de que cada indivíduo deve cuidar de sua própria segurança, como se isso não fosse uma atribuição do poder público. Ainda mais, a defesa do direito a arma se coloca como um direito individual absoluto contra a coletividade, pouco importando os possíveis efeitos maléficos desse direito sobre o restante da sociedade, como se não existissem os problemas da colisão de direitos e de sobreposição de direitos coletivos sobre determinados direitos individuais. Também se enquadra aí a defesa bolsonarista da educação da criança pela família, num posicionamento contrário à escola pública, como se a família fosse a única responsável pela infância do país, o desprezo pelos direitos trabalhistas e sociais, o descrédito por políticas públicas de forma geral, sejam elas políticas de proteção ambiental, de equidade de gênero ou étnico-racial. No final das contas, o que se encontrará é a própria negação da Constituição de 88 e dos direitos e garantias fundamentais nela assegurados. Neste aspecto, é bom assinalar, Paulo Guedes e sua equipe, diferentemente do que muitas vezes dá a entender parte da imprensa brasileira, fazem parte do mesmo projeto antidemocrático avesso a direitos fundamentais e ao diálogo com a sociedade e com o congresso que compõe o bolsonarismo. Não à toa, Paulo Guedes tem se notabilizado por suas constantes queixas de que o Congresso Nacional atrapalha seu trabalho. Por trás dessas queixas encontra-se, na verdade, o desconhecimento de Guedes sobre o funcionamento do orçamento público e seus impactos sociais e o desprezo pelos mais simples procedimentos democráticos, como o diálogo e a negociação com o Congresso.

Por fim, o terceiro elemento constituidor da ideologia bolsonarista é seu culto mítico da ditadura militar brasileira. Neste ponto, o bolsonarismo encontra a marca de sua particularidade em relação às demais lideranças antidemocráticas em ascensão no resto do mundo. Entre os líderes das demais nações, que se aventuraram pelos caminhos de governos ideologicamente antidemocráticos, falta a referência a um período passado de um governo nacional abertamente autoritário. Isto não acontece, por exemplo, entre governantes do leste europeu, como Orban e Putin, uma vez que o trabalho dessas lideranças se dá em negação ao passado dos regimes comunistas autoritários que vigoraram na região no século XX. Obviamente, também não é o caso de Donald Trump nos EUA, que toma como sua saudosa referência de "Grande América", os anos democráticos, ainda que segregacionistas, de 1950 do presidente Eisenhower. Seu ex-chefe de campanha eleitoral, Steve Bannon, assume, como modelo, os anos 1980 de Ronald Reagan e sua vitória sobre o comunismo soviético.

Diferentemente, Bolsonaro possui uma íntima identificação com a defesa de um regime autoritário como o de 1964 e de seus crimes de perseguição e tortura. Aliás, um dos mais notórios torturadores a serviço do regime, o coronel Carlos Brilhante Ustra, foi, por diversas vezes, reverenciado e reconhecido como herói pelo então deputado Jair Bolsonaro. Em um misto de visão idílica e revisionismo histórico infundado, a ditadura militar brasileira é constantemente descrita pelo bolsonarismo como um tempo de ordem, paz, prosperidade e ausência de corrupção, guiado por homens honestos e honrados. Diante desta visão, não adianta apontar os crimes e desrespeitos perpetrados pelo regime contra os direitos fundamentais, os péssimos números dos indicadores sociais e econômicos legados pela ditadura, as inúmeras evidências de corrupção não investigadas e não punidas na época nem a profunda desorganização administrativa e econômica do Estado deixada para os governos civis resolverem. Todos esses males ou serão negados ou serão justificados em nome de um bem maior: a vitória sobre o comunismo, supostamente pronto a pôr suas garras sobre o Brasil.

O culto mítico da ditadura militar dota a ideologia bolsonarista de uma concepção hierárquica e militarizada da sociedade, uma defesa autoritária da ordem como contraposta à defesa dos direitos humanos. Em nome da ordem contra a anarquia dos "terroristas", pobres, pretos, favelados, gays, esquerdistas e comunistas, quase todo tipo de ação autoritária e violenta será justificada.

O bolsonarismo herda da Doutrina de Segurança Nacional, da ditadura, uma visão extremamente beligerante e conspiracionista da vida social. As relações sociais são entendidas como uma relação entre amigos/inimigos, em que não existe o diálogo, base da democracia, mas a necessidade de derrotar o outro. A mentalidade conspiracionista é alimentada pelo eterno medo do comunismo, constantemente atualizado e dirigido como acusação a qualquer adversário. Como coroamento de todo esse ideal, a banalização da morte. O culto da tortura, de forma aberta e desavergonhada, de forma discursiva, nas redes sociais e na esfera do Estado, inspirando ocupantes de cargos públicos hostis aos deveres a eles atribuídos pelo Estado democrático de direito.

Considerações Finais

Ao longo deste ensaio, desenvolvemos a ideia de que a ideologia bolsonarista, a partir de seus três elementos constitutivos, pode ser considerada antidemocrática e até mesmo anti-iluminista. De maneira dramática, tal postura anti-iluminista pode ser observada na forma como o Governo Federal está enfrentando a pandemia de Covid-19[130]. O anticientificismo, a irracionalidade e o negacionismo caracterizam a forma como o presidente vem lidando com a crise sanitária.

Na política, o bolsonarismo adota o discurso moralista de combate à corrupção e vale-se da lógica binária de organização do mundo (maniqueísta). O inimigo a ser derrotado é o "corrupto" PT e a esquerda. O antipetismo é um fator muito importante para entendermos a eleição de Bolsonaro. A candidatura de Bolsonaro representava uma real possibilidade de se derrotar o PT nas urnas, ao mesmo tempo em representava uma "novidade" na política, a despeito dos 28 anos de vida parlamentar de Bolsonaro. O discurso do então presidenciável prometia uma ruptura com a política institucionalizada e prometia combater a corrupção, associando-se ao "lavajatismo".

A visão moralista da política pode ter como consequência a negação da própria política, gerando efeitos negativos para a democracia. A crise da política é terreno fértil para a emergência do demagogo. No caso brasileiro, a eleição de um *outsider*[131] como presidente da república que foi capaz de canalizar o descontentamento de parcela importante da população contra "tudo isto que está aí".

No limite, o que caracteriza o discurso do demagogo é o salvacionismo, o moralismo e o regresso a um tempo mítico onde supostamente as coisas eram melhores (a época da Ditadura de 1964). Isto posto, o bolsonarismo consiste em uma ideologia que não reconhece as diferenças,

---

[130] Para maiores informações ver o ensaio "Consequências do Anti-Iluminismo do Bolsonarismo: o enfrentamento a pandemia de Covid-19 " presente neste volume.

[131] O *Outsider* na política pode ser definido como o indivíduo que é alheio à vida política e partidária institucional, seria o oposto ao político profissional. Apesar de 28 anos exercendo cargos eletivos, Jair Messias Bolsonaro, atualmente sem partido, nunca teve uma atuação de destaque como parlamentar e nem como liderança partidária. Tem um histórico de migrações partidárias em partidos fisiológicos da direita do espectro político. Apresentou-se na campanha eleitoral como candidato antissistema e dizendo representar a "nova política".

e que só aceita como legítimas a sua visão de mundo, que é branca, cristã e heteronormativa. Não reconhecer a visão de mundo do outro como legítima é um dos elementos que possibilitam a operação da lógica maniqueísta que enfraquece a democracia. A sociedade se divide em gêneros, raças, classes, religião, etc. Há diversas representações do mundo. Em um regime democrático, todas as visões de mundo são legítimas e pode-se dizer que a democracia é marcada pela pluralidade mediada pela política. Logo, uma das regras básicas da democracia é o reconhecimento da pluralidade. A oposição é tolerada e encontra canais de comunicação e participação política.

O bolsonarismo, em termos performáticos, depende do conflito e da manutenção da polarização. Para isto, o governo Bolsonaro estabelece canais de comunicação direta com os seus simpatizantes, com o intuito de mantê-los mobilizados para defender os verdadeiros valores da nação, do "povo" e do "cidadão de bem". Para tanto, o bolsonarismo está sempre a eleger inimigos, parecendo estar em uma campanha permanente e sempre conclamando os puros a se insurgirem contra os ímpios.

Existe um "antídoto" para o bolsonarismo? A resposta é positiva, e requer a valorização da política, a defesa da democracia e as garantias fundamentais aos cidadãos. Ou seja: reafirmar valores iluministas. Por que devemos defender a democracia? Porque são os regimes democráticos que têm como premissa a aceitação da pluralidade e da diferença. Em países democráticos a visão de mundo do outro é considerada legítima e, portanto, deve ser respeitada no espaço público. Reconhecer o "outro" evita que organizemos o mundo por uma lógica excludente e autoritária de "certo" ou "errado"; "bom" ou "mal", evitando o maniqueísmo e, consequentemente, a polarização. Assim sendo, protegemos a atividade política e evitamos o seu empobrecimento.

Referências

ALEXANDER, Jeffrey C. Vociferando contra o Iluminismo: A ideologia de Steve Bannon. *Revista Sociologia e Antropologia.* Rio de Janeiro, v. 08, n. 3., set-dez, 2018. pp. 1009-1023. Disponível em: <http://www.sociologiaeantropologia.com.br/ wp-content/ uploads/ 2018/10/9_v08n03_Jeffrey-Alexander.pdf.> Acesso em: 18/08/2020.

BROWN, Wendy. Hoje em dia, somos todos democratas. *Sapere aude.* Belo Horizonte, v. 9 n. 17, Jan./Jun. 2018a. p. 291-302. Disponível em: <http://periodicos.pucminas.br/ index.php/SapereAude/article/view/20158> Acesso em: 18/08/2020.

BROWN, Wendy. *Cidadania Sacrificial, Neoliberalismo, capital humano e políticas de austeridade*. Rio de Janeiro: Zazie Edições, 2018b.

BROWN, Wendy. *Nas ruínas do neoliberalismo*: a ascensão da política antidemocrática no ocidente. São Paulo: Politeia, 2019.

CARVER, Terrel. "The concept of ideology". In: BALL, Terence; DAGGER, Richard; O'NEILL, Daniel (EE.). *Ideals and Ideologies*: a reader. New York: Roultledge, 2017.

CASTELLS, Manuel. *Ruptura*: a crise da democracia liberal. Rio de Janeiro: Zahar, 2018.

DIAMOND, Larry. "Facing Up to the Democratic Recession". In: DIAMOND, Larry (ed.). *Democracy in Decline?* Baltimore: John Hopkins University Press, 2015.

EMPOLI, Giuliano da. *Os engenheiros do caos*. São Paulo: Vestígio, 2019.

FERREIRA, Ricardo Alexino. Etnomidialogia e a interface com o politicamente correto. *EXTRAPRENSA.* São Paulo, v.5 n.10, jun. 2012. pp 1-18. Disponível em: <https://www.revistas.usp.br/extraprensa/ article/view/77245/81110>. Data de Acesso: 27/08/2020.

LEVITSKY, Steven e ZIBLATT, Daniel. *Como as democracias morrem.* Rio de Janeiro: Zahar, 2018

MOUNK, Yasha. *O povo contra a democracia*: porque nossa liberdade corre perigo e como salvá-la. São Paulo: Companhia das Letras, 2019.

RUNCIMAN, David. *Como a democracia chega ao fim*. São Paulo: Todavia, 2018.

SILAME, Thiago. Consequências do anticientificismo do bolsonarismo: o enfrentamento à pandemia da COVID-19. In: SÁ, Thiago Antônio de Oliveira. (org.). *Extremo*: o mandato Bolsonaro. No prelo.

SNYDER, Timothy. *Na contramão da liberdade*: a guinada autoritária nas democracias contemporâneas. São Paulo: Companhia das Letras, 2019.

SOARES, Alisson. Por dentro das redes: construindo consenso via dissensos e desinformação nas redes sociais. In: SÁ, Thiago Antônio de Oliveira (org.). *Extremo*: o mandato Bolsonaro. Cidade: No prelo.

TEITELBAUM, Benjamin. *War for eternity*: inside Bannon's far-right circle of global powers brokers. New York: Dey Street Books, 2020.

MASOQUISTAS APLAUDEM O SÁDICO: O APOIO AUTODESTRUTIVO DA TORCIDA BOLSONARISTA

O fascismo é fascinante
deixa a gente ignorante
e fascinada
(Humberto Gessinger)

THIAGO ANTÔNIO DE OLIVEIRA SÁ

Introdução

Diariamente, eles estão lá, no cercadinho do Alvorada. Aguardam ansiosamente para comporem a claque da cena a que vieram assistir. Nos finais de semana, estão em manifestações de rua, pedindo fechamento do congresso e do STF, rechaçando medidas sanitárias, usufruindo da liberdade de expressão para pedir AI5 e manifestando-se democraticamente pró-ditadura. Proliferam organicamente nos grupos de *WhatsApp*, panfletários, incansáveis e persistentes.

Estes personagens representam um segmento inegável da sociedade brasileira: os 30%. Caracterizam-se pelo apoio constante ao presidente, avaliando-o sempre como ótimo ou bom, nas pesquisas de opinião. Dos três grupos de apoiadores de Bolsonaro – os arrependidos, os críticos ou desiludidos e os fiéis (Solano e Rocha, 2020) – os 30% se encaixam nesta última categoria. "Fechados com Bolsonaro", como gostam de dizer. O gráfico abaixo representa a constância deste apoio ao longo do tempo[132].

Gráfico 1: Avaliação do presidente ao longo do mandato

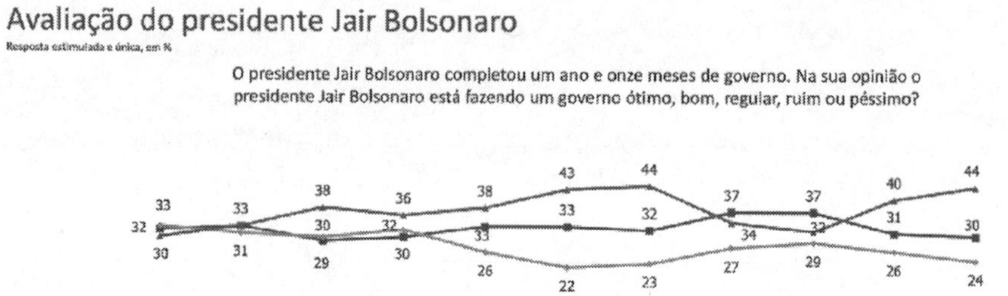

	Após 3 meses - 02 e 03/04/2019	Após 6 meses - 04 e 05/07/2019	Após 8 meses - 29 e 30/08/2019	Após 1 ano - 05 e 06/12/2019	Após 1 ano e 4 meses 27/04/2020	Após 1 ano e 4 meses 25 e 26/05/2020	Após 1 ano e 5 meses 23 e 24/06/2020	Após 1 ano e 7 meses 11 e 12/08/20	Após 1 ano e 11 meses 08 a 10/12/20	Após 2 anos 20 e 21/01/21	Após 2 anos e 3 meses 15 e 16/03/21
Ótimo/bom	32	33	29	30	33	33	32	37	37	31	30
Regular	33	31	30	32	26	22	23	27	29	26	24
Ruim/Péssimo	30	33	38	36	38	43	44	34	32	40	44
Não sabe	4	2	2	1	3	2	1	1	3	2	2

Fonte: Datafolha, 2021

Este grupo tem se mostrado coeso e com identidade clara: têm indumentária, estética e pauta. Consiste num consórcio conservador que acolhe militares, forças armadas em geral, idosos ressentidos, fundamentalistas cristãos, classe média frustrada, machistas vingativos, antipetistas, liberais, eleitores de direita órfãos de nomes neste espectro, revoltados antissistema e patriotas ufanistas. Autoproclamam-se "cidadãos de bem", defensores família tradicional, da pena de morte e do autoritarismo (SÁ, 2021a). Ensejam uma comunidade moral a partir da qual enxergam o mundo por meio de códigos binários simplistas, estereotipados e administráveis: bem/mal, sagrado/profano, gente de família/indecentes, cidadãos de bem/bandidos, éticos/corruptos, nacionalistas/globalistas, etc. Dos quais, obviamente, autodeclaram-se o pólo positivo (ALONSO, 2019).

No entanto, tamanha articulação desse grupo não é espontânea; pelo contrário, é coordenada. Envolve uma complexa rede de produção e de difusão de conteúdo bolsonarista pelas redes sociais e aplicativos de

[132] Pesquisas de outros institutos trazem achados convergentes. Apresenta-se apenas os do Datafolha para se evitar redundâncias no texto.

mensagem, como *WhatsApp* e *Telegram*. Este conteúdo circulado abrange desde *fake news* a exaltação e idolatria do mito construído em torno do presidente. Enfim, uma verdadeira máquina do ódio (MELLO, 2020) a abastecer esta parcela do eleitorado diariamente com discursos, teorias conspiratórias, notícias falsas e palavras de ordem. Estas doses diárias de conteúdo chocante são o segredo dos neopopulistas para engajar e conclamar seu eleitorado (SÁ, 2021c).

Mas este eficiente mecanismo de manipulação midiática não é tudo. Como todo fenômeno social, este apoio fiel não se explica apenas por determinantes externos; é preciso considerar as motivações pessoais, a disposição a crer, a identificação com o discurso recebido. A eficácia da mensagem está também na disposição dos ouvidos a ela. De certa forma, o bolsonarismo já habitava os brasileiros. Basta observar a constituição cultural do brasileiro médio: religioso, moralista, patrimonialista, embrutecido, violento, racista, homofóbico, autoritário e anti-intelectual. A revolução dos ressentidos, em marcha pelas mãos de Bolsonaro, era só questão de tempo. (SÁ, 2020a, 2020b).

O que mais chama a atenção neste grupo, todavia, é a resiliência de seu apoio, apesar de todos os reveses que estes próprios eleitores sofreram com a condução deste governo: volta da inflação, envenenamento por agrotóxicos, catástrofe ambiental, alta do dólar, aumento do gás e da gasolina, desemprego, falências, desmanche de condições trabalhistas e previdenciárias, asfixia financeira de serviços públicos[133], pandemia fora de controle e perda de entes queridos pela Covid-19.

A pandemia, aliás, supostamente seria um golpe nesta adesão irrestrita. Todavia, nem ela foi suficiente para abalar os 30%. Apesar dos 90 milhões de reais gastos em remédios sabidamente ineficazes, da negação do vírus, da recusa a seu enfrentamento, da minimização das mortes, da recusa às ofertas dos laboratórios, da incompetência logística e organizacional e da descoordenação com os estados. Apesar da falta de vacinas, de seringas, de kits para intubação, de oxigênio e de testes (inclusive dos que perderam a validade). Apesar do incentivo a aglomerações (promovidas, inclusive, de maneira exemplar), do boicote às máscaras e ao isolamento social e das tentativas de impedir a divulgação diária de dados

[133] Boa parte dos bolsonaristas fiéis pertence a classes populares. Seu apoio a pautas liberais é mais um indício do quanto masoquistas aplaudem o sádico.

da pandemia, que levaram os meios de comunicação a comporem um consórcio para garantir a disponibilização destas informações.

O apoio dos 30% se confirma mesmo mediante as constantes "traições" presidenciais em relação às bandeiras pelas quais foi eleito. A promessa de combate exaustivo à corrupção deu lugar a funcionários fantasmas, lavagem de dinheiro, rachadinhas, nepotismo, colonização dos cargos pelos militares, interferência na Polícia Federal, envolvimento com milícias e trambiques na compra de vacinas. O fim do "toma lá, dá cá" cedeu espaço a uma relação caríssima com o centrão, que envolve inclusive orçamentos paralelos para compra de tratores superfaturados. O paladino da justiça, ex-juiz e ex-ministro Sérgio Moro, saiu do governo. Os prometidos "ministérios técnicos" resultaram um conjunto de lunáticos, obscurantistas e ineficientes. O salvamento do Brasil não passou de devastação ambiental e consumo de pesticidas. Nada disso abala os 30%, que seguem firmes, à revelia das perdas e danos.

Bolsonaro, enquanto isso, segue sádico: executa seu pacote de maldades sempre sorrindo, fazendo piadas, debochando de suas vítimas. Por sua vez, os 30% comportam-se como masoquistas, pois parecem gostar do sofrimento que lhes é impingido. O sádico contraria bandeiras, interesses nacionais, aspirações, expectativas e promessas de campanha. Os masoquistas, suas vítimas, assinam embaixo. Eleitores contra si mesmos celebrando a própria destruição. Solidários a seu algoz. Masoquistas aplaudindo o sádico.

Figura 1: sadismo e masoquismo

Fonte: Duke (2021)

Este ensaio é um esforço interpretativo desta adesão inabalável. Por que este eleitorado reitera sua aprovação, apesar das medidas e omissões das quais é vítima? Como esse segmento concebe todos os reveses e traições que sofre? Em troca de quê endossam uma atuação que pode custar-lhes a vida? Como este apoio resiste, incondicional e, por vezes, suicida? O que mantém esses 30% engajados quando supostamente não lhes faltariam razões para desertar? Afinal, por que masoquistas aplaudem o sádico?

A identificação e o empoderamento da torcida bolsonarista

Os masoquistas aplaudem o sádico por identificação e por empoderamento. Os membros deste grupo se identificam bastante com a idéia que fazem de Bolsonaro (não só o real, mas o do "grupo do zap"). A aprovação dele não resulta da apreciação racional de seu desempenho presidencial, mas da vinculação passional com sua pessoa. Essa fatia dos eleitores tem enorme admiração por ele. E realmente crêem nas representações heróicas que recebem dele via *WhatsApp*, o que aumenta ainda mais a simpatia. Sentem proximidade e empatia. Não importa o que ele faça ou deixe de fazer; prevalece a identificação.

Os motivos pelos quais muita gente o odeia são os mesmos pelos quais ele é adorado por este segmento. Neste sentido, as pessoas não se identificam com ele *apesar* das coisas que ele faz ou diz, mas *justamente* por elas. Pessoas se identificam com ele porque ele é "gente como a gente". Muita gente admira essa "simplicidade" que ele encena: seu português capenga, suas soluções simplistas, sua argumentação rasa – e exatamente por isso compreensível –, seus preconceitos "justificados", suas aparições mal trajadas e seu pão com leite condensado sobre uma mesa sem toalha. Suas promessas de vingança contra os inimigos falam aos ouvidos dos ressentidos. Sua perversão e sua retórica violenta excita os autoritários. Suas brutalidade e grosseria vingam os mal-educados. Seu desprezo pela cultura, pela ciência e pelo saber em geral acolhe os incultos. Suas bravatas arrebatam os machões. Este discurso não venceria uma eleição se não houvesse tantos como ele, orgulhosos de sê-lo.

Mesmo em situações vexatórias, em que o presidente foge, xinga ou solta uma bravata ao se ver encurralado, a admiração por ele prevalece. Ao invés de se decepcionarem, seus apoiadores aumentam sua identificação com o líder porque eles fariam o mesmo. Eles também não têm idéia do que dizer na cúpula da ONU; eles tampouco entenderam a pergunta da jornalista; eles realmente pensam que não se deve comprar vacinas chinesas; eles partilham daquelas mesmas noções sobre o que compete ao homem e à mulher. Prevalece a empatia e a solidariedade: seu líder não é visto como incompetente ou incapaz, mas alguém que não pode saber tudo. E mais: como Bolsonaro poderia responder perguntas tão difíceis quanto maldosas, que só servem para tentar desestabilizá-lo? Acertos burocráticos e insignificantes do líder são superestimados e erros são subestimados ou ignorados. Seu eleitorado fiel o perdoa incondicionalmente porque crê que ele é vítima de um complô "do sistema", o que lhes é recorrentemente reafirmado pelas "notícias do zap". Assim, as narrativas do gabinete do ódio "se confirmam" pela realidade.

Bolsonaro lhes representa. Marca suas presenças política e simbolicamente, e isso basta. Seus representados não esperam transformações pela política porque isso não faz diferença alguma para eles. Clamam por elas apenas retoricamente ("ele vai limpar isso tudo daí"); não sabem sequer pontuá-las. A função de Bolsonaro – e de seus filhos – não é a transformação; é, sim, de expressar publicamente este segmento que agora dá as cartas. Bolsonaro no poder é um fim em si mesmo.

Assim, diante de uma adesão fidelizada e à revelia de tantos reveses e da situação do Brasil, não se pode esperar perda significativa de aprovação neste segmento. Estes eleitores já têm motivos suficientes – vários dos quais letais – para abandonar o presidente, mas ainda seguem com ele. Pura identificação.

Além de ser para eles um espelho, Bolsonaro os empoderou. Deu aos 30% a ilusão de participarem de algo grande. Agora, sentem-se cruzados do patriotismo, sentinelas do cristianismo, embaixadores da família tradicional, fiscais da heterossexualidade e guardiões da ordem e da lisura, ignorando que, inadvertidamente, apóiam também uma agenda que lhes destroçará. O mandatário deu-lhes a sensação de encampar uma revolução restauradora pelo país, não só pelo voto, mas pelo compartilhamento de "notícias que a mídia não mostra", também conhecidas como *fake news*.

No *WhatsApp*, estes soldados travam uma batalha de mentiras. O tom é sempre alarmista e conspiratório: uma "notícia" revoltante circula, algo catastrófico sempre está para acontecer, conjurações contra Bolsonaro foram desmascaradas, convocações efusivas a manifestações, enaltecimento do presidente e detração de seus opositores. O conteúdo bolsonarista das redes e dos aplicativos sempre convergem para a difamação e para a incitação ao ódio. Também prometem um mundo idílico, hierarquicamente organizado, inabalavelmente moral, racialmente puro, armado, obscurantista e onde a realidade seja questão de opinião e os dados, de crença. Um paraíso autoritário, disciplinado, ordeiro, de soluções simples que sempre passam por eliminar os indesejáveis. Chegou a hora da retaliação e da restauração moral! Agora é a vez deles, autorizados a proferir seus impropérios. A verdadeira revolução dos ressentidos (SÁ, 2020a).

Os masoquistas combatem seus inimigos com veemência, mesmo que eles sejam imaginários. Seus alvos diletos são o "comunismo", o "globalismo", o "marxismo cultural", a "ideologia de gênero", o "kit gay", os veículos de comunicação "de esquerda" como a Globo e a Folha de São Paulo e a secreta conspiração internacional comandada pela China, que envolve desde os bancos brasileiros até o governo americano. Ou seja, soldados sem missão, encampando uma revolta delirante, cega, passional, difusa, sem objetivos concretos, contra adversários invisíveis, sem perspectiva transformadora e independente de resultados. Uma vingança sem vítima.

Como estão demasiadamente ocupados debatendo-se com seus inimigos imaginários, ignoram as interrupções sucessivas na imunização, as quatro mil mortes diárias pela pandemia, a perda de parentes e amigos para a Covid-19, a negligência governamental, o desemprego, o aumento da fome, da miséria e da desigualdade e a intoxicação alimentar. Agradecem pela oportunidade honrosa de participar. Mesmo enganados, precarizados, envenenados, contaminados, desassistidos e desempregados. Mas orgulhosos, engajados e gratos.

Ora, se o apoio se reitera apesar de resultados pífios, adversos e até letais da gestão do país, é porque resultados já não importam. Se o apoio se explica apenas pela identificação e pelo empoderamento, à revelia do colapso nacional, então estes 30% não são meramente eleitores, mas torcedores.

Torcer é mais que apoiar justamente por prescindir de retornos concretos, de ganhos, de consequências positivas ou de demonstrações de eficiência. É uma relação puramente sentimental, alheia a cálculo de custo benefício. Senão ninguém torceria para times pequenos ou que foram rebaixados. Não é porque nosso time joga mal que o abandonamos ou torcemos para outro em melhor situação. O torcedor eventualmente enxerga falhas no time, reconhece quando ele joga mal, prevê a possibilidade de rebaixamento, desaprova más contratações e se irrita com decisões táticas que julga equivocadas. Mas jamais deserta. Pelo contrário: reitera sua paixão e sua fidelidade, ao arrepio dos resultados adversos. Torcer é se identificar. Seja para um time ou um presidente.

Assim é a relação dos 30% com o presidente: torcida. Isto é, reconhecimento apaixonado, cego e, portanto, irrestrito. Não se confessa o fracasso que, intimamente, se identifica. Desaprovar Bolsonaro é desaprovar a si mesmo, desmerecer-se, desmoralizar-se. Ninguém queima suas próprias bandeiras. Basta se observar as torcidas organizadas nos estádios: cantam mais alto e fazem mais barulho justamente quando seu time está perdendo. Porque é uma relação passional e, por isso, prescinde, portanto, de resultados concretos, de efeitos pragmáticos, de razoabilidade e de sustentação racional.

O bolsonarista convicto comporta-se como membro de torcida organizada: está na arquibancada, mas ignora a partida jogada em campo, pois o que quer mesmo é entoar cantos violentos para insultar a torcida adversária. Masoquistas aplaudem o sádico porque torcem pelo presidente, mais do que apoiá-lo. Para quem torce, pouco importa ganhar ou perder, acertar ou errar. Torcer é não se importar com abalos, nem mesmo reconhecê-los. Endossar é pertencer.

Adesão incondicional e suicida

A identificação e o empoderamento não teriam outro resultado senão culminar numa adesão incondicional e suicida.

A adesão incondicional se observa no salvo conduto e no perdão absoluto que os 30% dão ao presidente. Isto é, Bolsonaro pode fazer de tudo e não tem culpa de nada.

Seus escudeiros dão-lhe salvo conduto. Ele pode fazer o que quiser. Não por acaso, o aumento do número de mortos não se faz acompanhar de uma reprovação correspondente de seu governo. Defendem o indefensável. Quaisquer argumentos contra ele são falsos. Para eles, Bolsonaro é injustiçado e perseguido. A mídia pega pesado demais com ele por causa de piadinhas ingênuas, sem importância. Os 30% parabenizam, reconhecem e inventam habilidades para as pessoas mais incompetentes, meramente por comporem o governo. Inventam-lhes credenciais, méritos e capacidades. A população apoiante não cogita o que o capitão poderia ter feito de diferente à frente do executivo, o que é uma maneira de inocentá-lo. Cada nova barbaridade dita é minimizada ("porque ele é sincero demais, não mal-intencionado", "a crítica foi desproporcional, ele não teve intenção de ofender"). Bolsonaro também é poupado dos impuros que os cercam: o filho dele não é ele; ele é incorruptível, apesar do seu entorno. Enfim: discussão de torcedor. E um cheque em branco dos masoquistas nominal ao sádico.

O perdão ao sádico é absoluto: que se danem Queiroz, milícias, escritórios do crime ou gabinetes do ódio. Nada importam as rachadinhas, as férias milionárias, os chocolates de lavanderia ou mansões incompatíveis com a renda. Os masoquistas não se demovem com leites condensados superfaturados nem picanhas em churrascos militares. Muito menos com conceitos como "fascista", "genocida" ou "negacionista", até porque são termos desconhecidos pela população em geral. Para todo argumento, o contra-argumento: "e o PT? E o Lula?". Enfim: são imunes a críticas. Mesmo porque eles não as conhecem. E se as conhecem, não as reconhecem (não é nada disso, é mentira da Globo). E, caso as reconheçam, não se importam (e daí se é o Queiroz?). Ou até as encaram como elogio (ele tá certo! Tem que matar, mesmo!) É a vez dos 30%. Por que sabotariam a própria festa?

Em nome da seita, alguns destes militantes convictos embarcam sem hesitar no comboio da insensatez: buzinam em frente a hospitais, agridem enfermeiras em manifestações de conscientização, arrancam cruzes fincadas na areia da praia em homenagem aos mortos, invadem hospitais de campanha e UTIs para "desvendar a farsa das mortes por Covid" e ameaçam o STF com fogos de artifício. Chega a ser irônico que os masoquistas saiam às ruas enrolados em suas bandeiras do Brasil em defesa daquele responsável por executar uma verdadeira política nacional de contaminação da população visando à imunidade de rebanho (BRUM, 2021). A morte, priorizada e colocada em prática, é ovacionada pelas próximas vítimas potenciais. Bois festejando a churrasqueira.

Alguns masoquistas tornam-se mais bolsonaristas que o próprio Bolsonaro. Os mais ortodoxos assumem os negacionismos do presidente mais do que ele mesmo. Enquanto Bolsonaro se vacina, seus eleitores fiéis ainda seguem contra o imunizante, alimentando teorias conspiratórias. Mesmo que tenham perdido alguém por Covid-19. Kamikazes do mito.

Exemplo deste apoio inabalável são os profissionais da saúde negacionistas, que tratam a pandemia politicamente. Chega-se ao ponto de haver um tratamento de saúde bolsonarista. Medicamentos e prescrições ideológicas, não médicas. Médicos ofertando cursos *online* de "tratamento precoce" e receitando medicamentos sabidamente ineficazes (BITTENCOURT, 2021; FARINELLI, 2021). Experimentos clandestinos de nebulização com cloroquina, após o qual cinco pacientes morreram, em Manaus (MAISONNAVE, 2021). Secretarias municipais de saúde oferecendo "tratamento precoce", resultando em alta nos casos e ocupação total dos leitos (CANOFRE, 2021). A formação científica sucumbiu perante a guerra cultural.

O próprio Conselho Federal de Medicina (CFM) omitiu-se, sendo cúmplice e reticente na tragédia, pois protegeu médicos negacionistas e ratificou charlatanismos em nome da "autonomia médica" (LARA, 2021). O próprio presidente do CFM veiculou artigo na Folha de São Paulo em 24/01/2021, no qual reitera que o Conselho não mudaria o parecer que dava autonomia sobre o "tratamento precoce", alegando haver estudos comprobatórios dos benefícios do tratamento precoce (mas não apontando quais). Diz o presidente do Conselho:

> o CFM delibera que é decisão do médico assistente realizar o tratamento que julgar adequado, desde que com a concordância do paciente infectado — elucidando que não existe benefício comprovado no tratamento farmacológico dessa doença e obtendo o consentimento livre e esclarecido. O ponto fundamental que embasa o posicionamento do CFM é o respeito absoluto à autonomia do médico na ponta de tratar, como julgar mais conveniente, seu paciente; assim como a autonomia do paciente de querer ou não ser tratado pela forma proposta pelo médico assistente (RIBEIRO, 2021).

Aplaudindo o sádico, os masoquistas tomam atitudes francamente suicidas por pura filiação. A concordância é tanta e tão indiferente a evidências incômodas que pode levar a posturas contra a própria vida, como tomar cloroquina ou ivermectina ou recusar-se a tomar vacinas, já raras, disputadas e extraviadas. Como negar-se definitivamente a usar máscaras. Enfermeiros e enfermeiras bolsonaristas morreram de Covid-19 enquanto atacavam vacina e defendiam o tal tratamento (HOSPITAL, 2021; MORRE, 2021; WERNECK, 2021). Passeatas reivindicando o direito de se aglomerar em templos e bares, no pior momento da pandemia, com o caos instalado nas estruturas de saúde e com meio milhão de mortos. Exigem placebo e cultos presenciais. Inapeláveis, endossam a própria morte.

Figura 2 - Bolsonaro ergue um remédio ineficaz para uma pandemia que nega e é *ovacionado.*

Fonte: Para (2020)

As evidências de que tal relação entre o sádico e seus masoquistas é suicida já se mostram. Basta observar a correlação entre o voto em Bolsonaro e contaminação: quanto mais bolsonarista o município, mais acometido pela Covid-19 ele é. As cidades que registraram maior votação de Jair Bolsonaro tiveram um aumento na taxa de contágio da Covid-19 muito maior do que aquelas que demonstram menor apoio ao presidente (ZARUR e MAZZI, 2020). Em cidades bolsonaristas ferrenhas, em que ele obteve mais de 70% de votos no segundo turno, o resultado é ainda pior: moradores desses municípios têm 567% mais chances de se infectar com o vírus e 647% de morrer do que em cidades onde Bolsonaro teve menos de 30% dos votos (CATANHÊDE, 2021; FRAGÃO, 2021). O discurso presidencial induz seus partidários a adotarem comportamentos de risco com mais frequência. (ZANINI, 2021, OLIVEIRA, 2021).

Tabela 1: A correlação entre votação e contaminação

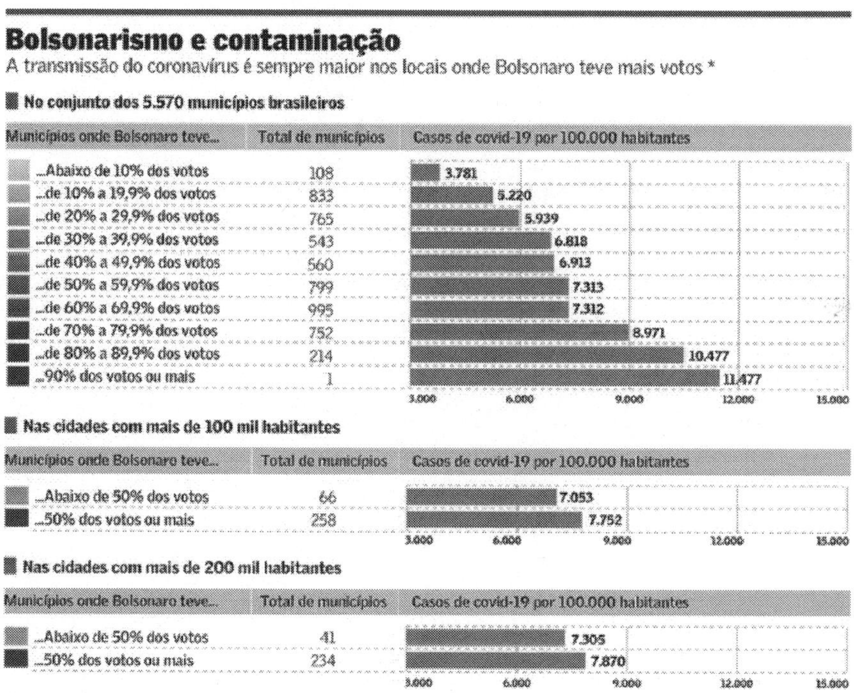

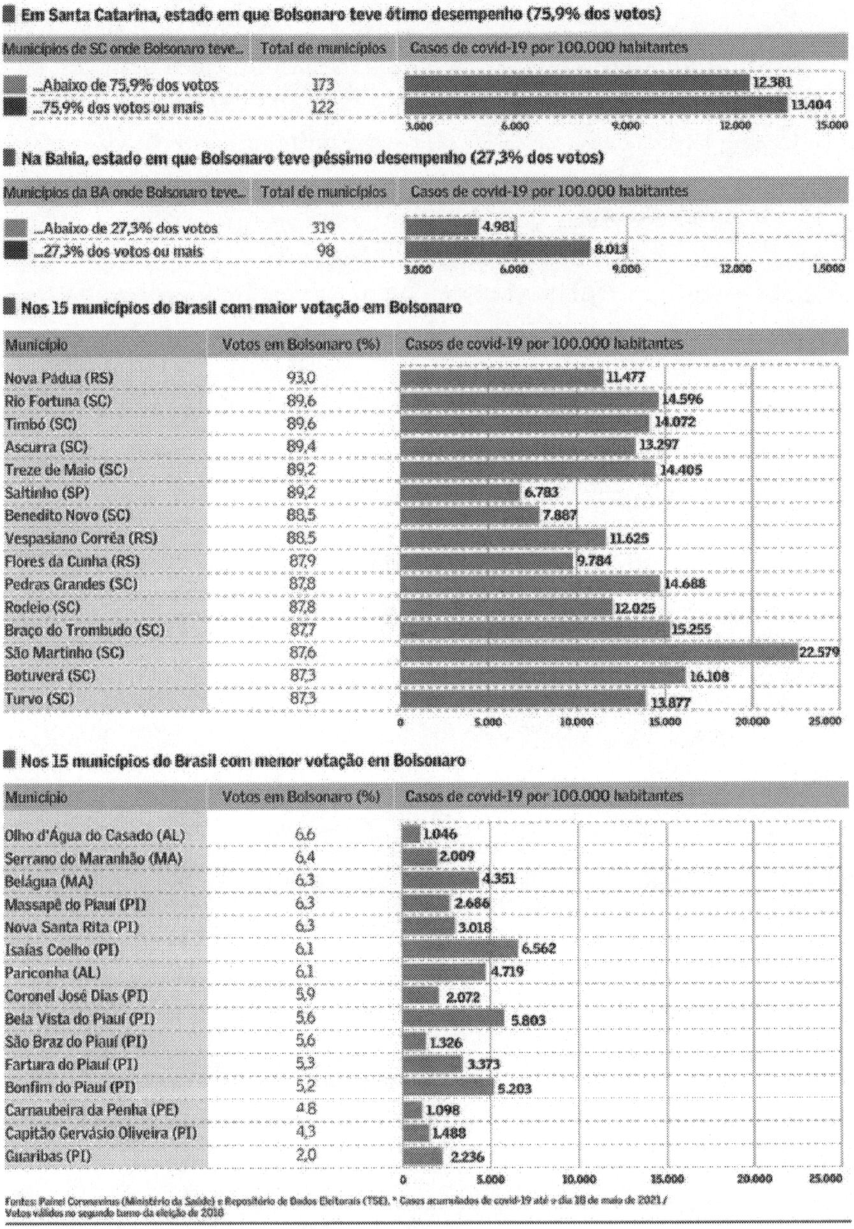

Fonte: Mendonça, 2021

Correlação que se repete nos estados: os que mais votaram em Jair Bolsonaro no primeiro turno das eleições presidenciais de 2018 são os que apresentam as maiores taxas de mortalidade. Bolsonaro foi o mais votado naquele pleito nos 12 estados que lideram as estatísticas oficiais de óbitos do Ministério da Saúde (COSTA; SARDINHA, 2021). Enfim, as evidências convergem para a mesma constatação: apoiadores de Bolsonaro estão morrendo mais que o restante da população (OLIVEIRA, 2021).

Esta é a sinergia entre o sádico e os masoquistas: o Jim Jones brasileiro faz discursos pregando o suicídio coletivo e seu séquito o segue. (KOTSCHO, 2021). Contra ela, resta apenas um argumento: a fome. O quadro recessivo se acentua à medida que a Covid-19 avança sem controle. Intensificação do desemprego, da miséria e da desigualdade e volta da inflação. A identificação narcísica se sobreporá ao estômago vazio?

Bolsonaro se empenha muito na manutenção deste grupo. Aliás, gasta toda sua energia e seu mandato encenando um espetáculo para sua plateia, ao invés de governar, de fato. Promete-lhes armas, demonstra-lhes valentia (exceto diante de questionamentos jornalísticos desconcertantes), transmite *lives* semanais, é ativo em redes sociais e planta diariamente diversionismos, factóides e polêmicas. Protagoniza também aparições aleatórias, mas cuidadosamente armadas. A cavalo, de moto, de *jet ski*, de helicóptero ou comendo pastel. E sempre abrindo novas frentes de batalha: contra o congresso, o isolamento social, o STF, o sistema, a mídia, a ONU, as máscaras, a oposição, os livros didáticos, o carnaval, as urnas eletrônicas, as eleições... apenas para manter seu eleitorado excitado e engajado.

Para distribuir seu show, o presidente mobiliza complexos mecanismos midiáticos para gerar um ambiente interativo *online* bastante convincente para seus masoquistas. Seus "engenheiros do caos" (EMPOLI, 2020), produtores de mentiras e discursos de ódio, sabem sensibilizar os receptores da mensagem com um conteúdo que lhes afete, provocando-lhes emoções extremas. Entram em cena *sites* de propaganda de extrema-direita, blogueiros, gabinetes do ódio, *youtubers*, grupos de *WhatsApp*, etc. Uma midiosfera própria, que ensaia uma verdadeira realidade paralela graças a seu eficiente isolamento informativo.

Tamanha encenação performática para excitar seus seguidores tem um objetivo claro: reeleição. Para manter-se no poder, é neste público apenas que ele aposta. E investe em armá-lo e insuflá-lo, como um recurso extremo em caso de revés eleitoral. A estratégia é essa: desacreditar os sistemas de votação desde já; armar seus apoiadores até os dentes; contestar os resultados eleitorais sob alegação de suposta fraude, caso derrotado em 2022; articular um exército paramilitar composto por civis militantes e seus arsenais, policiais partidarizados e forças armadas participantes do governo; instigá-los ao motim e dirigi-los a seus inimigos da vez (SÁ, 2021b).

Para legitimar-se, a dominação precisa ocultar sua arbitrariedade. Necessita parecer justa, natural e justificada. Requer, portanto, a anuência dos dominados. É indispensável criar-se meios para que a vítima se identifique com o algoz, para que os náufragos da meritocracia se convençam de que fracassaram por falta de esforço, determinação e persistência individuais. O mesmo se aplica para que os masoquistas aplaudam o sádico: é preciso iludi-los, dar-lhes a impressão de que agora é sua vez, de que têm voz, de que portarão armas. Mesmo que sejam eles os alvos. Nisto consiste o poder simbólico: acomodar as inclinações subjetivas em estruturas de controle objetivas (BOURDIEU, 1989).

E assim os 30% seguem: distraídos pelo excesso de circo que ofusca a falta de pão. Têm uma causa, mas não perspectiva. Crêem no presente enquanto o futuro se dissipa.

Considerações finais: o bolsonarismo pós-bolsonaro

Certamente, o bolsonarismo, encarnado pelos 30% fiéis, sobreviverá a Bolsonaro e por duas razões: porque lhe antecede e porque foi formatado por ele (SÁ, 2021d).

De certa forma, o bolsonarismo antecede Bolsonaro. Quem se espanta com esta adesão suicida a tal ideário de extrema-direita, desconsidera que as bases sociais da identificação com Bolsonaro sempre estiveram profundamente arraigadas na constituição do brasileiro médio. Em que pese a ampla estrutura de desinformação e de manipulação via redes sociais e aplicativos de mensagem, há uma predisposição histórica à mensagem bolsonarista. Ela é uma semente que encontra terreno fértil em nossa formação cultural. Era só questão de tempo (LAGO, 2020; SÁ, 2020b).

Bolsonaro formatou este pré-bolsonarismo que, assim, consolidou-se como movimento. Antes, era uma tendência amorfa e dispersa pela população. Bolsonaro deu-lhes voz, organizou-os, conectou-os, forneceu-lhes conceitos, discursos, "teorias", enfim, uma linguagem. Deu-lhes palavras para expressar aquilo que sentiam, mas que não sabiam como expressar. De certa forma, Bolsonaro os alfabetizou. Agora, eles têm líder, organização, estrutura comunicativa, pauta e militância. Têm uma visão de mundo, estética, cores, juízos de valor, dicotomias classificatórias e indumentária. Um discurso estranhamente patriota de subserviência americana, de liberdade de expressão para pedir ditadura. E, desta forma, consolidou-se e tem vida própria. Assim, o bolsonarismo sobreviverá a Bolsonaro porque ele centralizou e sistematizou uma tendência pré-existente e latente, mas silenciosa e até então sem meios, espaços e canais por onde se expressar, se encontrar e se estruturar. Anseios e inclinações subterrâneos ascenderam à voz oficial do Brasil. A nostalgia reacionária de um passado que nunca existiu, mas que supostamente se deteriora mediante uma suposta desordem moral. A vingança do macho branco e tolhido. A reação às agendas identitárias e o ódio às minorias. O ressentimento pela ascensão das classes trabalhadoras a novos patamares de consumo, turismo e escolarização.

Não tem volta. Essa comunidade política, moral e simbólica que sempre esteve entre nós, agora se estruturou e se estabeleceu como força política. O Brasil de sempre ressurge dos escombros da ordem democrática.

Referências

ALONSO, Angela. A comunidade moral bolsonarista. In: (vários autores) *Democracia em risco?* 22 ensaios sobre o Brasil hoje. São Paulo: Companhia das Letras, 2019.

BITTENCOURT, Júlio. Médico bolsonarista receita em live ivermectina, medicamento não recomendado para Covid. *Revista Fórum*, Brasília, 22/04/2021. Disponível em: <https://revistaforum.com.br/coronavirus/ medico-bolsonarista-receita-em-live-ivermectina-medicamento-nao-recomendado-para-covid-veja-o-video/>. Acesso em 16/05/2021.

BOURDIEU, Pierre. *O poder simbólico*. Rio de Janeiro: Bertrand Brasil, 1989.

BRUM, Eliane. "Pesquisa revela que Bolsonaro executou uma "estratégia institucional de propagação do coronavírus". *El País*, 21/01/2021. Disponível em: <https://brasil.elpais.com/brasil/2021-01-21/ pesquisa-revela-que-bolsonaro-executou-uma-estrategia- institucional-de-propagacao-do-virus.html>. Acesso em 16/05/2021.

CANOFRE, Fernanda. Após oferecer cloroquina, Uberlândia enfrenta alta de casos e ocupação de 100% dos leitos. *Folha de São Paulo*, 18/03/2021. Disponível em:<https://www1.folha.uol.com.br/equilibrioesaude/2021/03/com-prefeito-defensor-de-cloroquina-uberlandia- enfrenta-alta-de-casos-e-ocupacao-de-100-dos-leitos.shtml>. Acesso em 16/05/2021.

CATANHÊDE, Eliane. Pesquisa entre cidades bolsonaristas e não bolsonaristas confirma: negacionismo mata. *Estadão*, 04/05/2021. Disponível em:<https://politica.estadao.com.br/noticias/geral,pesquisa-entre-cidades-bolsonaristas-e-nao-bolsonaristas-confirma-negacionismo-mata,70003702987>. Acesso em 16/05/2021.

COSTA, Sylvio; SARDINHA, Edson. Estados "bolsonaristas" lideram mortes por Covid-19. *Congresso em foco*, 15/04/2021. Disponível em: <https://congressoemfoco.uol.com.br/saude/estados-bolsonaristas-lideram-mortes-por-covid-19/>. Acesso em 16/05/2021.

DUKE. Me chama de patriota. *Diário do centro do mundo*, 15/03/2021. Disponível em: < https://www.diariodocentrodomundo.com.br/charge-me-chama-de-patriota-por-duke/>. Acesso em 16/05/2021.

DATAFOLHA. Avaliação do presidente Jair Bolsonaro. *Datafolha*, 17/03/2021. Disponível em:<https://datafolha.folha.uol.com.br/opiniaopublica/2021/03/1989225eprovacao-a-bolsonaro-vai-a-44-e-56-o-veem-como-lideranca-incapaz.shtml>. Acesso em 16/05/2021.

EMPOLI, Giuliano Da. *Os engenheiros do caos*. São Paulo: Vestígio, 2020.

FARINELLI, Victor. Médico de Natal receita vídeos de Constantino e Alexandre Garcia para paciente com Covid. *Revista Fórum*, 30/01/2021. Disponível em: <https://revistaforum.com.br/brasil/medico-de-natal-receita- videos-de-constantino-e-alexandre-garcia-para-paciente-com-covid/>. Acesso em 16/05/2021.

FRAGÃO, Luisa. Risco de morte por Covid-19 em cidades bolsonaristas é 647% maior, diz pesquisa. *Revista Fórum*, 04/05/2021. Disponível em:< https://revistaforum.com.br/coronavirus/risco-de-morte-por-covid-19-em-cidades-bolsonaristas-e-647-maior-diz-pesquisa/>. Acesso em 16/05/2021.

HOSPITAL de londrina registra mortes por covid-19 de funcionários que se recusaram a tomar vacina. *G1*, 29/04/2021. Disponível em: <https://g1.globo.com/pr/norte-noroeste/noticia/2021/04/29/hospital-de-londrina-registra-mortes-por-covid-19-de-funcionarios-que-se-recusaram-a-tomar-vacina.ghtml>. Acesso em 16/05/2021.

KOTSCHO, Ricardo. Jair Jim Jones volta a pregar o suicídio coletivo no discurso em Sergipe. *Uol*, 28/01/2021. Disponível em: <https://noticias.uol.com.br/colunas/balaio-do-kotscho/2021/01/28/ jair-jim-jones-volta-a-fazer-discurso-pregando-o-suicidio-coletivo.htm>. Acesso em 16/05/2021>. Acesso em 16/05/2021.

LAGO, Ivann. O Jair que há em nós. *Carta Maior*, 04/05/2020. Disponível em: <https://www.cartamaior.com.br/?/Editoria/Sociedade-e-Cultura/O-Jair-que-ha-em-nos/52/47388>. Acesso em 16/05/2021.

LARA, Bruna de. Cúpula do CFM é peça-chave da tragédia que nos levou a 290 mil mortos por covid-19. The Intercept Brasil, 19/03/2021.

Disponível em: <https://theintercept.com/2021/03/19/cfm--290-mil-mortos-por-covid-19/>. Acesso em 16/05/2021.

MAISONNAVE, Fabiano. Mulher morre após teste clandestino com cloroquina nebulizada em Manaus e deixa recém-nascido. *Folha de São Paulo*,14/04/2021. Disponível em: <https://www1.folha.uol.com.br/equilibrioesaude/2021/04/em-manaus-medicos-ignoram--protocolos-para-ministrar-nebulizacao-de-cloroquina-em-maternidade.shtml>. Acesso em 16/05/2021.

MELLO, Patrícia Campos. *A máquina do ódio*: notas de uma repórter sobre *fake news* e violência digital. São Paulo: Companhia das Letras, 2020.

Há mais casos da doença nos municípios em que o presidente teve melhor votação em 2018

MENDONÇA, Ricardo. Contágio da covid-19 cresce em áreas de voto bolsonarista. *Valor econômico*, 24/05/2021. Disponível em:< https://valor.globo.com/politica/noticia/2021/05/24/contagio-da--covid-19-cresce-em-areas-de-voto-bolsonarista.ghtml>. Acesso em 24/05/2021.

MORRE de Covid-19 enfermeiro que atacava vacina e defendia tratamento precoce. *Folha de São Paulo*, 19/04/2021. Disponível em:< https://www1.folha.uol.com.br/equilibrioesaude/2021/04/ morre--de-covid-19-enfermeiro-que-atacava-vacina-e-defendia-tratamento-precoce.shtml>. Acesso em 16/05/2021.

OLIVEIRA, Wallace. "Apoiadores de Bolsonaro estão morrendo mais que o restante da população". *Brasil de Fato*, 20/04/2021. Disponível em: <https://www.brasildefatomg.com.br/2021/04/20/ apoiadores-de-bolsonaro-estao-morrendo-mais-que-o-restante-da-populacao#. YIQcwtrwt1c.WhatsApp>. Acesso em 16/05/2021.

PARA pneumologista, Bolsonaro 'ilude' brasileiros com cloroquina. *Istoé Dinheiro*, 22/07/2020. Disponível em: < https://www.istoedinheiro.com.br/para-pneumologista-bolsonaro-ilude-brasileiros--com-cloroquina/>. Acesso em 16/05/2021.

RIBEIRO, Mauro Luiz de Britto. O Conselho Federal de Medicina e a Covid-19. *Folha de São Paulo*, 24/01/2021. Disponível em: <https://www1.folha.uol.com.br/opiniao/2021/01/o-conselho-federal-de-medicina-e-a-covid-19.shtml>. Acesso em 16/05/2021.

SOLANO, Esther; ROCHA, Camila. Bolsonarismo em crise? *Fundação Friedrich-Ebert-Stiftung Brasil*, São Paulo, junho de 2020. Disponível em: <https://brasil.fes.de/fileadmin/user_upload/Bolsonarismo_em_Crise_-_Camila_rocha_e_Esther_Solano.pdf>. Acesso em 16/05/2021.

SÁ, Thiago Antônio de Oliveira. A revolução dos ressentidos. *Carta Maior*, 13/03/2020a. Disponível em: <https://www.cartamaior.com.br/?/Editoria/Sociedade-e-Cultura/A-revolucao-dos-ressentidos/52/46766 2020>.

_______.Bolsonaro era só questão de tempo. *Jornal GGN*, 23/09/2020b. Disponível em: <https://jornalggn.com.br/artigos/bolsonaro-era--so-questao-de-tempo-por-thiago-antonio-de-oliveira-sa/ 2020>.

_______.Afinal, o que é o bolsonarismo? *Jornal GGN*, 08/02/2021a. Disponível em: <https://jornalggn.com.br/artigos/afinal-o-que-e--o-bolsonarismo-por-thiago-antonio-de-oliveira-sa/ 2021>.

_______.A morte como política de governo. *Jornal GGN*, 19/02/2021b. Disponível em: <https://jornalggn.com.br/editoria/cidadania/a--morte-como-politica-de-governo-por-thiago-antonio-de-oliveira--sa/>.

_______.O segredo dos tecnopopulistas. *Carta Maior*, 10/05/2021c. Disponível em: <https://www.cartamaior.com.br/?/Editoria/Politica/O-segredo-dos-tecnopopulistas/4/50554 2021>.

_______.O futuro do bolsonarismo. *Carta Maior*, 04/05/2021d. Disponível em: <https://www.cartamaior.com.br/?/Editoria/Politica/O-futuro-do-bolsonarismo/4/50511>.

WERNECK, Natasha. Enfermeira bolsonarista morre de reinfecção da Covid-19 após recusar vacina. *Estado de Minas*, 26/02/2021. Disponível em: <https://www.em.com.br/app/noticia/nacional/2021/02/26/interna_nacional,1241233/enfermeira-bolsonarista- morre-de-reinfeccao-da-covid-19-apos-recusar-vacina.shtml>.

ZANINI, Fábio. Covid explode em cidade do interior de SP governada por 'Bolsonaro caipira'. *Yahoo! Esportes*, 20/04/2021. Disponível em: <https://esportes.yahoo.com/noticias/ covid-explode-em-cidade-interior-123000247.html>. Acesso em 16/05/2021.

ZARUR, Camila; MAZZI, Carolina. Cidades pró-Bolsonaro registraram maior taxa de contágio pela Covid-19, indica estudo. *O Globo*,

04/05/2020. Disponível em:<https://oglobo.globo.com/sociedade/cidades-pro-bolsonaro-registraram-maior-taxa-de-contagio-pela-covid-19-indica-estudo-24409329>. Acesso em 16/05/2021.

AUTORITARISMO, MINORIAS, SUBJETIVIDADES, RESISTÊNCIAS E DIREITOS HUMANOS

O GOVERNO BOLSONARO E O ANTI-INTELECTUALISMO

Mônica Maria Teixeira Amorim
Rafael Baioni do Nascimento

Introdução

Uma característica bastante marcante do governo Bolsonaro é o anti-intelectualismo, entendido como uma cultura de menosprezo ao conhecimento em suas diversas formas. Isso porque os alvos de desprezo não são apenas os conhecimentos acadêmicos produzidos pelas artes, pelas ciências humanas e sociais - e também, mais recentemente, os conhecimentos produzidos pelas ciências da saúde -, mas também são questionados, em sua importância ou legitimidade os conhecimentos ligados às tradições culturais e religiosas extra-acadêmicas de base comunitária, como os conhecimentos de povos tradicionais e indígenas, de comunidades quilombolas, de movimentos sociais, das religiões de matriz africana, de comunidades de bairro e outras.

O conhecimento pode se manifestar de tantas formas que é mais fácil caracterizar o anti-intelectualismo pelo avesso, como um culto à ignorância e a líderes "politicamente incorretos", pela sobrevalorização da opinião - pontual e sem qualquer fundamento - em oposição a autênticos regimes de conhecimento. O anti-intelectualismo rejeita provas científicas e rejeita a voz da experiência, rejeita a experimentação, a observação e o debate de ideias, assim como a autoridade de figuras reconhecidas em sua comunidade como guardiãs do saber. O anti-intelectualismo é o manejo da ignorância.

A própria história política do presidente atesta essa tendência que, durante as últimas décadas, havia se mantido tímida. Como deputado, ao longo de 27 anos, Bolsonaro teve apenas dois projetos aprovados, tendo defendido nos primeiros mandatos quase exclusivamente direitos de militares e se mantido, nos últimos, justamente por encarnar essa figura do "politicamente incorreto", do líder ignorante. Entretanto, a tendência ganhou força e o deputado que antes era uma piada de mau gosto, hoje é o chefe de Estado que desmonta a pesquisa e as universidades públicas, que sabota as políticas voltadas às comunidades tradicionais, indígenas, quilombolas, pequenos agricultores etc. e que vai diretamente contra as recomendações epidemiológicas globais no combate à pandemia de Covid-19.

Freud já falava do perigo desse tipo de liderança em *Psicologia das massas e análise do eu* (2010). O líder se oferece como uma figura de identificação, na qual seus seguidores podem se espelhar e esquecer de si mesmas. Nas palavras de Freud, o líder é colocado no lugar do Ideal de Eu e, como os outros seguidores fazem o mesmo, ocorre uma identificação horizontal entre os membros dessa massa, que compartilham, portanto, de uma mesma imagem de identificação. Neste sentido, há uma diferença muito grande entre o líder da massa, este líder ignorante, e as lideranças ligadas a tradições culturais ou religiosas específicas, ou mesmo para com os intelectuais acadêmicos. Os intelectuais - acadêmicos ou não - são apenas pontos nodais em toda uma rede de saberes, e deles é exigido não apenas conhecimento, mas coerência. O líder ignorante não precisa manifestar nenhuma destas duas características. Ele não precisa entender de nada, ter nenhum conhecimento sobre qualquer matéria, nem apresentar coerência de qualquer tipo, quer em um mesmo discurso, quer entre discursos mobilizados em diferentes momentos ou, ainda, entre discurso e ação. Como nos mostra Freud, o líder ignorante só precisa ser uma base para identificação, um homem comum, e ao mesmo tempo parecer um super-homem, um "mito" - como Bolsonaro era chamado por seus apoiadores durante a campanha presidencial. Essa identificação maciça, uma vez estabelecida, costuma não depender de confirmação racional ou de contínua justificação. Ela se torna um mecanismo automatizado de satisfação pulsional, diria Freud, isto é, de descarrego de tensão, liberação de energia acumulada - processo realizado, em geral, por meio do estabelecimento de um ou mais inimigos externos ao grupo e do ódio fomentado contra estes supostos inimigos.

É em contexto semelhante que emerge o ódio aos intelectuais no Brasil atual. Por exemplo, contra Paulo Freire e Judith Butler, figuras que representam para o segmento político ligado ao governo, respectivamente, a ameaça marxista e a ameaça feminista. Não há qualquer justificação racional, baseada no debate das ideias destes intelectuais. O que vemos é uma associação superficial dos intelectuais a uma "ideologia" inimiga, que deve ser combatida num só gesto e de uma vez por todas, se não com o extermínio, com o silenciamento, sendo as massas conclamadas constantemente a descarregar seu ódio sobre estas figuras. Toda a tensão de uma vida repleta de inseguranças, medos e injustiças, como é a de qualquer pessoa nas sociedades capitalistas atuais, ganha uma válvula de escape. Pode-se odiar Paulo Freire, por exemplo, mesmo que um exame mais detalhado pudesse revelar concordância com suas ideias. Não são as ideias que se colocam em debate, mas um projeto de alienação política que é posto em ação, mobilizando tecnologias de formação e controle de massa.

O anti-intelectualismo não é uma exclusividade do governo Bolsonaro, pois é um fenômeno bastante antigo e, inclusive, característico de governos de aspiração totalitária, fascista, ou associado a religiões fundamentalistas[134] – basta lembrar a perseguição a intelectuais e a destruição de livros e objetos de arte pelos regimes nazista e soviético. Mas ele tem características específicas no Brasil atual. Há três formas principais, a nosso ver, em que o governo Bolsonaro põe em ação seu anti-intelectualismo: primeiro, através do ódio aos intelectuais, através da desmoralização e/ou "demonização" sistemática de figuras de reconhecida importância; segundo, por meio do desprestígio da formação escolar, especialmente a universitária e humanista, com o correlato desmonte das universidades públicas e o corte do financiamento em pesquisa; e terceiro, através da substituição de pessoas em cargos chave da administração pública, tradicionalmente ocupados por pessoas de reconhecida competência, por farsantes, pseudointelectuais e mentirosos flagrantes - como ficou evidente em escândalos envolvendo a nomeação de alguns

[134] https://www.acsh.org/news/2016/06/26/anti-intellectualism-is-biggest-threat-to-modern-society, acesso em 10/11/2020.

ministros e de dirigentes de órgãos públicos essenciais para o respeito aos saberes tradicionais, como o Instituto Nacional de Colonização e Reforma Agrária (INCRA), a Fundação Nacional do Índio (FUNAI) e a Fundação Palmares.

Neste ensaio, portanto, nos propomos a contribuir com a reflexão acerca destas características do anti-intelectualismo que se fazem presentes no Brasil atual e no governo Bolsonaro. E para isso, estruturamos o texto em três partes: na primeira parte exploramos o conceito de intelectual e o ódio a intelectuais brasileiros que é instigado por este governo, com destaque para os ataques dirigidos ao educador Paulo Freire. Na segunda parte abordamos o ataque às ciências humanas e sociais, e o desmonte da universidade e da pesquisa públicas. E por fim, na terceira parte, analisamos esse caráter anti-intelectualista na composição dos quadros dirigentes da administração pública feita até aqui pelo governo Bolsonaro.

O governo bolsonaro, o ódio aos intelectuais e os ataques à educação crítica

A própria ideia de intelectual é muitas vezes contraditória. Ela representa, por um lado, a dominação cultural e colonial que produz grande desigualdade no acesso ao conhecimento - principalmente quando o conhecimento reconhecido socialmente pelo Estado é apenas o conhecimento acadêmico. Por outro lado, a ideia de intelectual também pode representar um esforço de crítica à dominação e um instrumento de resistência, quando encarnado de forma crítica. Podemos citar, compondo essa última tendência, pensadores e pensadoras marxistas, anarquistas, feministas, ligados(as) aos movimentos negro, LGBT, de outras minorias étnico e/ou religiosas etc. dentro e fora da academia.

Nos baseamos aqui na defesa que faz Collins (2019) de uma ideia expandida e crítica de intelectual. No panorama que traçou sobre o pensamento feminista negro nos EUA, ela utilizou uma definição segundo a qual "as intelectuais negras não necessariamente são acadêmicas nem são encontradas apenas na classe média negra", mas podem fazer parte desse grupo "todas as estadunidenses negras que de alguma forma contribuem para o pensamento feminista negro como teoria social crítica" (COLLINS, 2019, p. 51). Neste sentido, "o próprio conceito de intelectual"– enquanto pessoa letrada, universitária, de classe média ou alta - "deve ser desconstruído", sendo necessário, inclusive, desafiar o discurso intelectual tradicionalmente aceito e fundado em critérios epistemológicos etnocêntricos, racistas, machistas etc. (COLLINS, 2019, p. 52).

Um pensador brasileiro que desde a década de 1960 já sustentava essa concepção crítica e expandida de intelectual é o professor Paulo Freire. Não por coincidência ele é o intelectual brasileiro de maior reconhecimento internacional e, também, o alvo paradigmático do governo Bolsonaro quando pensamos no ódio aos intelectuais. Paulo Freire, educador pernambucano nascido em 1921, se destacou, notadamente, pelo trabalho revolucionário que fez com a alfabetização de adultos. Sua pedagogia era baseada no diálogo, no respeito a culturas diversas, na formação crítica do educando. E esta formação crítica alinhava-se com o papel da educação na promoção de uma leitura crítica do mundo e na transformação da sociedade em mais justa, menos "feia e malvada" como ele mesmo declarava.

Freire é um dos educadores brasileiros mais laureados no país e no exterior. Recebeu o título de Doutor *Honoris Causa* em diversas universidades nacionais e internacionais, além de diversos prêmios e medalhas. Deu nome à plataforma de formação de professores de Educação Básica criada pela Coordenação de Aperfeiçoamento de Pessoal do Nível Superior (CAPES), em 2009, e foi declarado pela Lei 12.612/2012 "Patrono da Educação Brasileira". Todavia, bastante ilustrativo do fenômeno do anti-intelectualismo, a "Plataforma Paulo Freire" foi renomeada em 2019, na gestão de Jair Bolsonaro, passando a ter o nome de "Plataforma Capes de Educação Básica". Além disso, o reconhecimento de Paulo Freire como patrono da educação brasileira vem sendo alvo de questionamentos pelo presidente e deputados a ele aliados.

As motivações para banir Freire da educação brasileira já se encontravam expressas no plano de governo de Jair Bolsonaro, que declarava explicitamente a pretensão de "expurgar a ideologia de Paulo Freire" da educação. No texto do citado plano defende-se que na educação seria necessário "revisar e modernizar o conteúdo. Isso inclui a alfabetização, *expurgando a ideologia de Paulo Freire* [...]". (BOLSONARO, 2018, p.46. Grifo nosso.) O ataque a Freire, também se manifesta em projetos de lei, como o PL 1930/2019, de autoria do deputado Heitor Freire (PSL-CE), que propõe revogar a Lei que declara Paulo Freire Patrono da Educação Brasileira, e a PL 3033/2019, do Deputado Federal Carlos Jordy (PSL-RJ), que defende a substituição do nome de Freire como patrono pelo nome de São José de Anchieta. A substituição do nome de Paulo Freire é defendida abertamente por Bolsonaro, conforme matéria do jornal "O Globo"[135], a "Folha de São Paulo"[136] e outros jornais e revistas de grande circulação no país.

Não pretendemos nos limites deste texto discutir as origens dos ataques à Paulo Freire materializados nesses projetos de lei, mas fato é que essas ideias já vinham ganhando força e que a lei por meio da qual Freire

[135] Ver: https://oglobo.globo.com/sociedade/bolsonaro-diz-que-vai-mudar-patrono-da-educacao-brasileira-titulo-conferido-paulo-freire-23630439, acesso em 10/11/2020.

[136] Confira em: https://www1.folha.uol.com.br/cotidiano/2019/04/em-entrevista-bolsonaro-defende-troca-de-patrono-da-educacao.shtml, acesso em 10/11/2020.

foi declarado "Patrono da Educação Brasileira" já havia sido objeto de questionamento no Senado Federal desde 2017. Conforme a Agência Senado: "Uma sugestão apresentada via portal e cidadania propunha a retirada do título de Paulo Freire, classificando-o como um teórico da esquerda e com o argumento de que seu método de ensino levou ao fracasso da educação brasileira". Na ocasião a Comissão de Direitos Humanos e Legislação Participativa (CDH) rejeitou a citada sugestão legislativa (SUG 47/2017). Os senadores avaliaram que a sugestão era "fruto da ignorância sobre o legado do educador". (BRASIL, SENADO FEDERAL, 2017)[137].

Os argumentos infundados de que o fracasso na educação brasileira está relacionado à aplicação da pedagogia freiriana no Brasil revelam desconhecimento não apenas do alcance - bastante limitado até hoje - do método Paulo Freire nas escolas públicas do país, como demonstram também um entendimento raso, equivocado e enviesado das ideias do educador. A título de exemplo podemos citar os argumentos utilizados pelo deputado Heitor Freire (PSL-CE), autor do PL 1930/2019, que podem ser encontrados no Portal Terça Livre[138]. Segundo ele, "o modelo 'freiriano' de educação é celebrado pela reversão, pela indisciplina, pela insubordinação do aluno perante o professor". E acrescenta: "A péssima situação da educação brasileira nos tempos modernos revela por si só os resultados catastróficos da adoção dessa plataforma esquerdista de ensino". Ressaltamos que a situação da educação brasileira não pode ser atribuída à pedagogia freiriana, já que esta não foi até hoje de fato implementada em larga escala. Já o argumento que "o modelo 'freiriano' de educação é celebrado pela reversão, pela indisciplina, pela insubordinação do aluno perante o professor" é equivocado porque distorce a insubordinação à injustiça, realmente defendida por Freire, tomando como insubordinação a qualquer autoridade. Evidência contra essa distorção pode ser encontrada, por exemplo, no livro "Pedagogia da Autonomia", lançado em 1996, último livro publicado por Freire em vida e que apresenta uma síntese de suas ideias. Neste livro, ao tratar dos "saberes necessários à prática educativa", Freire critica a "licenciosidade" (leia-se abuso

137 Disponível em: https://www12.senado.leg.br/noticias/materias/2017/12/14/cdh-rejeita-sugestao-para-retirar-de-paulo-freire-titulo-de-patrono-da-educacao, acesso em 10/11/2020.

138 Disponível em:.https://www.tercalivre.com.br/paulo-freire-pode-perder-o-titulo-de-patrono-da-educacao-brasileira/, acesso em 10/11/2020.

de liberdade) e o autoritarismo, e defende a autoridade docente pautada no diálogo.

O combate ao educador e intelectual Paulo Freire pelo governo Bolsonaro se funda em argumentos falaciosos, com vistas à manipulação da população, deixando evidente que a educação crítica e a serviço da transformação social proclamada por Freire não combina com o projeto bolsonarista para a educação - projeto que privilegia a formação técnica, militarizada e a serviço do mercado, sem o devido compromisso com a qualidade da educação e com a inclusão social.

A guerra contra as ciências humanas e sociais, o desmonte da universidade e os cortes na pesquisa

No que tange ao ataque às ciências, sobretudo humanas e sociais, e ao desmonte da universidade e da pesquisa públicas pelo governo Bolsonaro, podemos citar como exemplos paradigmáticos a nomeação de reitores para universidades e institutos federais, a ingerência política sobre órgãos antes majoritariamente técnicos como a Capes e o Conselho Nacional de Desenvolvimento Científico e Tecnológico (CNPq) e o corte do financiamento de pesquisas em ciências humanas e sociais.

Tradicionalmente, nossos últimos presidentes acatavam a escolha dos candidatos mais votados nas eleições para reitor nas universidades e institutos federais - ainda que pudessem por lei escolher a partir de uma lista tríplice. Era uma forma dos governos anteriores reconhecerem a autonomia das universidades e outras instituições de ensino federais. O governo Bolsonaro não tem seguido essa tradição, mas nomeado candidatos menos votados da lista tríplice ou mesmo pessoas que nem estavam no processo eleitoral ou sequer na instituição[139].

A Capes é um dos principais órgãos de controle e promoção da pesquisa e da pós-graduação no Brasil. Nela também, tradicionalmente, havia um reconhecimento por parte dos governos anteriores da autonomia dos coordenadores de área na maior parte das decisões. Estes coordenadores, em geral, são profissionais do mais alto nível de reconhecimento entre seus pares e tomavam decisões baseadas em longos processos de consulta aos colegas, em seminários e congressos específicos. No governo Bolsonaro os coordenadores de área passaram a ser considerados "meros consultores" e grande parte das decisões estão sendo tomadas de forma arbitrária, na contramão desse processo técnico, trabalhoso e democrático, antes adotado[140]. Da mesma forma está havendo ingerência do governo Bolsonaro no CNPq. Um dos maiores órgãos de financiamento de pesquisa no Brasil, que tinha nos governos anteriores bolsas paritárias para todas as áreas do conhecimento, está agora, por interferência do governo, dando prioridade apenas a

139 https://g1.globo.com/educacao/noticia/2019/08/31/governo-interveio-em-6-de-12-nomeacoes-de-reitores-de-universidades-federais-ate-agosto.ghtml, acesso em 10/11/2020.

140 https://www.unicamp.br/unicamp/noticias/2020/06/17/coordenadores-de-areas-da-capes-divulgam-carta-em-que-pedem-maior-dialogo-com, acesso em 10/11/2020.

áreas ligadas à tecnologia, num ataque direto às ciências humanas, sociais e às artes[141]. Além disso, vale mencionar que os cortes do governo Bolsonaro nas bolsas de pesquisa, em geral, têm tido maior impacto nas universidades do Nordeste[142]. Talvez, não por acaso, a região em que o presidente não teve maioria nas eleições presidenciais.

A perseguição política a professores universitários também é uma estratégia do anti-intelectualismo no Brasil atual, com casos de professores que procuram o exílio para fugir da perseguição, professores pedindo ajuda para organizações internacionais de auxílio a acadêmicos ameaçados e mesmo professores sendo exonerados por motivos políticos, tendo sido usadas pequenas infrações como justificativas[143] – qualquer semelhança com o impedimento da presidenta Dilma Rousseff não é mera coincidência.

---

141 https://www1.folha.uol.com.br/educacao/2020/04/governo-bolsonaro-exclui-humanas-de-edital-de-bolsas-de-iniciacao-cientifica.shtml, acesso em 10/11/2020.

142 https://www.apufsc.org.br/2020/02/17/impacto-com-cortes-de-bolsas-da-capes-foi-maior-no-nordeste/, acesso em 10/11/2020.

143 https://www.dw.com/pt-br/relatório-aponta-sério-risco-à-liberdade-acadêmica-no-brasil /a-54993042, acesso em 10/11/2020.

Gestores no governo bolsonaro: paródia involuntária ou arquitetura da dominação?

Ao mesmo tempo em que tentam desmoralizar nossos intelectuais e destruir a ciência no Brasil, o governo Bolsonaro é frequentemente "pego com calças curtas", fingindo ter a formação que quer destruir. Um caso a destacar é o do ex-ministro da educação Carlos Alberto Decotelli, que não apenas teve um mestrado com trechos plagiados, como mentiu sobre ter um doutorado pela Universidade Nacional de Rosário, na Argentina, e um pós-doutorado pela Universidade de Wuppertal, na Alemanha[144]. A ministra da Mulher, Família e Direitos Humanos, Damares Alves, por sua vez, afirmava ser mestre em educação e em direito constitucional e direito da família, o que também era falso. Questionada, a ministra afirmou que era mestre pela religião e não pelas universidades. O ministro do meio ambiente, Ricardo Salles, é outro que divulgou ter um mestrado, desta vez em direito público pela Universidade de Yale, e a informação também era falsa. Salles afirmou depois ter sido um erro de assessoria.

Seriam todas essas informações falsas a respeito da formação dos ministros(as) erros fortuitos de comunicação? Ou seriam eles indícios de uma postura contraditória: por um lado valorizar o estudo universitário em nível de pós-graduação ao ponto de "se equivocar" e divulgar ter mais formação do que realmente têm, ao mesmo tempo em que dão sustentação a um governo cujas políticas são do desmonte da universidade e do financiamento de pesquisa públicos?

Outro fenômeno deste governo, semelhante por seu caráter de usurpação da autoridade, é a nomeação de pessoas desqualificadas para posições chave como o Incra, a Funai e a Fundação Palmares, deturpando a função original destas instâncias. O Incra passa a ser dirigido por pessoas que são contrárias à reforma agrária; a Funai, por quem é contra a demarcação de terras indígenas; e a Fundação Palmares (responsável, dentre outras coisas, pela demarcação de terras quilombolas), por um adversário dos movimentos negros. O caso mais gritante é o do presidente da Fundação Palmares, jornalista que nunca teve

[144] Todas as informações sobre os títulos falsos dos ministros de Bolsonaro podem ser encontradas em: https://exame.com/brasil/os-ministros-do-governo-bolsonaro-que-mentiram-no-curriculo/, Acesso em 10/11/2020.

envolvimento com movimentos sociais ou com estudos raciais, que diz não admirar Zumbi do Palmares, não apoiar o Dia da Consciência Negra e chegou até a chamar o movimento negro de "escória maldita"[145]. Além disso, desde que assumiu a presidência da fundação, não se reuniu com representantes do movimento negro ou estudiosos da questão racial[146], mostrando assim seu desprezo pelos líderes das causas negras no Brasil.

A distância do governo Bolsonaro para com qualquer figura intelectual é tanta que até mesmo Olavo de Carvalho, o guru da direita brasileira, e que só com muitas reservas poderia ser chamado de intelectual, mesmo ele, rejeita associar-se ao governo[147].

A escolha de todos esses personagens trágicos, mas que não deixam de ter algo de cômico, pelo tamanho do ridículo – e que não são exceção no governo Bolsonaro – deve nos levar a um questionamento: seria apenas uma paródia involuntária ou são essas figuras justamente as escolhas certas para alimentar esse mecanismo de identificação maciça? Não temos apenas um líder ignorante, mas vários.

Por fim, e não menos importante, temos o desprezo do governo Bolsonaro por todas as autoridades de saúde no tocante ao enfrentamento da pandemia de Covid-19. O presidente, além de chamar a pandemia de "gripezinha" no começo da crise, contradiz constantemente a Organização Mundial de Saúde (OMS), foi contra as medidas recomendadas internacionalmente para diminuir o contágio da doença, age como garoto propaganda de um remédio sem nenhuma eficácia comprovada e entrou em desavença com dois Ministros da Saúde, Luiz Henrique Mandetta e Nelson Teich, que saíram do cargo por não concordarem com a condução irresponsável da pandemia pelo presidente. Ambos médicos, foram substituídos por um general, Eduardo Pazuello, mostrando assim como o governo precisou buscar alguém fora do meio da saúde – isto é, algum sem nenhuma relação com o meio intelectual ou de reconhecida liderança na área – para que fosse capaz de pôr em

---

145 https://g1.globo.com/politica/noticia/2020/06/02/sergio-camargo-presidente-da-fundacao-palmares-chama-movimento-negro-de-escoria-maldita-em-reuniao.ghtml, acesso em 10/11/2020.

146 https://noticias.uol.com.br/politica/ultimas-noticias/2020/06/25/presidente-da-fundacao-palmares-nao-recebeu-movimento-negro.html, acesso em 10/11/2020.

147 https://noticias.r7.com/brasil/olavo-de-carvalho-indica-ter-rompido-com-governo-de-bolsonaro-07062020, acesso em 10/11/2020.

prática sua política genocida que, no momento em que escrevemos este texto, é considerada internacionalmente a pior condução dentre todos os chefes de Estado do mundo, tendo o número de mortos já passado dos 500 mil.

Cabe mencionar ainda outra característica diferenciadora do funcionamento do anti-intelectualismo no Governo Bolsonaro, dessa vez, técnica. Referimonos à máquina geradora de *fake news*. Há toda uma rede de criação e propagação de notícias falsas nas redes sociais, e há diversos indícios de que é o governo Bolsonaro e seus patrocinadores que a mantém[148]. Qualquer pessoa, considerada um(a) intelectual ou não, que se oponha ao governo, terá mentiras publicadas sobre si por essa via, não raro associando sua imagem à pedofilia ou ao comunismo. E mais, muitas das mensagens enviadas nestas redes sequer são de pessoas reais, mas de *bots* - isto é, programas que imitam usuários. Se nos fenômenos de massa anteriores podíamos supor que ocasionalmente o "eu" dos sujeitos massificados poderia ser desprender da identificação colada ao líder e que grupos de pessoas poderiam se auxiliar mutuamente em processos de tomada de consciência, agora, quando "nossos pares" são literalmente robôs, esses processos parecem cada vez mais raros.

Assim, em resumo, diversos elementos apontam o governo Bolsonaro como produto e produtor de uma cultura anti-intelectual, de desrespeito à educação e ao conhecimento em suas diversas formas, ao atacar as figuras de intelectuais amplamente reconhecidos(as), ao interferir nos processos democráticos das universidades, ao desautorizar profissionais eminentes nos órgãos de promoção de pesquisa, ao cortar bolsas das ciências humanas e sociais, ao colocar à frente de ministérios pessoas despreparadas e à frente de instituições governamentais de proteção dos povos e comunidades tradicionais pessoas que são contrárias aos interesses desses povos e comunidades. E faz tudo isso com a ajuda dos mecanismos contemporâneos de controle e manipulação de massa, vendendo sob medida, a quem está propenso a comprar, essa imagem de líder carismático e ignorante, ao mesmo tempo um mito e um idiota[149]. Infelizmente, entretanto, assistimos esse líder e seus ministros cheios de falsos títulos, preconceitos e ódio, "passarem a boiada" e conduzirem o país ao maior retrocesso que a pesquisa pública, as universidades e os saberes tradicionais experienciaram nos últimos anos.

[148] https://theintercept.com/2020/08/13/bolsonaro-usa-google-distribui-milhoes-reais-sites-fake-news-adsense/, acesso em 10/11/2020.

[149] Idiota, no sentido da palavra em sua origem grega, que significa pessoa leiga, sem conhecimento especializado.

Referências

BOLSONARO, Jair. *O caminho da prosperidade*: Proposta de plano de governo. Bolsonaro, 2018. Disponível em: https://flaviobolsonaro.com/PLANO_DE_GOVERNO_JAIR_BOLSONARO_2018.pdfAcesso em: 30/05/2020

BRASIL, *Lei 12.612/2012*. Declara o educador Paulo Freire Patrono da Educação Brasileira. Disponível em: http://www.planalto.gov.br/ccivil_03/_Ato2011-2014/2012/Lei/L12612.htm Acesso em: 22/05/2020.

BRASIL, *PL1930/2019*. Revoga a Lei nº 12.612, de 13 de abril 2012, que declara Paulo Freire Patrono da Educação Brasileira. Disponível em: https://www.camara.leg.br/proposicoesWeb/fichadetramitacao?idProposicao=2196336 Acesso em: 22/05/2020.

BRASIL, *PL 3033/2019*. Declara São José de Anchieta patrono da educação brasileira e revoga a Lei nº Lei nº 12.612, de 13 de abril de 2012. Disponível em: https://www.camara.leg.br/proposicoesWeb/fichadetramitacao?idProposicao=2204158 Acesso em: 22/05/2020.

BRASIL, SENADO FEDERAL. *CDH rejeita sugestão para retirar de Paulo Freire título de Patrono da Educação*. Brasília: Agência Senado, 2017. Disponível em: https://www12.senado.leg.br/noticias/materias/2017/12/14/ cdh-rejeita-sugestao-para-retirar-de-paulo-freire-titulo-de-patrono-da-educacao Acesso em 21/05/2020

COLLINS, P. H. *Pensamento feminista negro*: conhecimento, consciência e a política do empoderamento. São Paulo: Boitempo, 2019.

FREIRE, P. *Pedagogia da Autonomia*: Saberes necessários à prática educativa. São Paulo: Paz e Terra, 1996.

FREUD, S. *Obras completas* - Psicologia das massas e análise do Eu e outros textos (1920-1923). Trad. Paulo César de Souza. São Paulo: Companhia das Letras, 2010. v. 15.

FUTEBOL NA POLÍTICA EM TEMPOS DE AUTORITARISMO: DO ANÁTEMA AO COVIDÃO-20

"O encanto do futebol é não sofrer modificações (ECO, 1984)"

LEONARDO TURCHI PACHECO

Política e futebol não se associam?

Há uma máxima entre (uma parcela) de torcedores, jogadores, dirigentes e jornalistas de que futebol e política não se misturam. Para estes, a intersecção desses dois campos é um anátema[150]. Mesmo que as evidências dessa afirmação sejam constantemente contrariadas.

Na prática, futebol e política não somente se misturam como é possível verificar continuidades históricas dessa relação. Desde regimes autoritários (fascistas e ditaduras militares) que se associaram a equipes vitoriosas para legitimar os respectivos regimes políticos, até dirigentes, jogadores e radialistas que se valeram do capital social adquiridos no campo dos esportes para se inserir e traçar uma carreira no campo político.

Talvez por isso, não há como mencionar o regime fascista sem se lembrar do futebol italiano entre 1934 e 1938. E estas datas não são

[150] Nesse ensaio entendo a categoria campo a partir de Bourdieu (2008): espaços estruturados de posições com leis próprias onde os agentes que o compõem lutam pela dominância e monopólio das competências/capitais em jogo para dar continuidade ou alterar as questões definidoras do campo específico.

aleatórias. Marcam o bicampeonato mundial da *squadra azzurra* nas Copas do Mundo sediadas na Itália e na França, respectivamente. Nesses dois momentos, a estetização da política através dos espetáculos esportivos é o que chama a atenção de Agostino (2002). Este autor indica que as partidas internacionais de futebol se constituíam como ritualização da fidelidade nacional.

O futebol era o carro-chefe da propaganda fascista que, através das ondas do rádio, mobilizava o sentimento de nacionalismo exacerbado e a lealdade patriótica nos enfrentamentos campais entre times e seleção italiana contra outras equipes e nações. A importância do futebol como representação de sucesso do regime fascista era tão fundamental que coube ao general Giorgio Vaccaro, coordenador-geral de esportes da Itália fascista, estabelecer relações diplomáticas para que a Itália sediasse a Copa de 1934, como também gerir os assuntos referentes à seleção italiana, que eventualmente seria a campeã da competição.

A Itália sagrou-se campeã, em grande parte, graças à atuação de atletas provenientes do Brasil, Uruguai e Argentina, devidamente naturalizados com descendência italiana comprovada ou inventada, desde que não tivessem a tez escura: os *oriundi*. Se o futebol não canalizasse boa parte do imaginário de nação vencedora e alavancasse legitimidade política de governantes, um regime cioso da pureza do sangue de seus cidadãos não se arriscaria a manipular um "pequeno detalhe" de origem no fortalecimento de seus quadros esportivos. Farsa que não impediu que Mussolini aproveitasse o momento da vitória para palanque de visibilidade política: "Aclamado aos gritos DU-CE, DU-CE, DU-CE, Mussolini, compareceu ao estádio juntamente com todo o ministério e fez questão de entregar o troféu da vitória ao capitão dos *azurri*" (AGOSTINO, 2002, p.62).

Em 1938, na França, a seleção italiana, representando o fascismo, sofreu vários protestos da resistência antifascista. Jogadores foram agredidos fora de campo. Mas havia ainda forças em campo para tripudiar dos brasileiros na semifinal e ganhar da Hungria socialista na final. Os brasileiros inclusive foram denominados "negros de força bruta", não equiparáveis aos inteligentes fascistas de Mussolini. Aparentemente, não houve vozes dissonantes para questionar que muitos *oriundi* latinoamericanos ainda eram jogadores do selecionado italiano.

Cinquenta anos depois, a Argentina vivia uma experiência parecida durante uma das mais brutais ditaduras militares da América Latina. A cúpula militar, comandada pelo General Videla, sediou a Copa do Mundo de 1978 em meio a denúncias de violação de direitos humanos – tortura e desaparecimento de opositores do regime. Era necessário fazer da conquista no campo esportivo uma propaganda do sucesso do regime que não ia muito bem das pernas, custasse o que custasse.Nesse sentido, os militares tiveram os principais periódicos da imprensa local, assim como a burguesia e a elite argentina ao seu lado.

Segundo Alabarces (2008), os periódicos argentinos se comportavam como cúmplices dos militares e foram a voz oficial da ditadura, pois criaram uma narrativa que enaltecia o nacionalismo e convocava todos e todas a ser unir sob as mesmas cores e identidade. A este discurso oficial da ficção de uma argentina homogênea, sem divisão de classes, este todo inclusivo do "nosotros" contra "ellos", não se opunham outras palavras, outras perspectivas, somente o silêncio: "Toda otra palavra, en el contexto de la dictatura, queda silenciada" (ALABARCES, 2008, p. 120).

Esse silêncio se fez algazarra na festa da vitória nas ruas. Alabarces (2008) compreende que o espaço da política é o espaço das ruas. E como os argentinos ocuparam espontaneamente as ruas, sem a convocação e sem o receio das forças militares, a possibilidade de se ouvir vozes outras e resistentes ao regime foi permitida.

Como se sabe, há maculas sobre a conquista argentina. O suborno do goleiro argentino, naturalizado peruano, e de vários jogadores da seleção do Peru na derrota de seis a zero para a Argentina na semifinal do Mundial foi uma delas. As instituições esportivas da argentina e de outros países não se pronunciaram sobre as denúncias de violações dos direitos humanos do regime ditatorial e tampouco encamparam qualquer tipo de protesto. Oficialmente, nem a Associação do Futebol Argentino (AFA) e tampouco a então Confederação Brasileira de Desportos (CBD) reconheceram que foram cúmplices da ditadura militar na Argentina. O fato é que o regime autoritário saiu fortalecido do Mundial com a vitória da Seleção Argentina sobre a Holanda.

Política e futebol também se associaram após a derrota do Brasil em 1966 na Copa da Inglaterra. No contexto brasileiro, segundo revela

Florenzano (1988; 2009), não somente as instituições ligadas ao futebol, desde Federações até os Clubes, mas também o jogo e o comportamento dos jogadores foram abarcados pela militarização do esporte.

O autoritarismo militar se refletia nos dispositivos disciplinares e de vigilância da conduta do jogador. O jogador produzido pelo regime militar como projeto político é aquele que obedece a hierarquia e não questiona os adestramentos aos quais é submetido. Adestramento do corpo e da alma. Não lhe é permitido questionar a preparação física, as ordens táticas e os conselhos do técnico (seja ele considerado um paizão, um ditador, um disciplinador), a concentração antes das partidas, os seus próprios rendimentos e seus direitos trabalhistas. Ele não nem nem o próprio corpo, que pertence ao clube e depois pertencerá aos empresários, mas nunca a ele mesmo, na sua totalidade.

Aqueles que o fazem são estigmatizados pelo tribunal da norma da imprensa esportiva como jogador-problema (Florenzano, 1998). Afonsinho, Sócrates, Reinaldo, Casagrande, entre (poucos) outros, quando reivindicam o poder de autonomia sobre si mesmos ou sobre suas escolhas como cidadãos, são punidos por subverterem a ordem estabelecida. Práticas de liberdade não são concebíveis entre os atores envolvidos no mundo do futebol militarizado.

Afonsinho é colocado em ostracismo pelos dirigentes de clubes de futebol que não o contratam por ser má influência. Reinaldo é advertido pelos generais brasileiros em 1978 a não comemorar seus gols com o punho cerrado – símbolo de resistência da comunidade negra e símbolo de resistência da comunidade antifascista – na Copa da Argentina. Faz gol no primeiro jogo, comemora com o punho cerrado e amarga a reserva nos outros cinco jogos restantes. O técnico Telê Santana, adepto da disciplina e do adestramento militar, não o convoca para a Copa de 1982. Na visão do técnico, Reinaldo estaria muito envolvido com política (conversando com Frei Beto), andando em más companhias (a de homens gays) e não cuidando do corpo ao se divertir na noite belorizontina. Sócrates e Casagrande são acusados de "drogados", "cachaceiros" e "comunistas". Todas essas categorias de acusação estigmatizante desqualificam as ações dos atores que ousam questionar o ambiente conservador, reacionário, vigilante e disciplinador da instituição futebol brasileiro.

A experiência de autogoverno e liberdade da Democracia Corintiana, na qual Sócrates, Casagrande e Wladimir estavam envolvidos, foi uma experiência de resistência ao modelo de gestão e relações de poder estabelecidas no campo esportivo. Apesar disso, como revela Florenzano (2009), ela foi um processo cheio de equívocos e incoerências. Uma experiência de autogoverno marcada por disputas internas e contradições, mas que mesmo assim representou uma das poucas tentativas de confrontar as forças estabelecidas no futebol. A proposta era tornar os jogadores cidadãos participantes das esferas de decisão da estrutura do esporte – desde a escolha do técnico, passando pelo esquema tático de jogo, pela necessidade de concentração antes das partidas, até pela escolha dos jogadores contratados e dispensados, por meio de votação democrática –, ao invés de peças dóceis da máquina de engrenagem da hierarquia, disciplina e vigilância a que estavam sujeitos pelo modelo político hegemônico de gestão do futebol.

A experiência foi bem-sucedida por pouco tempo, antes de ser engolida pela lógica desse campo esportivo: se as vitórias e os títulos são conquistados, há tolerância com as mudanças propostas na dinâmica hierárquica; logo que os reveses e fracassos se apresentam, o clamor por mais disciplina e pela volta do modelo tradicional e dominante de autoridade retorna com violência.

Não são estranhos ao mundo do futebol os discursos de torcedores e da imprensa sobre a falta de comando e de disciplina e o excesso de liberdade, hedonismo e oba-oba para justificar as derrotas. Aconteceu entre 84-85 na experiência corintiana, aconteceu na Copa de 2006 e acontece frequentemente com as equipes da elite do futebol brasileiro.

Tudo leva a crer que o campo de forças do futebol pende para o *status quo,* seja qual for seu espectro político. Na maioria das vezes, o futebol está associado a forças reacionárias e conservadoras. Os dirigentes e as instituições frequentemente pactuam com ou fazem vistas grossas a regimes totalitários, autoritários e ditatoriais. João Havelange e Sepp Blatter, Júlio Grondona e Ricardo Teixeira, Federação Internacional de Futebol (FIFA), Associação do Futebol Argentino (AFA), Confederação Brasileira de Futebol (CBF) são filhos e frutos das elites e estratos abastados de seus respectivos países. O futebol, no nascedouro, é um esporte de elites, praticado pelas massas, mas ainda controlado por um seleto grupo de pessoas distintas: burgueses, aristocratas, tecnocratas da classe média alta (GIGLIO, 2019).

Um futebol à esquerda, como sonha Peinado (2017), é uma experiência vivenciada através de posturas individuais de atletas, clubes de origem basca e de origem operária e socialistas como o Livornos e o Saint Paulis[151] e movimentos pontuais, como a democracia corintiana e no caso mais recente brasileiro, as torcidas antifascistas.

[151] Associazione Sportiva Livorno Calcio é uma equipe italiana da região da toscana com fortes origens operárias, antifascistas e comunistas. Fußball-Club Sankt Pauli von 1910 é uma equipe alemã da cidade de Hamburgo. Seu estádio é localizado na zona portuária. A equipe e seus torcedores adotam bandeiras progressistas e além disso de denominam anti-racistas, anti-homofobia, antifascistas e antinazistas.

Futebol na política e vice-versa

O Governo Bolsonaro foi eleito na esteira das insatisfações populares que ficaram conhecidas como as jornadas de junho de 2013 e os protestos de junho de 2015. Ambos os movimentos ocuparam as ruas brasileiras para manifestar contra gastos excessivos contra megaeventos esportivos – Copa do Mundo e Olimpíadas –, e (uma percepção de crescente de) denúncias de corrupção incensada pela mídia, que acusava um único partido pelo males da administração pública brasileira. Se as jornadas de 2013 foram manifestações difusas com pautas que clamavam por educação, saúde, segurança, mobilidade urbana, dólar alto, corrupção entre outras coisas, os protestos de 2015 foram direcionados pela direita, extrema direita, *think tanks* internacionais e com cobertura midiática intensa com um único objetivo: o afastamento da presidenta eleita Dilma Rousseff.

Esses protestos foram designados pelos próprios participantes como apartidários (não se sabe se por ingenuidade ou por hipocrisia, uma vez que, como mencionado acima, os atores que os convocaram estavam posicionados à direita no espectro político) e contribuíram para o golpe parlamentar de 2016, abrindo um vácuo político para a eleição de Jair Bolsonaro, em 2018.

Nas duas manifestações, a camisa verde amarela da seleção brasileira de futebol foi apropriada pelos participantes para tentar criar uma homogeneidade e unidade apartidária e apolítica. Tal qual na ditadura militar, a camisa da seleção brasileira de futebol foi sequestrada para que o nacionalismo em estado bruto se sobrepusesse a qualquer diversidade ou pensamento contraditório (GUEDES; DA SILVA, 2019). Essa unidade fictícia não se sustentou. A descrição dos atores que se manifestaram feita por Felipe Demier (2016) e que depois Ângela Alonso (2019) definiu como a "comunidade moral bolsonarista" revela que o público que foi as ruas vestido de verde e amarelo eram os "homens de bem" ressentidos:

> Vestidos com a camisa da Confederação Brasileira de Futebol (CBF), foram protestar, em harmonia, tanto velhas senhoras viúvas da ditadura militar e os saudosistas lacerdistas de jornal embaixo do braço e linguajar

forense, quanto os pós-*yuppies* digitais, os semiletrados com diploma universitário e os novos "empreendedores", cujo amor por camarotes VIPs e a admiração por figuras como Luciano Huck impressionam até mesmo os liberais ilustrados da velha guarda. Quase todos brancos, nossos manifestantes nutrem, às vezes não só reconditamente, um ódio aos "quase todos pretos" cadastrados nos programas sociais focalizados e compensatórios do governo federal. Homes e emperiquitadas mulheres "de bem", consideram que "estão fazendo sua parte". Pagam "altos impostos" em dia, sabem aproveitar "as oportunidades que o mercado oferece" ao invés de esperar o "paternalismo do Estado" [...] (DEMIER, 2016, p.18)

A camisa verde e amarela continua sequestrada por essa onda conservadora e virou sinônimo de adeptos de preconceitos variados, moralistas hipócritas, pseudonacionalistas, parvos e negacionistas científicos. Pessoas da mesma índole que não se furtaram em vaiar e insultar a chefe do executivo brasileiro no jogo de abertura da Copa do Mundo de 2014.

Em 2018, os "cidadãos de bem" com a camisa verde e amarela encontraram o seu representante e o elegeram presidente. Bolsonaro, assim como antes dele Mussolini, Costa e Silva, Médici e Geisel, faz do futebol palanque. Não só ostenta em suas aparições públicas a camisa da CBF, como também de uma miríade de clubes da elite do futebol brasileiro. Antes da pandemia de Covid-19, sempre acompanhado do então ministro da Justiça, frequentava as tribunas de honra dos Estádios. Em 2018 e 2019, entrou em campo e levantou a taça do campeonato brasileiro juntamente com os jogadores, os quais, aliás, ele recebe em encontros informais no Palácio do Planalto.

Mas se encerra por aí sua paixão pelos esportes. Tudo indica que o único esporte que merece investimento simbólico por parte do presidente da república é o futebol profissional. Os esportes amadores e olímpicos foram "escanteados" pela atual administração. Primeiro, logo que assumiu a presidência, Bolsonaro desfez o ministério dos Esportes. Logo depois, encerrou o pagamento do Bolsa Atleta. Não obstante, não se fez de rogado e comemorou como se o segundo lugar e as 171 medalhas dos atletas brasileiros nos Jogos Panamericanos fossem o resultado de políticas de incentivo ao esporte da sua administração e não dos governos que o antecederam.

A ingerência da pandemia de Covid-19, que já sepultou mais de 550 mil brasileiros, fez o que parecia improvável em qualquer cenário esportivo: aglutinar torcidas rivais. Em pleno surto pandêmico, torcidas como a Gaviões da Fiel (coletivo corintiano ligado às práticas de liberdade da democracia corintiana, menciona no tópico anterior) e a Porcomunas (coletivo palmeirense de esquerda) uniram-se para protestar contra a política sanitária do governo Bolsonaro. Em Minas Gerais, as torcidas antifascistas de Atlético, Cruzeiro e América foram às ruas. Apesar de ainda não serem coletivos com grande contingente de torcedores e não rivalizarem com torcidas mais tradicionais, como Galoucura e Máfia Azul, ao ocuparem o espaço público, essas torcidas antifascistas tornaram suas demandas politicamente visíveis[152].

Em resposta a esse início de resistência, o governo federal tentou criminalizar os torcedores. Primeiro os estigmatizou como vândalos. Em seguida, como as manifestações foram pacíficas, apesar da tensão e da provocação das forças da Polícia Militar e dos manifestantes pró-governo, houve a ameaça de se incluir as torcidas antifascistas na Lei Antiterrorismo nº 13.260, de 16 de março de 2016. Por fim, a "vingança" veio através da paródia: ao invés do presidente utilizar suas redes sociais para se solidarizar com as vítimas da Covid-19, ele o fez para comemorar o título estadual do seu time de coração e fazer chacotas do rival – não por acaso o time do Corinthians –, aquele mesmo da democracia e da torcida Gaviões da Fiel, que é uma das maiores e visíveis resistências ao governo Bolsonaro nos estádios e nas ruas. Tudo se passa como se não houvesse pandemia. É a naturalização de mortes de milhares de brasileiros.

Essa naturalização das mortes pela Covid-19 tem como episódio crucial a pressão para a volta das competições de futebol. Primeiramente, houve a pressão para a volta dos campeonatos regionais. A volta teve o apoio dos principais clubes do Rio de Janeiro e de São Paulo. No Rio de Janeiro, os jogos retornaram na semana em que os casos de contaminação cresciam vertiginosamente no estado. Não bastasse a falta de

152 É importante ressaltar que o fenômeno de torcidas antifascistas no Brasil, apesar de não ser inédito, outras torcidas progressistas já ocuparam espaços nos estádios, é uma nova tendência marcada pela heterogeneidade e pluralidade. As agendas e agências desses coletivos não necessariamente são convergentes, como certamente também não é a perspectiva da associação entre futebol e política. Esse episódio da união de contrários é importante porque abre uma nova possibilidade de estudos para os cientistas sociais e demais pesquisadores.

solidariedade com as vítimas e os infectados pela Covid-19, o governo federal contou ainda com os interesses particulares dos dirigentes do Flamengo para consolidar os planos de retorno à normalidade. E foi além, para prejudicar e retaliar a emissora que realiza fortes críticas ao planejamento de controle da pandemia, editou uma medida provisória que retirava os seus direitos de transmissão dos jogos do clube.

Como revela Agostino (2002), essa estratégia populista de se utilizar o esporte para passar a sensação de normalidade em tempo de crise social faz ecos ao *modus operandi* do ministro propaganda nazista Goebbels.

> Para Goebbels, ministro da propaganda do Terceiro Reich, o futebol tinha o poder de mobilizar paixões populares. Assim, os clubes de futebol continuaram entrando em campo na Alemanha durante quase toda a guerra, procurando não só manter a força catalisadora do esporte, como também para passar à nação a sensação de normalidade (AGOSTINO, 2002, p.85-86).

O Campeonato Brasileiro de 2020 foi reiniciado com protocolos de saúde para proteção dos jogadores contra o vírus questionáveis e supervisionados não pela Organização Mundial da Saúde, mas pela Confederação Brasileira de Futebol. Sem público nos estádios, as partidas contam com um simulacro de torcedores que preenchem a arquibancada: figuras gráficas de papelão acopladas às cadeiras, ao som das arquibancadas providenciado por DJs.

Alguns jornalistas e comentaristas esportivos foram contrários ao início da competição nesses moldes. Nenhum jogador em atividade veio a público manifestar repúdio pela volta do campeonato. Nas partidas, além da falta de torcida, o único momento em se questiona a não normalidade da situação é no início da partida: braços cruzados e um minuto de silêncio pelas vítimas sempre crescentes da Covid-19.

Talvez, para expressar o absurdo da situação, o jornalista Juca Kfouri, conhecido pelo seu posicionamento contrário ao retorno dos campeonatos antes que a vacina da Covid-19 seja disponibilizada para a população, batizou o Campeonato Brasileiro de 2020 de "Covidão 20". A ironia tem suas razões: este é um campeonato no meio da maior pandemia de que se tem notícia na história recente da humanidade, um campeonato que apresenta riscos de saúde para jogadores e jornalistas, um campeonato sem público, um título que nenhuma torcida vai ver *in loco*, um levantar de taça no vazio.

No entanto, essa pressão, até o momento, se configura como um perfeito uso do futebol para fins políticos, pois arrefeceu o ânimo das torcidas contrárias ao governo na ocupação das ruas. Deu um ar de normalidade à situação de crise sanitária e um alento para aqueles cansados de ficar em isolamento social. Estes podem assistir jogos "ao vivo" toda quarta e domingo, consultar a tabela de jogos e a classificação nos dias restantes e se ocupar com a "falação esportiva" (ECO, 1984) nas mesas redondas, apesar do 176 mil mortos por Covid-19 (segundo os dados extraoficiais de início de dezembro de 2020).

Conclusão

Esse ensaio teve como proposta problematizar a ideia de que política e futebol não se associam. Nesse sentido, explicitou uma série de momentos do passado e presente em que política e futebol estão intimamente ligados. Na maioria dos casos abordados, o futebol está associado a governos autoritários e é empregado para dotar de legitimidade esses regimes a partir do englobamento das conquistas esportivas. Em outras palavras, as conquistas esportivas seriam a representação desses regimes autoritários: os fiadores do sucesso da gestão governamental; seu reflexo. Esse ensaio apontou para as continuidades dessa prática e de utilização de símbolos de pertencimento para validar uma pretensa homogeneidade.

O ensaio não teve como propósito indicar que o futebol é "ópio do povo". Esta visão não contempla a possibilidade de agência e de resistência dos atores envolvidos nesse campo. O futebol não é um meio de alienação e há possibilidades de resistência. As resistências são pontuais, mas elas existem e são importantes para chacoalhar esse campo. Não concordo com a epígrafe desse ensaio. Mas ela serve como provocação para se questionar uma série de questões relativas à associação entre futebol e política. Nesse sentido, são precisos os motivos que fazem torcedores, jornalistas, jogadores e dirigentes afirmarem que futebol e política não se associam. Talvez a chave para compreender essa questão seja entender os significados que os atores envolvidos nesse campo atribuem à política. Ademais, é necessário compreender o desconforto da associação entre futebol e política ao ponto de se tornarem essas questões proibidas de serem combinadas.

Na presente configuração, tudo se passa como se a mistura entre futebol e política não pudesse acontecer fora da continuidade, do *status quo,* considerado como neutro e apolítico. E só assim é que a epígrafe que inicia esse ensaio revelaria a relação entre política e futebol no campo esportivo, infelizmente.

Referências

AGOSTINO, G. *Vencer ou morrer*: futebol, geopolítica e identidade nacional. Rio de Janeiro: FAPERJ: MAUAD, 2002. 272p.

ALABARCES, P. *Fútbol y pátria*: el fútbol y las narrativas de la nación enla Argentina. 4ª ed. Buenos Aires: Prometeo Libros, 2008. 220p.

ALONSO, A. A comunidade moral Bolsonarista. In: ABRANCHES,S. et al (orgs.). *Democracia em risco?*: 22 ensaios sobre o Brasil hoje. São Paulo: Companhia das Letras, 2019. p. 52-71.

BOURDIEU, P. *Cuestiones de sociología*. Madrid: Ediciones Istmo, S.A., 2008. 272p.

DEMIER, F. Introdução: O barulho dos inocentes: a revolta dos "homens de bem". In: DEMIER, F.; HOEVELE, R. (org.). *A onda conservadora*: ensaios sobre os atuais tempos sombrios no Brasil. 1.ED. Rio de Janeiro: Mauad, 2016, p.9-24. 256 p.

ECO, U. *Viagem na irrealidade cotidiana.* 5ª ed. Rio de Janeiro: Nova Fronteira, 1984. 353p.

FLORENZANO, J.P. *Afonsinho & Edmundo*: a rebeldia no futebol brasileiro. São Paulo: Musa Editora, 1998. 254p.

FLORENZANO, J.P. *A democracia corinthiana*: práticas de liberdade no futebol brasileiro. São Paulo: FAPESP; EDUC, 2009. 509p.

GIGLIO, S.S. *A história política do futebol olímpico (1894-1988).* São Paulo: Intermeios; Fapesp, 2018. 482p.

GUEDES, S. L.; DA SILVA, E. M. O segundo sequestro do verde e amarelo: futebol, política e símbolos nacionais. *Cuadernos de Aletheia.* Número 3, 2019, p.73-89. Disponível em: <http://www.memoria.fahce.unlp.edu.ar/art_revistas/pr.9691/pr.9691.pdf> Acesso em 31 dez.2019.

PEINADO, Q. *Futebol à esquerda.* São Paulo: Ed. Madalena, 2017. 325p.

A CRUZADA BOLSONARISTA PELA MORAL: OS "BONS COSTUMES" QUE FEREM A VIDA

"O corpo é um campo de batalha"
Barbara Kruger (adaptado)

Marta Gouveia de Oliveira Rovai

A história do Brasil é a longa duração no tempo de práticas como o racismo, o autoritarismo e o machismo, recriados e fortalecidos continuamente por novos vocabulários e estratégias para manter o controle de velhos interesses e grupos. Nesse percurso de relações conflituosas, os registros históricos e as manifestações públicas relativas à pluralidade existencial estiveram relegados a segundo plano por narrativas lineares e vazias de experiências. A história da participação das mulheres, de negros e de grupos hoje reunidos sob a sigla LGBTQIA+ sempre foi marcada por grandes lacunas e tentativas de apagamento por setores sociais dominantes, conservadores e fundamentalistas, hoje com forte presença no governo Bolsonaro.

No entanto, o processo histórico é sempre revelador da ineficiência do total controle sobre corpos e mentes nas relações sociais. Na mesma dinâmica dos poderes que constituem e se exercem para silenciar, há sempre mais vida e potencial de subversão nos indivíduos e nos movimentos sociais. O silenciamento histórico – como ação ou como registro - nunca foi capaz de gerar silêncios, pois os ruídos e questionamentos sempre estiveram por toda parte, ora com maior ou menor intensidade; nunca de fato acuando os sujeitos ditos subalternizados.

Os dias que temos vivido no Brasil, especialmente sob o jugo bolsonarista, representam aqueles momentos históricos em que se revelam as fragilidades das práticas e discursos dominantes, só na aparência infalíveis e perenes no tempo, mas também minam as crenças de que, em certos períodos, eles desapareçam, abrindo espaço para certo avanço evolutivo da liberdade e da democracia. Se a história mostra, por inúmeros acontecimentos, que a opressão não é sempre vencedora, pois indivíduos e coletividades recriam suas próprias táticas de luta pela emancipação, é verdade, também que, em determinados contextos, as disputas e a colisão entre valores e práticas conservadoras e forças progressistas são mais evidenciadas; processos de tensão que podem gerar retrocessos pois, afinal, não se trata de história linear e progressiva, mas sempre de embates entre narrativas, memórias, identidades e projetos políticos. Os anos 1990 e 2000, em que parecemos avançar quanto aos direitos humanos no país, graças à mobilização da sociedade civil e de parcerias com o Estado democrático, sinalizaram que as heranças autoritárias, racistas, heterocisnormativas e patriarcais de nossa trajetória histórica não eram fixas nem eternas, e que poderiam ser submetidas ao questionamento e subverterem leituras de mundo e modelos de ordem social hierarquizada, moralista e desigual, que tomavam as chamadas minorias como objetos e não sujeitos de direitos.

Vivemos um tempo fortemente tensionado, resultado do processo de construção de nossa recente e frágil democracia, depois de centenas de anos de escravização, racismo, patriarcalismo, de sucessivos governos autoritários, os quais seus defensores persistem em legitimar. Talvez um dos momentos de confronto mais abertos e necessários de nossa história, em sua amplitude, principalmente pelos usos dos meios virtuais que permitiram a multiplicação e a colisão de sujeitos, narrativas políticas e identitárias e a ocupação de espaços que promoveram certo incômodo de nossas elites econômicas e políticas. Assistimos e participamos, assim, de forma cada vez mais acirrada, a um "acerto de contas", a um confronto de cobranças e medidas de força que, se indicam tentativas e medidas de retrocesso e ameaça à democracia por parte de grupos bolsonaristas, também revela preocupação de setores sociais progressistas em defender a permanência e o alargamento de direitos.

Este é o complexo cenário brasileiro, que não deveria ser considerado imprevisível, se olharmos os caminhos trilhados, principalmente desde o final da ditadura civil-militar, nos anos 1980, quando grupos políticos e identitários tomaram a palavra e ocuparam espaços, como as mulheres, os negros e os grupos LGBTQIA+, entre tantos outros. Desde então, associações, publicações e partidos reavaliaram concepções de família, de gênero, de raça e de classe, recontaram histórias e reinventaram processos participativos que colocaram em xeque também a produção de conhecimento, com os estudos das mulheres e de gênero e a Teoria Queer, que propuseram descolonizar os poderes e binarismos essencialistas.

Os *outsiders* (ELIAS, 2000) trouxeram para a arena política e social suas demandas identitárias, numa recusa ao estabelecido como norma: a perpetuação de uma única história que não era apenas contada pelas elites dominantes, mas também por aqueles que, mesmo tendo como pauta a justiça social, invisibilizavam suas experiências ao submeterem-nas à categoria universal de homem.

Essa construção da democracia, marcada pela pluralidade, não se deu de forma coesa e linear, mas pareceu ganhar muitos adeptos, levando para as dimensões educacionais, religiosas, culturais, políticas e familiares questionamentos e valores que abalaram as estruturas patriarcais, heterocisnormativas e racialistas. Discussões de caráter ético e relacionado aos direitos humanos fizeram adormecer, relativamente, discursos secularmente predominantes, mas naquele momento desestabilizados pelo processo de redemocratização do país. A questão é que eles nunca desapareceram e é evidente que a lógica da necropolítica neoliberal fez acordar os *sleepers,* velhos indivíduos e setores conservadores, antidemocratas e antidiversidade, que sentiram seus privilégios históricos ameaçados e logo buscaram se reorganizar[153].

No governo Bolsonaro, eles têm tido licença para se fortalecer, por meio de um discurso reacionário, negacionista e do culto ao politicamente antiético, atacando os direitos humanos e ameaçando a diversidade

[153] Uso aqui o termo citado por Zygmunt Bauman (2011) para se referir a John M. Steiner, que criou o termo para designar uma inclinação hipoteticamente presente no indivíduo (estendendo-a aos grupos sociais) a fim de cometer atos de violência, mas que permanece latente até que fatores que a mantinham reprimida de repente se fragilizam ou são eliminados.

humana. Como afirmava Bertolt Brecht, em seu poema *Os medos do regime* (1933), ao falar dos regimes totalitários, em momentos em que os privilégios estão ameaçados, a intolerância, o ódio, a censura, a perseguição e a morte não são exclusivamente estratégias que revelam a força das classes opressoras, mas são evidenciadores, também, dos temores da "velha guarda" que se renova diante de uma sociedade que se move em busca por seus direitos. No Brasil, parte dessa reação é elaborada na cruzada dos "bons costumes", ou seja, na manutenção de velhas hierarquias e discriminações históricas, voltando a ofender o direito e à vida.

Do que o regime e seus apoiadores têm medo?

Os anos de 1975 a 1985 ficaram conhecidos como a década das mulheres, quando vários países, inclusive o Brasil, se comprometeram a elaborar políticas de proteção e de equidade de gênero. Até finais dos anos 1970, a violência contra as mulheres era tratada como algo privado, restrito à família, numa concepção de mundo masculina que colonizava o corpo feminino e o submetia ao homem, de forma hierárquica e abusiva. A organização de grupos feministas pelo Brasil – que se alastraram entre os anos 1990 e 2000 - tornou-se cada vez mais plural e passou a abarcar questões sobre o corpo, a sexualidade, o aborto, a saúde e o questionamento sobre as estruturas hierárquicas familiares. A presença cada vez maior da mulher no mercado de trabalho e nas instituições educacionais correspondeu a reforçar discursos e práticas relativos à igualdade de oportunidades, à quebra de padrões estabelecidos e à ocupação de espaços políticos tradicionalmente ocupados pelos homens.

Embora o movimento feminista brasileiro tenha, de início, se direcionado ao combate à ditadura civil-militar, nos anos 1980 ganharam força, também, os debates sobre as relações de gênero e sexualidade, levando em conta as interseccionalidades raciais e de classe, alterando concepções e debates políticos, além de uma nova episteme feminista que colocava as mulheres no centro da história e não como figura lacunar e complementar masculina. A perspectiva feminista atravessou trabalhos acadêmicos, discussões jurídicas e educacionais, tendo como efeito mudanças na legislação, como o fim da concepção de adultério feminino, o direito ao divórcio, a criação de delegacias especiais para as mulheres, as Leis Maria da Penha e do Feminicídio, essas duas últimas conquistas mais recentes. Questões como o feminismo negro, as lesbianidades e as transexualidades exigiram discussões sobre as interseccionalidades, as periferias e o mundo privado, inserindo um novo paradigma de proteção à mulher por políticas públicas de saúde, responsabilização do Estado e criminalização de formas vis de tratamento até então praticadas em nome dos chamados "bons costumes".

Nas últimas eleições para o Legislativo e Executivo, o número de mulheres (heteros, cis e trans) têm aumentado e uma presidenta, Dilma

Rousseff, foi eleita (2011-16). No entanto, poucas são ainda as parlamentares e a maioria é representada por brancas, católicas e com curso superior completo, o que demonstra que a busca pela participação igualitária nos espaços institucionais não foi capaz de superar a desigualdade socialmente construída e mantida pelo capitalismo e pelo patriarcado, assim como continuam evidentes os aspectos de exclusão de mulheres diversas. No governo federal, manteve-se o desequilíbrio absurdo de apenas 2 mulheres nos 22 cargos de ministério, colocando o Brasil em 154º colocado no *ranking* mundial de participação feminina em órgãos de decisão.

Na contramão das pautas feministas, a reação de grupos conservadores que apoiam o governo Bolsonaro tenta avançar na concepção de estereótipos sobre as mulheres e age na extinção de importantes órgãos e de políticas públicas voltadas a elas. As notícias diárias revelam um cotidiano repleto de ações de discriminação, de humilhação e morte de mulheres, mais ainda daquelas pobres, transexuais e negras. Os índices de 2020, trazidos pelo Fórum Brasileiro de Segurança Pública e da Associação Nacional de Travestis e Transexuais (ANTRA) demonstram que o Brasil está entre os primeiros quanto à prática do (trans)feminicídio, desmascarando a representação enganosa de uma cordialidade nacional. A pandemia deixou ainda mais explícita a violência de gênero e sexualidade dentro das famílias, isolando mulheres com seus agressores e dificultando o acesso às redes de proteção e acolhimento, principalmente quando o governo atual se recusa a garanti-lo.

Diante dos inúmeros casos de violência física e simbólica que atingem mulheres todos os dias, pelo país, não vemos brotar uma cultura de indignação, mas de indiferença de boa parte da população. A denúncia que os movimentos feministas têm feito continuamente sobre a desigualdade de gênero e as violações aos seus direitos em ambientes familiares cuja submissão feminina é considerada natural, não encontra ouvidos em setores que insistem na defesa de uma ordem tradicional opressiva. Exemplo disso são as inúmeras subnotificações de registros de violência em delegacias, o linchamento moral de mulheres nas redes e meios de comunicação para justificar estupros (até mesmo contra crianças) e assassinatos, assim como a ressurreição de alegações jurídicas como "crimes de honra" para deixar de punir responsáveis.[154] Em reação ao desvelamento das violações aos direitos das mulheres, a estratégia tem sido a omissão, a indiferença e culpabilização das vítimas, por meio de discursos feitos não apenas por homens, mas também por mulheres conservadoras no Congresso e pela própria ministra Damares, na defesa da submissão da esposa ao marido[155]. Mais do que isso, o encantamento que o autoritarismo parece exercer na atualidade sobre parte da população faz emergir, com maior evidência, aqueles que sempre compactuaram com uma cultura agressiva, intolerante e preconceituosa contra as mulheres, estimulada pelo projeto bolsonarista de destruir conquistas do feminismo, este último tratado como inimigo público dos "bons costumes" e da família tradicional.

A ministra Damares Regina Alves, do Ministério da Mulher, da Família e dos Direitos Humanos, é uma das defensoras da permanência de um passado, que insiste em não passar - e que ela chama de Nova Era ou Virada Feminina - em que mulheres são destituídas de vontade e autonomia, sendo colocadas em seus velhos papéis e lugares sociais, tendo como base a concepção de família tradicional, nuclear, que hierarquiza relações e cala meninas, preparadas para dar continuidade à velha estrutura patriarcal colonialista, em que a mulher é destituída de humanidade, tornando-se apenas o outro do homem (BEAUVOIR, 1970). Embora, em 2020, o governo tenha declarado a criação de iniciativas de ampliação de redes de proteção e acolhimento às mulheres que sofrem com a violência, vemos as estatísticas de agressões contra elas aumentarem, acompanhadas de narrativas religiosas fundamentalistas e costumes que contribuem para criar estigmas e práticas misóginas[156]. Além disso, expressões chulas e ofensivas usadas por Bolsonaro e seus seguidores, referindo-se a filhas como resultado de "fraquejadas"[157], a desqualificação de mulheres jor-

[154] 1ª Turma muda entendimento e mantém absolvição decidida por tribunal do júri; Disponível em:https://www.conjur.com.br/2020-set-29/stf-mantem-decisao-juri-absolveu-acusado-tentativa-feminicidio – Acesso em 03 out. 2020.

[155] Sobre isso ver https://www.cartacapital.com.br/politica/no-casamento-mulher-deve-ser-submissa-ao-homem-diz-damares-alves/ - Acesso em 30 set 2020.

[156] O Brasil atingiu a marca de 1.206 vítimas de feminicídio e cerca de 263 mil casos de violência doméstica, de acordo com o último Anuário Brasileiro de Segurança Pública de 2019 e aumenta em 22% durante a pandemia de 2020. Disponível em: https://www.uol.com.br/universa/noticias/redacao/2020/06/01/numero-de-casos-de-feminicidio-no-brasil-cresce-22-durante-a-pandemia.htm - Acesso em 28 set 2020

[157] Sobre isso ver: https://www.poder360.com.br/governo/bolsonaro-insinua-fraquejada-de-apoiadora-com-3-filhas/ - Acesso em 03 out 2020.

nalistas de forma ofensiva como "quem quer dar o furo"[158] ou alegações simplistas e morais para estupros são as estratégias dos *sleepers* sociais, que tiveram suas condutas antiéticas acordadas e instigadas por um Estado permissivo quanto ao ataque a avanços e que colabora para a violência física e simbólica às sujeitas nesse enfrentamento histórico.

Em relação ao direito ao aborto, amparado pela legislação brasileira em alguns casos, o Brasil tem apresentado altos índices de mortes nas práticas clandestinas em que mulheres indígenas e negras, menores de 14 anos e moradoras da periferia[159] pagam com suas vidas pela ausência de programas de prevenção e de debate nas escolas, condenados pela moral que recrimina a educação sexual e de gênero nas escolas. Ainda em nome da mentalidade cristã fundamentalista, o governo Bolsonaro lançou campanha de combate à gravidez precoce por meio do estímulo à abstinência sexual, voltando-se ao ideal da família tradicional brasileira e a uma moral que renega a libido juvenil, retira da ciência a capacidade de informar sobre doenças venéreas, impede a liberdade feminina sobre seu corpo, além de se recusar à participação popular. Uma postura claramente contrária ao que a ONU Mulheres tem orientado, ao movimento feminista e ao que vários países como Estados Unidos e Holanda têm feito, investindo na educação de suas crianças voltada às orientações sobre o uso de anticoncepcionais e preservativos e o respeito ao corpo, o que tem como resultado, nesses países, a diminuição no número de gestantes precoces e de doenças entre sua juventude, por meio de informação científica e educação[160].

Para fazer frente ao crescimento de abordagens sobre gênero e sexualidade nas escolas, além de outras temáticas consideradas comunistas, discursos com valores religiosos fundamentalistas, como aqueles dos quais Damares é porta-voz, tentam desqualificar políticas educacionais sérias por meio de *fake news*[161]; ou ainda, a estratégia em gerar pâni-

[158] Sobre isso ver: https://veja.abril.com.br/politica/bolsonaro-faz-insinuacao-sexual-a-reporter-jornal-acusa-quebra-de-decoro/ -Acesso em 03 set 2020.

[159] VEIGA, Edson. As maiores vítimas do aborto no Brasil. 21 de fevereiro de 2020. https://noticias.uol.com.br/ultimas-noticias/deutschewelle/2020/02/21/as-maiores-vitimas-do-aborto-no-brasil.htm. Acesso em 03 out 2020.

[160] Em 15 anos de realização da educação sexual nas escolas, a redução dos índices de gestação na adolescência na Holanda (de 34/1.000 adolescentes para 7/1.000) e nos Estados Unidos (de 120/1.000 para 54/1.000 adolescentes), segundo Vieira (2006).

[161] Antes mesmo de estar no governo, no ano de 2013, Damares aparecia num vídeo, que "viralizou" na internet em 2019, em que apelava à associação de educadores a práticas de abuso de crianças na educação holandesa, afirmando que especialistas daquele país defendiam que meninos deviam ser

co moral em setores da sociedade sobre os desenhos produzidos pela Disney, atribuindo-lhes valores "desvirtuadores" da infância[162]. Sobre esta fórmula conspiracionista para causar o medo entre a população, o presidente Jair Bolsonaro, membros de seu governo, aliados no Parlamento e na sociedade brasileira, embarcaram na invenção "ideologia de gênero", uma cruzada de início católica e europeia nos anos 1990 (MIGUEL, 2016), mas que foi apoiada pela bancada evangélica, contra o que passaram a considerar um proselitismo realizado por professores nas escolas, sob influência do "marxismo cultural", do feminismo e do movimento LGBTQIA+, com a finalidade de deturpar a juventude e destruir a família tradicional por meio da promoção de práticas como a pedofilia e a zoofilia (SILVA, 2020), além das famosas (embora nunca vistas) mamadeiras de piroca e "kits gays" (uma deturpação do material do Programa Brasil Sem Homofobia, que nem chegou a ser distribuído).

Os efeitos dessa propaganda contra o trabalho nas escolas em torno da equidade de gênero e da educação sexual e afetiva, mesmo com o arquivamento do projeto de Lei Escola Sem Partido pelo STF, em 2020, têm se mostrado avassaladores: o veto aos termos gênero e sexualidade na BNCC e em planos estaduais e municipais de educação; o estímulo à vigilância, à denúncia e demissão de docentes; a violação da liberdade de cátedra garantida pela Constituição Federal (a Lei da Mordaça) e a invisibilização de jovens LGBTQIA+ e da desigualdade/violência de gênero nas escolas (a moral silenciadora).

As declarações ofensivas e inferiorizadoras das mulheres, emitidas por membros do governo e por seus apoiadores[163], são reações às narrativas feministas e aos avanços sociais e políticos que colocam em posição de insegurança aqueles que sempre puderam comandar as instituições públicas e privadas, os lugares e os corpos de meninas e mulheres. As leis de proteção às mulheres e punição aos seus agressores têm se mostrado ineficientes, como mostram os dados do Fórum Brasileiro de Segurança

---

masturbados desde os 7 meses de vida. Sobre isso ver: https://politica.estadao.com.br/noticias/geral,video-de-damares-viraliza-na-holanda-ao-dizer-que-pais-aprendem-a-massagear-sexualmente-os-filhos,70002694469. Acesso em 21 set. 2020.

[162] Sobre isso ver: https://noticias.uol.com.br/politica/ultimas-noticias/2019/05/12/em-nova-polemica-damares-diz-que-elsa-de-frozen-e-lesbica.htm - Acesso em 30 set 2020.

[163] Sobre isso ver: https://exame.com/brasil/mourao-diz-que-familia-sem-pai-ou-avo-e-fabrica-de-elementos-desajustados/ e https://www.poder360.com.br/governo/ministro-da-educacao-associa-homossexualismo-a-familias-desajustadas/ - Acesso em 30 set 2020.

Pública: se a cada 20 minutos uma mulher é estuprada no Brasil, algo ainda está muito errado[164]. As falas proferidas por membros do Estado se ajustam à permanência de uma cultura que colabora para reafirmar reações cotidianas de caráter misógino, discriminatório e intolerante, e carregadas de medo de se perder privilégios históricos. Daí as inúmeras violências físicas e simbólicas que se revelam cotidianamente, numa tentativa de invisibilizá-las e de silenciar as tentativas de debate e de responsabilização.

[164] Sobre isso ver: https://www1.folha.uol.com.br/cotidiano/2019/12/a-cada-20-minutos-1-menina-e-vitima-de-estupro-no-pais.shtml - Acesso em 30 set 2020.

"Homens vestem azul e mulheres cor-de-rosa": a velha "nova Era" do binarismo

Como afirmou Judith Butler (2002), não existem formas de controle e dominação que garantam a submissão dos corpos e mentes das sujeitas e sujeitos que estão sempre vivo/as e são capazes de questionar e subverter sua aparente condição. O feminismo e o movimento LGBTQIA+ colocaram em xeque e continuam a questionar os modelos de família, as relações de gênero, o controle sobre seus corpos; normas morais que padronizaram comportamentos e desqualificaram vidas, desejos e afetos considerados desviantes da heterocisnormatividade e associados ao pecado, à promiscuidade e à subversão; colocaram no debate público o direito aos corpos, a liberdade de amar e de se constituir outras formas de família alicerçadas no amor e não apenas na reprodução de filhos. Não se trata de "desvios", mas de subjetividades, identidades e direitos à existência com dignidade e alteridade de todos os sujeitos e sujeitas contra os costumes que ferem.

Desde a década de 1990 assistimos a transformações importantes decorrentes do movimento LGBTQIA+[165], que passou a ser organizar com mais força a partir da criação de grupos como o Somos, o Grupo de Ação Lésbico-Feminista e o Grupo Gay da Bahia, na década de 1980, e que se ampliou na procura pelo reconhecimento de direitos pela educação, pela cultura e pela participação na criação de políticas públicas (FACCHINI, 2005). A retirada da homossexualidade (1990) e da transexualidade (2018) da lista de patologias pela Organização Mundial de Saúde (OMS), a criação de programas como o Brasil sem Homofobia (2004), a I Conferência Nacional de Gays, Lésbicas, Bissexuais, Travestis e Transexuais, com o tema Direitos humanos e políticas públicas (2008), da Coordenadoria Nacional de Promoção dos Direitos de LGBT e do Conselho Nacional LGBT (2010) são exemplos das muitas formas de conquista política, que promoveram avanços importantes como a união homoafetiva (2011) e o uso do nome social e o reconhecimento da identidade de gênero para pessoas transexuais (2016). Esse processo, sempre

[165] Historicamente a sigla sofreu modificações: GLS, GLBT, LGBT, entre outras. Optei pela sigla LGBTQIA+ por compreendê-la como mais representativa da diversidade, mas não necessariamente a mais consensual no movimento.

conflituoso, fortaleceu políticas públicas de cuidados com a saúde e a orientação por projetos educativos voltados ao debate sobre intolerância, cuidados e respeito com o corpo e criação de propostas pedagógicas que combatessem posturas machistas, racistas e lgbtfóbicas nas escolas.

Berenice Bento (2019) afirmou que a organização dos coletivos T (mulheres transexuais, homens transexuais, travestis, transgêneros) e dos não–binários teria empurrado ainda mais o debate para outro nível, desestruturando os sentidos hegemônicos, cis e binários das identidades de gênero. Como reação às subversões dos corpos pelo direito à existência, as políticas públicas do governo Bolsonaro trataram logo de tentar recuperar o velho status quo, colocar ordem ao "caos", retirando, como uma de suas primeiras medidas, as pessoas LGBTQIA+ das políticas voltadas aos direitos humanos. Tendo como justificativa o modelo de um ser humano biologizado e universal (diga-se masculino, branco e heterossexual), à ministra Damares ficou o encargo de recompor os corpos e as suas funções sociais/sexuais: homens de azul e mulheres de rosa foi a resposta dada às pessoas transexuais, no sentido de disciplinar novamente corpos e espaços e invisibilizar singularidades[166].

Com um discurso fortemente religioso, os apoiadores de Bolsonaro deram a Deus o seu próprio perfil, intolerante. Aos corpos LGBTQIA+, "desvios da natureza heterossexual" restou a ideia de um deus cruel, ameaçador e punitivo que, nesses discursos, não acolhe, mas busca o retorno à patologização, à ideia de pecado, à culpabilização e à proposta cruel da "cura", que agride as existências e as relações afetivas, revelando como gênero, religião e sexualidade dizem respeito às relações de poder. Desta forma, os acusadores da "ideologia de gênero" reafirmam o que dizem combater, ao pretenderem proibir e silenciar a diversidade (BENTO, 2012).

Como resposta aos movimentos LGBTQIA+, ao movimento negro e à luta feminista na luta pela vida, cada vez mais organizados, assistimos a declarações lgbtfóbicas, racistas e misóginas que colocam sujeitas e sujeitos sob ameaça, tendo questionado seu direito à existência. Sobre os índices que colocam o Brasil em primeiro lugar no assassinato de pessoas trans (a maioria mulheres, negras e pobres), o Estado brasileiro não

[166] Sobre isso ver: https://www1.folha.uol.com.br/poder/2019/01/menino-veste-azul-e-menina-veste-rosa-diz-damares.shtml - Acesso em 30 set 2020.

fornece fontes oficiais, o que é realizado por algumas entidades como a Associação Nacional de Travestis e Transexuais (ANTRA) e pelo Grupo Gay da Bahia. A ausência de políticas públicas que contribuam para o debate e a construção de uma cultura humanista nas escolas, na saúde e nos meios de comunicação aumenta a invisibilidade e o extermínio institucionalizado diante de uma sociedade amedrontada e, ao mesmo tempo, omissa em relação à violência contra certos grupos já vulneráveis (BONFIM, 2019).

Entre 2019 e 2020, dezenas de conselhos populares relativos a políticas públicas voltadas a questões importantes e previstos pela Política Nacional de Participação Social foram fechados, resultado da longa resistência e disputa por espaços pela "Era do binarismo de gênero". O decreto de 2020 – sem a realização de nenhuma consulta ou debate com a sociedade civil – desmontou o Programa de combate ao HIV/Aids, eliminando materiais educativos sobre doenças venéreas para a população em situação de vulnerabilidade e criando dificuldades de acesso ao remédio aos portadores de HIV/Aids, com deficiências específicas geradas pela doença. O fato foi denunciado pela Associação Brasileira Interdisciplinar de AIDS (Abia) como grave ameaça às políticas de prevenção e controle da epidemia no Brasil. Em sentido contrário aos avanços nos cuidados com a saúde da população e à imagem internacional que o país conquistou na linha de combate à doença, em anos anteriores, a declaração do presidente de que pessoas com HIV "são uma despesa para todos"[167] demonstra a hierarquização de vidas, a estigmatização e a desvalorização de lutas históricas.

Mulheres e pessoas LGBTQIA+ (e também devemos incluir os negros, os indígenas e os pobres) que não se conformam aos padrões e que colocam em dúvida a hegemonia histórica de narrativas e ações autoritárias, são colocados como inimigos sociais e desestabilizadores da ordem, numa franca guerra contra a diversidade das existências. Como afirmava Hannah Arendt, quando se referia aos chamados tempos sombrios nos anos 1930/40, os governos autoritários/totalitários (não exclusivos daquele momento) sempre se orientariam por práticas de inimizade pública,

---

[167] Bolsonaro diz que pessoa com HIV é "despesa" e elogia plano de abstinência. 21 de fevereiro de 2020. Disponível em: https://noticias.uol.com.br/politica/ultimas-noticias/2020/02/05/bolsonaro-pessoa-com-hiv-e-despesa-para-o-pais.htm - Acesso em 18 set 2020.

constituindo potenciais representações sociais que seriam apresentadas como possíveis ameaça à segurança e à estabilidade dos indivíduos e do coletivo. Essa estratégia perversa, também adotada pelos "estabelecidos" contra os *outsiders* (ELIAS, 2000) neste momento histórico, promove o ódio ao diferente; pretende isolar as pessoas e torná-las desconfiadas, inimigas por suas diferenças de classe ou identidade. Num desserviço à democracia, contribuem para o não enfrentamento de passados difíceis que não passam; evitam o reconhecimento dos responsáveis por inúmeras violências e tentam calar as inúmeras vozes que se agigantam nos movimentos sociais.

Daí assistirmos a políticas que procuram obstruir suas ações, sua presença e participação nos espaços políticos, quando eles se movimentam em sentido contrário, pela ocupação da arena pública com suas demandas, chacoalhando toda estrutura centenária de desigualdade, discriminação, patriarcado e racismo. Para que ações autoritárias ganhem legitimidade, os conservadores buscam constituir narrativas que desqualifiquem, classifiquem, estigmatizem, ordenem e tentem devolver aos seus supostos lugares de submissão e invisibilidade os indivíduos e grupos que se recusam a calar e que colocam em evidência a fragilidade de certas elites brasileiras, insensíveis e mesquinhas em relação às vidas que não podem controlar.

Não são apenas discursos de ódio que presenciamos nesse cenário político – embora estes sejam predominantes – mas também podemos observar positividade e licença a comportamentos preconceituosos, negacionistas e ofensivos, que contribuem para alimentar o orgulho dos *sleepers*, que se em algum momento pareceram deixar latentes seus valores e interesses, nos últimos anos voltaram a se articular. Como lembrou Michel Foucault (1979) ao se referir aos poderes, os exercícios para controlar nem sempre se revelam de forma opressiva, mas positivados, de maneira que certos setores sociais e indivíduos (às vezes até mesmo nossos familiares e vizinhos) vejam-se fortalecidos e encantados em declarar guerra contínua a certos corpos e valores acolhidos por certa normalidade institucional.

Como parte da mesma dinâmica, exercícios de resistência continuam a se configurar, pois na própria história de lutas, como a narrada até aqui, os sujeitos não são passivos e jamais são aprisionados pelas determinações dos grupos dominantes que, se procuram reagir para a garantia de seus privilégios históricos, não serão nunca permanentes e eficientes em impedir que os sujeitos diversos persistam em formas criativas de enfrentamento em busca da autonomia de seus corpos onde se materializa toda a vida (BUTLER, 2002; FOUCAULT, 1979). Contra os valores e práticas seculares (os "bons costumes") para segregar, humilhar, precarizar e permitir a morte, ainda permanece o tempo tensionado e aberto do confronto democrático.

Referências

BAUMAN, Zygmunt. *44 cartas do mundo líquido moderno.* São Paulo: Zahar, 2011.

BEAUVOIR, Simone. *O Segundo sexo.* São Paulo: Difusão Brasileira, 1970.

BENTO, Berenice. Damares: uma metáfora de ministra? *Revista Cult.* 11 de janeiro de 2019. Disponível em: https://revistacult.uol.com.br/home/damares-uma-metafora-de-ministra/ - Acesso 02 out 2020.

BENTO, Berenice; PELÚCIO, Larissa. Despatologização do gênero: a politização das identidades abjetas. *Estudos Feministas*, Florianópolis, 20(2), p. 269-281, maio-agosto/2012.

BONFIM, Rainer, SALLES, Victória, BAHIA, Alexandre. Necropolítica Trans: o gênero, cor e raça das LGBTI que morrem no Brasil são definidos pelo racismo de Estado. *Argumenta Journal Law*, Jacarezinho, n. 31, 2019, p. 153-170

BUTLER, Judith. *Cuerpos que importan*: sobre los limites materiales y discursivos del "sexo". Buenos Aires: Paidós, 2002.

ELIAS, Norbert; SCOTSON, John L. *Os estabelecidos e os outsiders*: sociologia das relações de poder a partir de uma pequena comunidade. Tradução de Vera Ribeiro. Rio de Janeiro: Jorge Zahar, 2000.

FACCHINI, Regina. *Sopa de letrinhas*: movimento sexual e produção de identidades coletivas nos anos 1990. Rio de Janeiro, Garamond, 2005.

FOUCAULT, Michel. *Microfísica do poder*. Organização e tradução de Roberto Machado. Rio de Janeiro, Graal, 1979.

MIGUEL, L. F. Da "doutrinação marxista" à "ideologia de gênero"- Escola Sem Partido e as leis da mordaça no parlamento brasileiro. *Revista Direito e Práxis*, v. 7, n. 15, p. 590-621, 2016. Disponível em:Disponível em:http://www.e-publicacoes.uerj.br/index.php/revistaceaju/article/view/25163 Acesso em: 19 jan. 2020.

SILVA, Ivanderson Pereira da. Em busca de significados para a expressão "ideologia de gênero". *Educação em Revista*, v.34, Belo Horizonte, 2018. Disponível em: https://www.scielo.br/scielo.

php?pid=S0102-46982018000100186&script=sci_arttext&tlng=pt. Acesso em 05 set. 2020.

VIEIRA, L. M. et al. Reflexões sobre a anticoncepção na adolescência no Brasil. *Revista Brasileira e Saúde Materno Infantil*, Recife, v. 6, n. 1, p. 135-40, 2006.

Um ataque concatenado à população negra: as estratégias de um governo autoritário

Felipe Riccio Schiefler

Introdução

O governo do presidente Jair Bolsonaro é apresentado, muitas vezes, como uma serpente de muitas cabeças: haveria, assim, a ala ideológica, a ala econômica, a ala militar, etc. Nesse ensaio, com foco na relação do governo com a questão racial, essas análises serão colocadas em xeque, trazendo à tona, no lugar desse monstro mítico, um plano coeso de destruição das políticas sociais que afetam diretamente a população negra.

Analisar-se-á algumas estratégias do bolsonarismo para escamotear a ação truculenta do Estado contra a população negra e as desigualdades raciais no país. Foram selecionados três temas para discussão: as manobras em torno da ideia de representação na Fundação Palmares e no ministério da Educação, o emprego do mito da democracia racial pelos militares e a agenda neoliberal de Paulo Guedes que, juntas, fomentam um verdadeiro ataque concatenado contra a população negra.

Representatividade: importância, limites e as estratégias do bolsonarismo.

A questão da ausência de representação dos negros é cara aos movimentos negros. Um dos principais intelectuais do século XX, Abdias Nascimento, sabia bem disso. Ele notou que, no teatro, os negros saíram de cena à medida que os palcos começaram a ser vistos como atividade prestigiada. Quando muito, pessoas negras eram relegadas a papeis exóticos e/ou subalternos. Foi contra essa forma de naturalização do lugar do negro na sociedade que, nos idos da década de 1940, foi imaginado o Teatro Experimental do Negro (TEN).

Dessa maneira, seja no material didático escolar, em publicidades, no teatro, nas telenovelas, nos romances e nos mais variados espaços de poder, a representatividade e o seu formato são condições básicas para a formação de um imaginário social que contemple a diversidade do nosso país. É difícil quem, nos dias de hoje, pense que a questão da representatividade não tem importância. Como ensina Sílvio Almeida (2020), somente perfis altamente conservadores e de extrema-direita vão contra isso. Mesmo que o governo do presidente Bolsonaro pertença ao espectro político da extrema-direita e tenha um viés conservador, ele não abandona totalmente a questão da representatividade.

Um olhar rápido para o governo Bolsonaro não deixa lugar para dúvidas: a maioria dos indicados é composta por homens brancos. No entanto, Bolsonaro não descarta totalmente a questão da representatividade. E a utiliza de maneira estratégica, pois, a existência de um representante de alguma minoria em um espaço de poder privilegiado, como ressalta Silvio Almeida, é um prato cheio para a reafirmação da meritocracia e da velha cantilena do esforço individual. Este, segundo essa lógica, é a força motriz para o acesso a esses espaços. A desigualdade racial, portanto, é naturalizada (ALMEIDA, 2020).

Assim, um ministro do Supremo do Tribunal Federal negro ou então, no caso do governo Bolsonaro, a indicação de um ministro da educação negro, com um currículo que lhe dá aval para ocupar essa posição são exemplos de que, quando se quer, nada é impossível.

Essa é, sem dúvida, uma estratégia do bolsonarismo para invalidar políticas que visem minar as desigualdades raciais, dentre elas as ações afirmativas. Além disso, as práticas governistas se apoiam em um duplo movimento: ao mesmo tempo que, para se esquivar de acusações de racismo, indica uma pessoa negra para o preenchimento de um cargo, escolhe a dedo entre aqueles que não são fruto de um projeto político sustentado por uma agenda pública construída, sobretudo, pelos Movimentos Negro. Pelo contrário, como fica fácil de observar na indicação de Sérgio Camargo para a Fundação Palmares, a indicação recai sobre figuras que atacam toda a agenda histórica de lutas dos movimentos negros.

No caso da Fundação, Sérgio Camargo - ele mesmo filho de uma figura importante do movimento negro brasileiro - funciona como uma armadilha conivente para a inviabilização do conflito, uma vez que não vocaliza nenhuma demanda pela igualdade racial. Em sua gestão, insiste em deslegitimar as políticas de ação afirmativas e ataca a memória histórica e a historiografia acerca das temáticas da resistência negra, da abolição e sobre as lutas pela cidadania ao longo da história. Utiliza a instituição para retomar discursos seletivos e discriminatórios, vigentes, até pouco tempo, nos livros didáticos de história. Assim, no 13 de maio, a página da Fundação fez referência à Princesa Isabel, enfatizando uma narrativa que está em desacordo com os movimentos negros e com o campo historiográfico. Não deixa, ao centrar na "benevolência" da princesa, de dialogar com aspectos do mito da democracia racial, inviabilizando todo a ação secular de escravizados e libertos em prol da liberdade. Dentre outras, apagou do site da instituição o perfil biográfico de lideranças negras.

Não há, portanto, nenhuma agenda pública para a elaboração das políticas. Segundo o portal de notícias UOL[168], o presidente da Fundação não recebeu, até agora, nenhuma liderança de grupos quilombolas, nenhum estudioso da questão racial e tampouco as entidades que deveriam ser representadas pela instituição. Porém, não lhe faltou tempo para uma reunião com o chefe da GSI, general Heleno.

Ainda que pessoas negras como Sérgio Camargo se prestem a negar as desigualdades raciais e o racismo estrutural constitutivo das relações econômicas e políticas da sociedade brasileira (Almeida, 2020), fazendo o jogo político secular de grande parte das elites brancas – que, como ensina Sueli Carneiro (2011), não se cansa de incentivar a fuga da negritude

[168] https://noticias.uol.com.br/politica/ultimas-noticias/2020/06/25/presidente-da-fundacao-palmares-nao-recebeu-movimento-negro.htm

–, essas figuras não são poupadas por isso. Tanto Sérgio Camargo quanto o indicado a ministro da educação, Carlos Alberto Decotelli, foram vítimas do racismo institucional.

Decotelli não foi o primeiro membro do primeiro escalão a mentir sobre a formação acadêmica. O primeiro ministro da mesma pasta, Ricardo Velez Rodriguez, também o fez. Assim como o ministro do meio ambiente, Ricardo Salles, que mentiu ter feito mestrado na Universidade de Yale. Damares, por sua vez, disse ter mestrado, e foi também desmentida. Abraham Weintraub coleciona fracassos e até mesmo suspeitas acerca da sua aprovação em concurso público. Os casos são abundantes, mas somente Decotelli não pôde permanecer no cargo. Outros, como Ricardo Salles, se mantêm intactos no ministério, mesmo que, assim como Sérgio Camargo, defenda os maiores absurdos e negue todos os dados científicos apresentados, por exemplo, sobre o desmatamento da floresta amazônica.

Por último, cabe lembrar a velha tática de investir em fraseologias e performances para negar a existência do racismo na sociedade – colocando-o como alguma anomalia individual e, dessa maneira, despolitizando a discussão – e se livrar da pecha de racista. Bolsonaro usa e abusa disso. Em suas aparições públicas está, na maioria das vezes, ladeado por Hélio Lopes, conhecido como "Hélio Negão" ou "Hélio Bolsonaro". O selo antirracista do presidente estaria na velha máxima do "tenho um amigo negro".

As aparições de Bolsonaro, no entanto, nas redes sociais se assentam na figura do "presidente-pai", do *pater famílias*, herdada do nosso passado, mas viva e disseminada pelos meios digitais. (Schwarcz, 2019). Com ascendência sobre os seus, incluídos aí a mulher, os filhos e agregados, o patriarca exacerba seu autoritarismo aos que lhe são contrários, enquanto mantém relação de proximidade e de "justiça" aos que estão ao seu lado, como Hélio.

Essas aparições – como nas *lives* semanais do presidente -, todavia, apoiam-se em representações simbólicas e hierárquicas que favorecem, por meio de "brincadeiras" e "afeto", a reprodução do imaginário racista. Em diversas falas, sentado no centro de uma mesa, o presidente chama e pede que Hélio – sempre fora das câmeras – se apresente. Na *live* do dia 20 de fevereiro de 2020, por exemplo, Bolsonaro, após chamar o deputado, o apresenta como seu irmão "que deu uma queimadinha", pois ficou "dez meses" na barriga. Se não fosse isso, seria a "minha cara", emendou[169]. Em outra, de outubro de 2019, dias antes de uma viagem presidencial à China, o presidente, após convocar a aparição de Hélio e comparar a sua cor a de um maracujá "pretinho", disse que, caso "puxasse um pouco" os olhos, ia passar despercebido em território chinês[170].

Em suma, o governo Bolsonaro, no plano político, não favorece uma construção democrática em que igualdade e diferença, combinadas, possam reconhecer a diversidade cultural do povo brasileiro. Ao utilizar a representatividade para a reprodução de práticas racistas e preconceituosas, surge como mais um obstáculo para que "práticas de convivência igualitária", nos termos de Munanga (2005), possam ser a base de nossa educação e socialização.

[169] https://www.youtube.com/watch?v=puU8rzFjymw

[170] https://www.youtube.com/watch?v=L9qkMdxyHk0

Exército e a democracia racial: (re) atualizando uma agenda.

Iniciada com Michel Temer ainda antes do golpe, a presença de militares no governo tomou dimensões inéditas desde a Constituição de 1988. Atualmente são mais de três mil militares da ativa e, somados os da reserva, a cifra passa dos seis mil. Nesse sentido, o que se pretende nessa seção é ressaltar como as truculências das ações de militares na segurança pública caminham juntas com um discurso que retoma o mito da democracia racial.

Ao sair dos quarteis, os militares ocuparam também as ruas de algumas cidades, revertendo a definição clássica das Forças Armadas com os canhões voltados para fora, isto é, para a defesa externa. Se a adoção de técnicas militares na segurança pública é um fenômeno global, a questão toma novos contornos na América Latina, onde a relação essa relação é, historicamente, bastante complexa.

Desde o processo de redemocratização as leis de Garantia da Lei e Ordem (GLO) passaram a ser interpretadas como a possibilidade do uso das Forças Armadas na segurança pública. As GLO foram utilizadas pela primeira vez em 1994, e ganharam força no período que vai de 2010 a 2015 na cidade do Rio de Janeiro. Acostumadas a uma cartilha própria para conter ameaças externas – a do uso máximo da força –, as ações dos militares nas ruas foram marcadas por abusos e violações dos direitos humanos.

Essas "missões", conforme Anaís Passos (2020), aceleraram a queda de homicídios e de crimes patrimoniais. Isso pode ser atribuído ao contingente muito maior ao da polícia. Não trouxe, porém, uma mudança estrutural e, o que interessa aqui, teve um grande impacto negativo para a cidadania, uma vez que a presença das forças armadas trouxe uma série de constrangimentos para o uso do espaço público e privado, sobretudo para os moradores negros. Foram relatados pela associação local toques de recolher às 22 horas, revista ostensiva ao passar pelas barreiras militares, restrição aos eventos públicos e uso de armamento não-letal, como gás de pimenta e balas de borracha para conter uma festa não autorizada. Além disso, uma criança foi atingida, quando voltava da escola, por uma troca de tiros entre e traficantes e uma tropa militar (Passos, 2020, p. 67).

Com uma imagem que dificilmente pode ser dissociada do governo Bolsonaro, a truculência das ações do Exército nas ruas é contrabalanceada pelo forte investimento no mito da democracia racial e sua ligação com a "fundação" do Exército Brasileiro. O conceito de democracia racial, como sugere Antônio S. Alfredo Guimarães (2020), tem uma história transnacional e, portanto, tem uma história "controversa e polissêmica". O sentido aqui empregado, porém, é aquele em que relações íntimas e tolerantes entre as raças se desenrolam numa sociedade miscigenada. Essa ideia ganhou forma no contexto das transformações econômicas e sociais vividas pelo país na década de 1930 e em obras como Casa Grande e Senzala, de Gilberto Freyre. Além disso, conforme Kabengele Munanga, ganhou novos contornos, no plano interno e externo, após o fim da Segunda Guerra Mundial, quando foi almejado um mundo em que as relações raciais fossem pacificadas. Como se sabe, desde os anos 1990 o Exército Brasileiro, buscando se distanciar da ditadura, selecionou como mito de fundação a "Batalha de Guararapes" (1648-49), que teria unido, pela primeira vez, as bases que compõem o povo brasileiro, o negro, o indígena, o mestiço e o português em prol da expulsão do inimigo externo, no caso, os holandeses. O Exército, segundo essa narrativa fundacional, nasce de maneira conjunta ao surgimento do povo brasileiro (CASTRO, 2009).

Para ilustrar, tomamos o caso a mídia oficial do Exército e os generais do alto escalão, como o vice-presidente, Hamilton Mourão, e o chefe da GSI, General Heleno, investiram fortemente na defesa do mito da democracia racial e na sua associação com o mito de fundação do Exército na semana que antecedeu o Dia do Exército.

Essa narrativa foi acionada, com força máxima, em meados de abril de 2020, um período em que, semanas antes do Dia do Exército Brasileiro, militares abriram fogo – mais de duzentos tiros de fuzil –, em uma tarde de domingo, ao carro de uma família negra, vitimando o músico Evaldo dos Santos. A fala do presidente, os tuítes dos generais Heleno, chefe da GSI, e do general Mourão, vice-presidente, bem como a página oficial do Exército soaram em uníssono. "O Exército é o povo, e não se pode acusar o povo de ser assassino (...) Houve um incidente". Essa foi a resposta do presidente Jair Bolsonaro, no dia 12 de abril de 2020. Um incidente, um caso isolado. Bolsonaro sequer colocou em questão o fato desse caso isolado ter se dado justamente com uma família negra.

Quatro dias após o assassinato, a página oficial do Exército, antecipando as comemorações do dia 19, publicou, em carta assinada pelo comandante General de Exército Pujol, logo nos primeiros parágrafos, acerca do "momento épico em que negros, brancos, índios e mestiços, irmanados e ombreados", expulsaram o invasor estrangeiro e fundaram a nacionalidade brasileira. Nas redes sociais do vice-presidente e do chefe da GSI, o conteúdo das mensagens foi o mesmo. Sem tocar no caso do assassinato e tampouco nas relações assimétricas de poder da própria Batalha de Guararapes, entoaram frases em que eram reafirmadas a tolerância e convergência de interesses de um povo que fez, de uma só vez, nascer a nacionalidade e o Exército[171].

Assim, ao mesmo tempo que retoma o mito da democracia racial, as ações dos militares na segurança pública colocam em xeque as bases do estado democrático de direito ao constranger as populações periféricas na utilização do espaço público e ao se apoiar em práticas de guerra em sua atuação, resultando em casos como o do assassinato do Evaldo, músico negro.

No lugar dessa cena mítica de fundação da nacionalidade, talvez seja a hora de se pensar nessa coluna vertebral do Exército brasileiro que, em diferentes épocas, recorreu a ações violentas, pouco empáticas e nada democráticas endereçadas à própria população brasileira. Nesse sentido, a invasão do arraial de Canudos, após longos dias de bombardeio e do uso pioneiro de substâncias explosivas para incendiar todo vilarejo, em 5 de outubro de 1897, ainda permanece, guardada as devidas proporções, muito viva nas incursões do Exército às favelas, becos e vielas.

---

[171] Fora todo o anacronismo, seria oportuno lembrar que, as tropas negras comandadas por Henrique Dias fundaram um novo modelo de organização das tropas coloniais, a continuidade dessas tropas esteve envolta em controvérsias. O Procurador Real da Fazenda de Portugal, para quem a manutenção de tropas de "pretos" trazia um grande perigo, pois somente praticavam a disciplina militar quando já estavam "avistando o inimigo", não via com bons olhos sua continuidade, e associava gente preta e condição cativa. Temia que poderiam servir de exemplo de liberdade para outros cativos. O Marquês de Montalvão, por sua vez, propôs que o terço de Henrique Dias fosse usado para combater e fazer com que os negros aquilombados assentassem praça no terço, o que foi negado pela Câmara. Uma forma de como lidar com Palmares atormentou as autoridades durante cem anos, até a sua extinção. Quanto às batalhas de expulsão dos holandeses, estas devem ser pensada com base em estratégias militares ameríndias e, no caso do terço de Henrique Dias, em conexão com a experiência portuguesa na África Atlântica. (Apud: Matos, 2009, p.81-83).

Neoliberalismo, autoritarismo e racismo: faces da mesma moeda

Segundo Achille Mbembe (2018), a agenda neoliberal, ao apostar no desmonte das políticas de proteção social, traça um cenário sombrio em que o estado de exceção se encontra no horizonte. Como nas ações militares descritas acima, em que o Estado, deixando todo o resto de fora, chega com seu aparato militar e policial. Barricadas, revistas e toques de recolher fazem parte do cotidiano. O medo se torna parte constitutiva da vida.

Seguindo esse raciocínio, a austeridade fiscal – que significa, em linhas gerais, a retirada de programas de financiamento dos direitos sociais em um movimento que transfere uma parte do orçamento público para o pagamento dos juros da dívida pública – ao diminuir o alcance da agenda social, desempara os setores mais marginalizados. No seu lugar, quando muito, privatiza também essa agenda por meio de campanhas de solidariedade para com os mais pobres no formato do conhecido "Criança Esperança", deixando que a cidadania se torne fruto da moral individual, não um direito assegurado pelo Estado (DAGNINO, 2004). Tudo isso se faz com base em um discurso que se apresenta como neutro, baseado em analistas técnicos especializados.

Não é de se estranhar, nesse contexto, que ministérios como saúde e educação estejam entre aqueles que sofreram cortes para o orçamento de 2021 – mesmo depois dos sucessivos cortes pelos quais passam desde 2016 –, enquanto o ministério da defesa, por sua vez, não teve restrições orçamentárias. Isso tudo está sendo pensado no meio de uma pandemia em que as desigualdades raciais ficam bem expressas na maior letalidade do novo coronavírus na população que se autodeclara negra em relação à população autodeclarada branca. Segundo o Instituto Polis, na cidade de São Paulo, as chances de morte de uma pessoa negra são 60% maiores.

O êxito das políticas de ação afirmativa que instauraram as cotas raciais nas universidades impede um confronto direto, mas, ao diminuir o orçamento da educação, o governo, de modo indireto, ataca o programa de cotas, uma vez que impacta as políticas que facilitam a permanência de alunos cotistas, como as moradias e restaurantes universitários e as diversas bolsas de assistência estudantil. No entanto, não se pode descartar um ataque direto. No seu último dia no ministério da educação, Weintraub fez um decreto para acabar com as cotas na pós-graduação.

Além disso, sobre o discurso da redução de gastos, o governo Bolsonaro fechou duas embaixadas brasileiras na África e cinco em países caribenhos com forte presença afro-americana, todas inauguradas em 2008, mostrando o baixo apreço pelos laços simbólicos e históricos que estão envoltos nas ligações entre o Brasil, a África e a América Latina.

A austeridade, no entanto, é quase unanimidade entre os setores da mídia. Mesmo jornais como a Folha de São Paulo e os do grupo Globo, que atacam os arroubos autoritários de Bolsonaro, acenam positivamente – cobram a todo momento sua execução – para as reformas neoliberais prometidas pelo governo, o que os torna face da mesma moeda.

Partidários das reformas neoliberais, os donos dos meios de comunicação não hesitam em legitimar a destruição do sistema de proteção social em nome de meritocracia e de uma suposta liberdade econômica. Contam, ao seu lado, com a linguagem "técnica" dos "analistas" na defesa da austeridade – sem promover o debate, sem levar em conta argumentos contrários –, e também com o apoio dos programas policiais que, em nome da propriedade e da segurança, idolatram a ação truculenta de repressão do Estado nas áreas periféricas que atinge, sobretudo, jovens negros e negras. Não é mero acaso, assim, que o presidente seja tão bem avaliado pelos apresentadores dos principais desses programas.

Conclusão

Fruto de golpe de Estado impetrado contra a presidenta Dilma Rousseff, a ascensão de Bolsonaro à presidência deve ser compreendida, também, como uma reação à ampliação da cidadania brasileira que, em muitos aspectos, se valeu do "papel democratizador" do movimento negro, nos termos de Maria Aparecida Silva Bento (2005). Os militares embarcaram desde cedo nessa aventura.

Algumas demandas históricas dos movimentos negros, como, por exemplo, a inserção das cotas raciais, trouxeram certo incômodo à classe média branca, que se sentiu ameaçada com a expansão dos direitos às minorias. Nesse sentido, a extrema-direita – com forte apoio dos principais meios de comunicação – dirigiu grandes ataques às políticas sociais, defendendo o desmonte do Estado e das políticas sociais, em movimento similar ao caso norte-americano dos anos 1980 (Bento, 2005).

Medo e ressentimento dão vazão a um discurso amparado na defesa de um certo tipo de família, que exalta o orgulho nacional, os valores tradicionais e o individualismo. É nessa hora, como sublinhou Sílvio Almeida, que a política do medo se empenha na construção dos criminosos, dando-lhes cara e identidade, apoiada nos meios de comunicação. A reivindicação da identidade acaba capturada pelos racistas e pela extrema-direita (ALMEIDA, 2020).

Isso é elevado ao extremo no governo Bolsonaro e em sua própria atuação. No caso do assassinato do músico Evaldo por militares do Exército, descrito acima, o presidente apontou-o como um caso isolado, atitude comum entre aqueles que pensam o racismo como algo de cunho individual, como uma patologia. Da mesma maneira, após o assassinato de João Alberto Silveira Freitas no supermercado Carrefour, na véspera do Dia da Consciência Negra, o presidente abriu sua fala na reunião do G-20 fazendo uma defesa categórica da democracia racial. Assim como para o vice-presidente, General Mourão, Bolsonaro afirma que o racismo é algo importado e que não tem lugar em uma sociedade onde vigora a harmonia racial de um povo miscigenado e pacífico.

É essa a estratégia de ataque do governo de Bolsonaro. Ao mesmo tempo que ataca os direitos sociais e bate palmas para ações em que as populações periféricas, sobretudo negras, são constrangidas no espaço público, tenta, no meio dos arroubos autoritários, passar uma imagem mais conciliadora, seja a partir da representatividade, seja acionando o velho mito da democracia racial. Este mito tem papel fundamental para um projeto político conservador que busca ocultar os conflitos sociais, que não visa a distribuição de renda e incentiva ações violentas impetradas pelo Estado e por civis armados contra a população negra.

A grande mídia, por sua vez, aceita de bom grado o receituário neoliberal e, por isso, insiste em ver o governo como essa "serpente de muitas cabeças". Isso facilita sua atuação. Caberia somente domesticá-lo. Não o poupa quando atacada, mas, ao defender o "teto de gastos" e as demais medidas de austeridade, caminha de mãos dadas com ele e com sua política contrária às pautas antirracistas. Uma das formas de defesa a esse ataque concatenado passa, indubitavelmente, por conhecer melhor seus meandros.

Referências

ALMEIDA, S. *Racismo estrutural.* São Paulo: Editora Jandira, 2020.

BENTO, M. A. S. Branquitude e poder: a questão de cotas para negros. In: *Ações afirmativas e combate ao racismo nas Américas.* Sales Augusto dos Santos (Org). Brasília: Ministério da Educação: UNESCO, 2005, p. 165-178.

CARNEIRO, Sueli. Negros de pele clara. In: *Racismo, sexismo e desigualdade social no Brasil.* São Paulo: Selo Negro, 2011.

CASTRO, Celso. Militarismo, República e Nação. In: *Agenda brasileira.* Lilia M. Scwarcz (Org). São Paulo: Companhia das Letras, 2009.

DAGNINO, Evelina. Construção democrática, neoliberalismo e participação: os dilemas da confluência perversa. *Revista Política e Sociedade*, n. 5, 2004

GUIMARÃES, Antônio S. Alfredo. Revistando a democracia racial. Disponível em: https://www.uol.com.br/ecoa/colunas/opiniao/2020/06/14/revisitando-a-democracia-racial.htm

MATTOS, Hebe. Henrique Dias e a Guerra Preta: algumas considerações sobre a polissemia das categorias de cor no atlântico português dos Seiscentos. Charlote Galves; Helder Garmes; Fernando Ribeiro (Org). In: África-Brasil. Caminhos da língua portuguesa. Campinas: Ed. Unicamp, 2009.

NASCIMENTO, Abdias. *Quilombismo.* São Paulo: Perspectiva, 2018.

MBEMBE, Achille. *A crítica da razão negra.* São Paulo: N1 Edições, 2018.

MUNANGA, Kabengele. A redemocratização de 1945 e a crise do mito da democracia racial: uma visão panorâmica. In: *A República e a questão do negro no Brasil.* Org. Maria Aparecida Salgueiro. Rio de Janeiro: Museu da República, 2005.

PASSOS, Anaís Medeiros. Controlar os militares? Uma análise da dimensão de accountablity sobre a atuação doméstica das Forças Armadas no Brasil. In: *Revista de Estudos de Defesa*, v.6, n.1, jan/jun 2019, p. 51-77

SCHWARCZ, Lilia M. *Sobre o autoritarismo brasileiro.* São Paulo: Companhia das Letras, 2019.

SOBRE OS AUTORES

Adriano Santos é bacharel em Ciências Sociais pela Faculdade de Ciências e Letras da UNESP, campus Araraquara, e doutor em Sociologia pelo Instituto de Filosofia e Ciências Humanas da UNICAMP. Atualmente, é professor adjunto do curso de Ciências Sociais no Instituto de Ciências Humanas e Letras da UNIFAL-MG e membro do grupo de pesquisa Filosofia, História e Teoria Social. adriasantos81@gmail.com.

Alisson Soares é sociólogo, doutor em Sociologia pela UFMG com período sanduíche no Forum Internationale Wissenschaft (FIW) da Universidade de Bonn – Alemanha. Ex-professor substituto da UFMG e da UFV e membro do Observatório de Inovação, Cidadania e Tecnociência (InCiTe-UFMG). alissonmsoares@gmail.com.

André Sales dos Santos Cedro é bacharel em Ciências Sociais (ênfase em Sociologia), mestre em Sociologia e doutorando no curso Sociologia do programa de pós-graduação em Sociologia (PPGS) da Universidade Federal de São Carlos (UFSCar). Integrante do Instituto de Estudos Comparados em Administração do Conflito (INCT-INEAC) e do GEVAC-UFSCar (Grupo de Estudos Sobre Violência e Administração de Conflitos). salescedro@gmail.com.

Diogo Abineder Ferreira Nolasco Pereira é mestre em Direito Processual pela Universidade Federal do Espírito Santo (UFES). Advogado. Professor do curso de graduação em Direito da Rede Doctum de Ensino. Membro da Comissão de Educação Jurídica da Ordem dos Advogados do Brasil Seção de Minas Gerais (OAB/MG). Parecerista da Revista Brasileira de Direito Processual (RBDPro). diogo.nolasco@gmail.com.

Eliéser de Freitas Ribeiro é cientista social (UFMG) e mestre em sociologia (UFMG). Professor Universitário. Pesquisador nas áreas de Gestão Urbana, Gestão Pública e Criminalidade. Vinculado ao Centro de Estudos Urbanos (UFMG). Consultor na Herkenhoff & Prates na área de Educação.

Felipe Riccio Schiefler é doutor em Ciência Política pela UFMG. Foi professor substituto na PUC-MG e na Universidade Federal de Alfenas. Pesquisador do Cebras (UFMG) e do Grupo Opinião Pública (UFMG). Trabalha nas fronteiras das Ciências sociais com a História. Autor do livro Entre o passado e o futuro. As ideias republicanas no Rio da Prata e o Brasil joanino (1808-1820).
felipericcio22@gmail.com.

Fernando Hideo I. Lacerda é doutor e mestre em Direito pela Pontifícia Universidade Católica de São Paulo. Advogado criminalista e sócio fundador do escritório Serrano, Hideo e Medeiros Advogados. Professor nos cursos de graduação e pós-graduação da Escola Paulista de Direito.
fhilacerda@gmail.com.

Gleyton Trindade é doutor em Ciência Política pela UFMG e professor adjunto da Universidade Federal de Alfenas (MG). Pesquisador do Cepolis (Unifal-MG) e do Cerbras (UFMG) atuando nas áreas de teoria política, pensamento político brasileiro, participação e educação política.
gleytoncst@yahoo.com.br.

Henrique de Linica dos Santos Macedo é doutorando em Sociologia pela Universidade Federal de São Carlos, bolsista do CNPq, integra o INCT-INEAC e do GEVAC-UFSCar. Principal foco de pesquisas em instituições policiais e conflitos.
henriquelinica@gmail.com.

Isaac Jerez é cientista social (UERJ), doutor em História (UFRJ) e professor de Sociologia no IFPA, atuando no ensino médio, na graduação e na pós-graduação. Desenvolve pesquisa sobre as relações entre narrativa, percepção do tempo e ação política, estudando produtos audiovisuais de entretenimento - do Cinema ao streaming.
jerez.isaac@gmail.com.

Jorge Alexandre Neves obteve o Bacharelado em Ciências Sociais e Mestrado em Sociologia pela UFPE, tendo realizado o Ph.D. na Universidade de Wisconsin-Madison/EUA. Atualmente, é Professor Titular no Departamento de Sociologia da Faculdade de Filosofia e Ciências Humanas da UFMG e Pesquisador PQ do CNPq, nível 2. Entre 2010 e 2014, foi Diretor da FAFICH-UFMG.

Leonardo Turchi Pacheco é professor de Antropologia na Universidade Federal de Alfenas (UNIFAL-MG). Doutor em História Social da Cultura pela Universidade Federal de Minas Gerais (UFMG). Pós doutorado em Estudos de Lazer da PPGIEL UFMG. Líder do Grupo de Pesquisa Laboratório em Etnografia (LABET) e pesquisador do Grupo de Estudo sobre Futebol e Torcida (GEFUT).
leonardoturchi@gmail.com.

Luciana Lima é professora adjunta do Departamento de Demografia e Ciências Atuariais da Universidade Federal do Rio Grande do Norte (UFRN), é graduada em Ciências Sociais pela Universidade Federal de Minas Gerais (UFMG), mestre e doutora em Demografia pelo Centro de Planejamento e Desenvolvimento Regional (Cedeplar/UFMG). Está na vice-coordenação do Programa de Pós-graduação em Demografia da UFRN, e atualmente é membro do Comitê de Especialistas da Secretaria de Estado da Saúde Pública (SESAP) para o Enfrentamento da Pandemia pela Covid-19 no RN.

Ludmila Ribeiro é professora associada no departamento de Sociologia e pesquisadora no Centro de Estudos de Criminalidade e Segurança Pública (CRISP), ambos na Universidade Federal de Minas Gerais (UFMG). Possui doutorado em Sociologia pelo Instituto Universitário de Pesquisas do Rio de Janeiro - IUPERJ, mestrado e graduação em Administração Pública pela Fundação João Pinheiro e graduação em Direito pela Universidade Federal de Minas Gerais. Foi pesquisadora visitante na University of Florida, na University of Groningen e na Texas State University. É também bolsista de produtividade nível PQ2 do CNPq.
lmlr@ufmg.br

Marcelo Sampaio Carneiro é doutor em Sociologia pela UFRJ, com estágio na EHESS (França). É professor associado na UFMA, tendo publicado "Terra, trabalho e Poder: conflitos e lutas sociais no Maranhão contemporâneo" (Annablume, 2013), "Ações coletivas em complexos mínero-metalúrgicos: experiências na Amazônia e no Sudeste brasileiro" (EDUFMA, 2015), além de diversos artigos sobre a questão ambiental e o funcionamento de mercados na Amazônia.
marcelosc@uol.com.br.

Marta Gouveia de Oliveira Rovai é doutora em História Social pela Universidade de São Paulo. É professora adjunta da Universidade Federal de Alfenas. Coordenadora do grupo de estudos História Oral, gênero e diversidade, vice-diretora do GT de Gênero da ANPUH Minas e diretora regional sudeste da ABHO. É autora de livros ligados a gênero, sexualidade e história pública. É organizadora do livro Revisionismos: a universidade esclarece (2020). No momento realiza pesquisa com histórias de vida de pessoas trans.
martarovai88@gmail.com.

Mônica Maria Teixeira Amorim é doutora em Educação pela Faculdade de Educação da Universidade Federal de Minas Gerais (FaE/UFMG). Professora do departamento de métodos e técnicas educacionais da Universidade Estadual de Montes Claros (UNIMONTES). Professora do programa de pós-graduação em Desenvolvimento Social e do programa de pós-Graduação em Educação da UNIMONTES.
monicamorimsa@gmail.com

Rafael Baioni do Nascimento é psicólogo e doutor em Psicologia pela Universidade de São Paulo. É professor nos cursos de licenciatura da Universidade Estadual de Montes Claros e nos programas de pós-graduação em Desenvolvimento Social, Educação e História. Membro do Grupo de Estudos e Pesquisa Gênero e Violência e do (In)Serto - Núcleo pela diversidade sexual e de gênero.
baionirafael@gmail.com

Thiago Antônio de Oliveira Sá é bacharel e licenciado em Ciências Sociais e mestre em Sociologia pela Universidade Federal de Minas Gerais. Doutor em Sociologia pela Universidade Federal de São Carlos, com estágio sanduíche na Universidad de Granada, Espanha. Professor da Universidade Federal de Alfenas. Líder do Centro de Estudos em Estatísticas Escolares (Cestas-Unifal-MG).
oliveirasa@yahoo.com.br.

Thiago Rodrigues Silame é bacharel em Ciências Sociais, mestre e doutor em Ciência Política pela Universidade Federal de Minas Gerais. Professor da Universidade Federal de Alfenas, pesquisador do Centro de Estudos Legislativos da UFMG. Autor do livro "Assembleias Legislativas de Minas Gerais, Rio de Janeiro e Rio Grande do Sul: política de recrutamento para as comissões permanentes".
thiago.silame@gmail.com.

Valéria Cristina de Oliveira é professora adjunta do departamento de Ciências Aplicadas à Educação (DECAE) e pesquisadora do Centro de Estudos de Criminalidade e Segurança Pública (CRISP) e do Núcleo de Pesquisas em Desigualdades Escolares (NUPEDE), todos na Universidade Federal de Minas Gerais (UFMG). Realizou estágios no Centro de Estudos da Metrópole (CEM/USP - 2016/2017) e na Florida State University (2014/2015). É cientista social (2006) com mestrado (2009) e doutorado (2016) em Sociologia, todos pela UFMG.
valcrisoli@ufmg.br.

pólen soft 80 gr/m2
tipologia adobe garamond pro
impresso na primavera de 2021